U0878536

税务教育培训系列教材·税务通用能力系列

税费基础知识

国家税务总局学习兴税指导委员会组织编写

中国税务出版社

图书在版编目(CIP)数据

税费基础知识 / 国家税务总局学习兴税指导委员会组织编写. — 北京 : 中国税务出版社, 2022.12（2025.2 重印）
税务教育培训系列教材
ISBN 978-7-5678-1181-2

Ⅰ. ①税… Ⅱ. ①国… Ⅲ. ①税费-教育培训-教材
Ⅳ. ①F810.423

中国版本图书馆 CIP 数据核字(2022)第 126313 号

丛 书 名：税务教育培训系列教材
书　　名：税费基础知识
SHUIFEI JICHU ZHISHI
作　　者：国家税务总局学习兴税指导委员会组织编写
责任编辑：张　赛　孙　琳
责任校对：姚浩晴
技术设计：林立志
出版发行：中国税务出版社
北京市丰台区广安路 9 号国投财富广场 1 号楼 11 层
邮政编码：100055
网址：https://www.taxation.cn
投稿：https://www.taxation.cn/qt/zztg
发行中心电话：(010)83362083/85/86
传真：(010)83362047/48/49
经　　销：各地新华书店
印　　刷：天津嘉恒印务有限公司
规　　格：787 毫米×1092 毫米　1/16
印　　张：23
字　　数：386000 字
版　　次：2022 年 12 月第 1 版　2025 年 2 月第 7 次印刷
书　　号：ISBN 978-7-5678-1181-2
定　　价：52.00 元

如有印装错误　本社负责调换

构建税务教材新体系　助力税收现代化建设[①]

（代　序）

课本虽小，天地颇大。教材集中体现着教育理念、教育内容、教育规律，是教育教学的关键要素、立德树人的基本载体，是贯彻党的教育方针、实现教育目标不可替代的重要抓手，是培养一流人才、引领创新发展的重要基础，也是做好干部教育培训工作的前提和保障。推进税务教材编写和改革是一件关乎税务干部队伍建设、党的税收事业赓续传承、更好服务党和国家事业发展的基础性战略性大事要事。

一、充分认识税务教材编写和改革的重要意义

党的十八大以来，习近平总书记站在全局和战略的高度，围绕建设马克思主义学习型政党、推动建设学习大国提出了一系列新思想、新论断、新要求，强调我们党依靠学习创造了历史，更要依靠学习走向未来。教材是育人育才的重要依托，教材建设是铸魂工程，抓好全党大学习、干部大培训，要有好教材。党的二十大报告突出强调实施科教兴国战略，强化现代化建设人才支撑，并对深化教育领域综合改革，加强教材建设和管理也提出了明确要求。这些重要论述深刻阐明了干部教育培训的极端重要性，同时也为推进教材编写和改革提供了科学指引和根本遵循。

税务总局党委始终高度重视税务教育培训教材建设，近十年来不断健全和完善干部培训系列教材，尤其是结合数字人事工作，组织编写了初任培训、业务能力和领导能力系列教材，为提高税务干部能力素质发挥了很好的作用。当前，百年变局和世纪疫情交织叠加，我国改革发展稳定任务艰巨繁重，税收在国家治理中的基础性、支柱性、保障性作用愈加凸显，税收工作面临许多前所未有的新课题新挑战，对税务教育培训和教材建设也提出了新的更高要求。我们一定要认真学习领会习近平

① 本文根据国家税务总局党委书记、局长王军在税务教育培训教材编写和改革专题会议上的讲话整理。

总书记关于加强学习和教材建设的重要论述，深刻认识推进税务教材编写和改革的重要意义，以高度的责任感和使命感，推动税务教材建设不断开创新局面、迈上新台阶，全力服务科教兴国战略和国家治理现代化。

二、准确把握税务教材编写和改革的总体要求

税务教材编写和改革要准确把握新时代教材建设的任务要求，坚持在守正中创新、在改革中发展，充分发挥教材培根铸魂、育人成才、凝聚共识、推进交流的重要作用。

第一，要有更高的定位。我们一定要对标习近平总书记关于加强学习和教材建设的重要论述精神，全面贯彻党的教育方针，认真落实立德树人根本任务，自觉站在倾力服务党和国家事业发展大局、培养堪当民族复兴重任时代新人的战略高度，立足高起点、树立高标准、追求高目标，组织编写一套国内具有权威性、国际具有引领力的税务教材，既能用于持续锻造高素质专业化税务干部队伍，又能促进理论常青、指导实践创新，还能更好地开展税法宣传教育、深化国际税收合作交流，让更多的人从中受益，在更大的范围内、更长的时间里产生更深刻、更广泛影响。

第二，要有更宽的视野。税务系统有60多万在职干部，这是我们的主要培训对象，但又不能局限于此。税收与每个人都息息相关，决定了税务部门不仅要承担好税收征管职责，而且在开展税收宣传、普及税法知识、提高全社会的税法遵从度等方面也有着义不容辞的责任。由此也决定了税务教材编写必须具有宽视野，适应不同方面的需求。税法教育要从娃娃抓起，推进税法进校园、进课堂，需要有一套生动有感的税务教材；在高校的学生群体中，不少学经济特别是学财税专业的学生，需要有契合他们学习税法和税收知识的好教材；还有一些科研院所、社会中介服务机构，特别是众多的企业，都是税务教材的需求者和使用者；即使是普通群众，作为个人所得税纳税人和社保缴费人也需要学习税费知识，也是税务教材的服务对象。从这个意义上来说，需要我们编写不同类型、适应各方面需要、权威实用的税务教材，让社会各界更深入地了解税务部门和税收工作，更紧密地建立与税收的情感纽带，更广泛地凝聚理解税收、支持税收、维护税收的共识。另外，完善和落实“一带一路”税收征管合作机制，积极服务国家对外开放战略，也需要我们很好地设计一套体现中国税收话语体系、面向国际税务界开展培训的教材。

第三，要有更深的考量。税务教材的编写既要注重理论性，又要体现实践性，彰显理论与实践的有机贯通；既要有对过去推进税收现代化实践的回望和总结，又要有对未来服务中国式现代化的展望和描绘，彰显继往与开来的赓续传承。这些年，在党中央、国务院的坚强领导下，税务系统围绕税收现代化建设目标顺利完成了一系列重大改革任务，在开展各项税收工作中，提出了很多新理念、创造了很多新机制、积累了很多新经验，探索形成了一系列从实践到制度到软件再到文化、多兵种合成推进等策略打法。我们要把这些理念、机制、经验、策略打法作进一步梳理总结和提炼升华，概括新观点、形成新思路、构建新理论，并且将其全面系统地融入税务教材体系建设之中。同时，还要与推进智慧税务建设、提升税收治理效能、实现税收现代化并服务中国式现代化的未来实践和发展紧密结合起来，充分体现合成性、引领性、战略性。

第四，要有更好的效果。适应新形势新要求的税务教材体系，至少应体现以下几个特点：一是突出思想性。教材体现党和国家意志，具有鲜明的意识形态属性、价值传承功能。要牢牢把握教材建设的政治方向和价值导向，围绕传播党的理论和路线方针政策，聚焦“培养什么人、为谁培养人、怎样培养人”这一根本问题，以推进习近平新时代中国特色社会主义思想铸魂育人为主题主线，坚持好、运用好贯穿其中的立场观点方法，并把习近平总书记关于税收工作的重要论述充分体现到教材中，以党的创新理论引领税务教材建设。二是体现针对性。国家推进国民教育系列教材建设，要求把握好统一性和多样性的关系，根据不同学段、不同学科的特点进行整体设计，税务教材建设也要遵循这一原则。比如，在编写针对税务干部的教材时，就要从税收工作的同质化和税务岗位的差异性出发，按照分类分级的原则，分别编写税务通用能力、税务专业能力、税务领导能力等不同系列教材。即便是税务领导能力系列教材，也要尽可能考虑不同层级、不同职位进行细分，努力做到量体裁衣、因岗施教，形成面向税务干部全职业周期、多层次、立体化的知识体系和能力图谱，让处在不同阶段的税务干部都能学有所向、学有所依、学有所用。三是注重科学性。要立足不同对象的工作和学习需要，坚持从实践中来，引导到规律中去，强调由浅入深、由易到难，由具体到一般，再由一般到具体，很好地把实践总结同理论创新结合起来，努力做到一读再读“愿学、爱学、乐学”，细悟再悟“启智、益智、增智”，履行践行“管用、实用、好用”。

总之，我们要对标对表党的二十大新精神，坚决落实中央新要求，敏锐把握时代新特征，深入联系工作新格局，守正创新、深化改革，不断更新教材建设理念，提升教材编写质量，增强材岗相适功能，找到理论与实践的结合点、此岗与彼岗的差异点、业务与人文的共鸣点、当下与未来的承接点，做到案例与说理相结合、业务与技术相结合、知识与文化相结合、基础与战略相结合，着力构建和健全新时代高质量税务教材体系，并以此为突破口，持续推动“十四五”时期税务干部教育培训工作和税收社会共治的改革创新，切实提升教育培训质效，为推进新征程税收现代化提供有力支撑，为提高我国文化软实力、增强文化自信作出积极贡献。

三、科学谋划税务教材编写和改革的实施路径

教材编写和改革工作是一项系统工程，政治性、政策性、专业性很强。我们要不断提高政治判断力、政治领悟力、政治执行力，扛牢责任、勇于担当，精心组织、积极推进，确保教材建设任务落到实处。

一是明晰推进思路。教材体系的基本框架是教材建设的“纲”，纲举则目张。要把这套新教材体系建设纳入“十四五”时期税收重点工作任务，坚持总体设计、分步实施，先集中优势兵力把教材体系的基本框架搭起来，再抓主要教材，然后按照急用先行、先易后难、先内后外的原则，逐步扩大、稳步推进，一步一步健全完善，用几年时间，使我们国家的税务教材成体系、具特色、集大成，并且拓展使用到国际领域。

二是传承工匠精神。一流的编写队伍，成就一流的教材。新中国成立之初，我们国家为了编写第一套全国通用中小学统编教材，成立了200多人的编委会，包括教育学家叶圣陶、语言学家吕叔湘、数学家华罗庚、地理学家竺可桢等一批国之巨匠。毛主席还专门指示："宁可把别的摊子缩小点，必须抽调大批干部编写教材。"我们要广泛动员方方面面的力量，不仅是税务系统的力量，还要包括社会上的专家学者、各个高校科研院所的力量，组成核心编写团队、编辑团队、审校团队，切实保障编写工作顺利推进。

三是树牢精品意识。教材编写无小事，质量是教材的生命线。同时，教材建设链条又比较长，哪一个环节都不能出问题。要坚持凡编必审、凡审必严，强化全流程严格审核把关的意识和机制，严把教材质量审核关，以苛求完美的精神，努力打造一套经得起历史和实践检验的精品教材。税务总局成立了学习兴税指导委员会，要充分发挥委员会的全程把关作用，切实增强教材审核工作的专业性和权威性。

教材的影响力就像滚雪球似的，会越滚越大，不仅影响我们自己，还会影响他人；不仅影响当代人，还会影响几代人。我曾经对金税四期建设提出，要创造"攀攻几年、骄傲一生、惠及数代、享誉内外"的业绩。我想，税务教材编写和改革工作也一定要有这个气魄和壮志，那就是：我们要把税务教材建设作为一项基础工程、战略工程，倾力构建一整套为持续锻造忠诚干净担当的税务铁军培根铸魂，为高质量推进新征程税收现代化开智悟道，为深化国际税收合作铺路搭桥，为更好服务中国式现代化增劲添翼，突出中国特色、具有世界水平的税务教材新体系。让我们一起朝着这个目标努力努力再努力，共同把这件功在当代、利在长远的大事要事办成办好办出彩！

编写说明

为了满足税务系统新录用公务员学习需要，按照税务系统干部教育培训教材建设规划，我们编写了税务通用能力系列教材。本系列教材以“基本基础”和“应知应会”为原则，围绕组织使命、工作职责、工作依据、工作规范、风险防范等方面，着力培育税务职业精神，提高税务专业能力。

《税费基础知识》是税务通用能力系列教材之一。本教材以2019年版全国税务系统初任培训教材《税收基础知识》为基础进行修订编写，具有三个特点：一是内容新，教材吸收融合了国税地税征管体制改革以来税费政策、征管措施的最新变化，中办、国办《关于进一步深化税收征管改革的意见》贯彻落实最新举措，“智慧税务”“税费皆重”等最新工作理念，以及《契税法》《城市维护建设税法》《印花税法》等税收立法的最新进展等；二是业务覆盖广，教材涵盖了税费政策、税费计算、征管服务措施等基础知识；三是体验感好，教材借助“学习兴税”平台等新技术手段，实现学习体验的数字化，随时可学，即学即练，增强了教材学习、测试的灵活性、交互性、实效性。

通用能力系列教材由国家税务总局教育中心统筹策划、组织编审。本教材由国家税务总局山西省税务局牵头编写，编写组组长由国家税务总局山西省税务局司新山担任，副组长由山西省税务干部学校史建宏、国家税务总局税务干部学院周开君担任。国家税务总局山西省税务局史建宏（第一章、第六章）、任晓红（第二章、第三章）、李彩娥（第四章）、王献军（第五章）、樊敬周（第七章）、闫静（第九章）、连彦政（第十一章），国家税务总局税务干部学院周开君（第一章）、王雪（第六章、第七章）、卢艺（第八章）、邵凌云（第十章）、韩凌宇（第十二章）参与编写，史建宏、李彩娥负责统稿，国家税务总局相关司局、系统内部分专家对教材进行了审核和审定。由于水平有限，教材中疏漏之处在所难免，恳请读者批评指正。如有修改意见或建议，请发送至jyzxjcc@163.com。

编　者

2022年5月

目　录

第一章　税收概论

本章导读：通过本章学习，初步认识税收的基本概念、历史沿革、形式特征、基本原则和税收负担，熟悉税收职能作用、税制构成要素、税种分类、税制结构等税收基本原理，明确税收法治的基本内涵、税收法治化的实现途径和我国税收管理体制的基本状况，深刻理解税收的本质、治税思想和税收现代化的发展方向。

第一节　初识税收

一、基本概念

税收是国家财政最主要的收入形式和来源，是国家为满足社会公共需要，凭借政治权力，按照法定标准和程序，参与国民收入分配，强制取得财政收入所形成的一种特殊分配关系。

（一）税收是国家机器的经济基础

财政是国家治理的基础和重要支柱，包括财政收入和财政支出两个部分，无论从历史还是从现实的角度观察，税收都是政府财政收入的主要来源。恩格斯曾在《家庭、私有制和国家的起源》中指出，公共权力在每一个国家里都存在，但随着国内阶级对立尖锐化，随着彼此相邻各国扩大和人口增加，公共权力就日益加强，为维持这种公共权力，就需要公民缴纳费用——捐税。[①] 马克思曾经说过，“赋税是喂养政府的奶娘”[②]“国家存在的经济体现就是捐税”[③]。这表明税收对于国家非常重要，有国家就必须有税收，税收最主要的作用就是为应付政府开支需要而筹集稳定的财政资金。

---

① 马克思，恩格斯．马克思恩格斯全集：第21卷［M］．中共中央马克思恩格斯列宁斯大林著作编译局，译．北京：人民出版社，1965：194-195.

② 马克思，恩格斯．马克思恩格斯全集：第7卷［M］．中共中央马克思恩格斯列宁斯大林著作编译局，译．北京：人民出版社，1965：94.

③ 马克思，恩格斯．马克思恩格斯全集：第4卷［M］．中共中央马克思恩格斯列宁斯大林著作编译局，译．北京：人民出版社，1965：342.

（二）税收是社会生产的分配形式

从社会再生产的角度看，国家在取得财政收入的同时，深度融入生产、交换、分配和消费各个环节，不仅可以有效提供社会福利、熨平经济波动、优化资源配置，还可以在缩小贫富差距、优化营商环境等方面产生独特功效。因此，税收是资源配置的积极参与者和共同富裕的有效促进者。

（三）税收是文明社会的代价

税收是人类社会发展到一定阶段才出现的，当国家作为一个政治实体产生后，税收就成为私人部门享受公共服务的成本，而且随着文化、技术、法律的不断完善，税收日益被人们充分地认识、接受和遵从。历史的发展过程已经证明，有效的公共管理充分发挥了集体的力量，在初步解决了生存需要这一基本问题后，国家持续为民众提供生命安全、财产保障和社会秩序等私人难以完全实现的服务，并且在公共设施、技术进步和社会发展等方面创造了必要的条件，也就是说，国家的出现和发展壮大是人类文明进步的必由之路。而支撑国家有效发挥公共事务管理能力的经济基础主要是税收，所以从客观上讲，税收是人们为文明进步所付出的代价。

关于税收的概念，特别需要明确的是：

第一，征税主体是国家。征税活动是由国家（政府）组织实施的，其他任何组织和个人取得的各类收入都不是税收。

第二，征税目的是满足社会公共需要。税收作为国家财政收入的重要来源，其根本目的是满足社会公共需要。

第三，征税权属于政治权力。税收不是依照等价交换原则或所有权原则进行的分配，而是国家凭借政治权力实现的特殊分配。

第四，征税依据是税法。税法是明确国家征税权和纳税人纳税义务的基本规范。

第五，税收来源于国民收入。税收是国家参与国民收入分配最主要、最规范的形式，是国民收入分配的结果。

二、历史沿革

税收随着国家的逐步形成而产生，作为国家的经济基础而存在，并随着生产力的进步和生产关系的变革不断发展。税收产生的社会条件是国家的出现和存在，有了国家，才会有税收；税收产生的经济条件是私有制的存在和发展。

税收是私有财产制度和国家政权相结合的产物。

（一）税收的产生

原始社会，人们茹毛饮血，在严峻的自然环境和落后的生产力条件下，生活资料非常有限，剩余产品很少出现，自然也就没有国家和税收。

我国原始社会后期，部落联盟经演化、扩展而形成奴隶制国家，早期税收随之产生。夏、商、周作为我国早期的三个奴隶制国家，已经出现了税收的雏形。《孟子·滕文公上》记载："夏后氏五十而贡，殷人七十而助，周人百亩而彻，其实皆什一也。"政府收入主要来源于耕作王室土地的力役或地租。

春秋时期，鲁国于公元前594年推行"初税亩"，承认土地私有制，征税不再具有"地租"性质，征税权主要来自"政治权力"而不是"土地所有权"。"初税亩"非常接近于现代的税收，一般视作我国农业税征收的起点。

（二）封建社会的赋税

在我国封建社会两千多年的历史长河中，为维护封建王权，缓解社会矛盾，促进社会生产，赋税制度随王朝更迭不断变化和进步。我国封建社会的赋税制度主要有：

1. 编户齐民制

编户齐民制是汉代的户籍管理制度，也是赋税制度。为有效掌控人力资源，将人们从阶级森严的宗法制度下解放出来，强化封建王权对地方的直接控制，西汉初年开始实行以户为单位来管理平民，此谓"编户"；所有人都是国君的臣民，此谓"齐民"。在这一制度下，农民对封建国家须承担四项负担：田租（土地税）、算赋和口赋（人头税）、徭役、兵役。至此，我国封建社会一套完整的赋税徭役制度正式形成。

2. 租庸调制

租庸调制是隋朝和唐朝初期实行的一种以均田制为基础的赋税制度。由于长期战乱，田地大量荒芜，政府将土地分配给农民，农民向政府缴纳赋税。租庸调制中的"租"是田租（土地税），由受田男子每年向官府缴纳定量的谷物；应当服徭役而未服役可以纳绢或布代替，叫作"庸"；"调"是户税，以户为单位缴纳绢或布。代役使农民在有土地耕种的同时保证了农耕的时间，推动了当时农业的发展。

3. 两税法

两税法是中唐时期代替租庸调制的赋税制度。安史之乱后，均田制瓦解，租庸调制难以为继。两税法以家庭财产贫富等级缴纳户税，以田亩数量缴纳地税，分夏秋两季征收，取消了租庸调制和一切杂税、杂役，拓宽了征税的广度，减轻了贫苦百姓的税收负担，改变了自战国以来以人丁为主要征税标准的赋役制度，是我国赋役制度的一大变革，奠定了唐后期至明中叶我国古代赋役制度的基础。

4. 一条鞭法

一条鞭法是明中叶开始实行的赋税制度。当时，土地高度集中，失地农民因仍需承担名目繁多的赋役而大量逃亡，财政收入捉襟见肘。在清丈全国土地数量的基础上，官府将各类徭役、杂税和部分丁役摊入田亩，依据土地多少折成银两征税，官府所需力役从税款中出钱雇佣，同时允许农民出钱代替力役。一条鞭法开启了由实物税向货币税的过渡，税种化繁为简，适应了商品经济发展的需要，有利于农业商品化和资本主义萌芽的发展。

5. 摊丁入亩

摊丁入亩是清朝用以缓和土地兼并的一种赋税制度。官府将丁银摊入田亩，与田赋一体征收地丁银，废除了长期实行的人头税，减轻了无地、少地农民的经济负担，有利于当时人口的增长和社会生产力的发展。

（三）民国时期的税收

南京国民政府成立后，分别设立中央税和地方税，中央税在全部税收收入中的比重逐步提高。

抗日战争全面爆发后，南京国民政府为集中全国财力进行抗战，决定将全国财政分为国家财政和地方自治财政两大系统，原先大量的地方税被纳入中央税，这一时期的中央税占税收总收入的90%以上。由于中央税高度集中，地方财政捉襟见肘，地方摊派层出不穷，广大民众税收负担较重，社会矛盾异常尖锐。这些矛盾延续到解放战争后期，国民党掌控的财政税收体系几乎完全崩溃。

（四）新中国税收

1950年1月，政务院发布《全国税政实施要则》，针对原各解放区所实行的税种、税目和税率不一致的状况，决定统一全国税政，根据合理负担的原则，设立了货物税、工商业税、关税等14个税种，规定了中央和地方的税收立法权限。

在对农业、手工业和资本主义工商业生产资料私有制的社会主义改造基本完成后，我国实行高度集中的计划经济体制，“非税论”逐渐盛行，在实践中表现为过分简化税制。至20世纪70年代，对国营企业只征收工商税，对集体企业只征收工商税和工商所得税，税收在国家政治、经济生活中的地位和作用明显下降，税收的职能作用难以有效发挥。

党的十一届三中全会后，我国的税收工作逐步走入正轨。1980年9月，《中华人民共和国中外合资经营企业所得税法》和《中华人民共和国个人所得税法》的出台，对引进国外资金、技术和人才起到了关键性作用。1983年和1984年，分两步实施“利改税”，将实行了30多年的国营企业上缴利润改为按产品税、增值税、营业税等11个税种向国家缴纳税款，逐步建立起一套内外有别、城乡不同的复合税制体系。1994年，我国实施了新中国成立以来规模最大、范围最广泛、内容最深刻的税制改革，构建起合理划分中央与地方税权的分税制财政管理体制，确立了以增值税为主体的货物和劳务税体系，统一了内资企业所得税和个人所得税制。

进入21世纪，我国按照“简税制、宽税基、低税率、严征管”的原则，积极稳妥地分步对税制进行了有增有减的结构性改革：废止《农业税条例》，在我国延续了两千多年的农业税宣告终结；实现了内外资企业所得税的统一，促进了市场公平竞争；全面推行生产型增值税向消费型增值税转变，有利于产业结构调整和技术升级，提高我国产品的竞争力；稳步推进“费改税”，进一步规范了政府收入形式。在保持税收收入稳定较快增长的前提下，适应社会主义市场经济的税收制度进一步完善。

党的十八大以来，我国确立了“深化税收制度改革，优化税制结构、完善税收功能、稳定宏观税负、推进依法治税，建立有利于科学发展、社会公平、市场统一的税收制度体系，充分发挥税收筹集财政收入、调节分配、促进结构优化的职能作用”① 的税制改革目标。加快落实税收法定原则，税收立法工作有序推进，营改增试点及增值税改革取得圆满成功，综合与分类相结合的个人所得税制度改革成功落地，出台环境保护税、全面实施资源税从价计征，加速推进绿色税制建设，实施大规模减税降费和组合式税费支持政策，税制改革步入新阶段，税收法治化建设驶入快车道。税收在国家治理中的基础性、支柱性、保障性作用更加突出。

① 2014年6月30日，中共中央政治局审议通过《深化财税体制改革总体方案》。

三、形式特征

税收的形式特征是税收与其他财政收入形式区别的根本标志。与其他财政收入形式比较，税收具有三个基本的形式特征：强制性、无偿性和固定性。

（一）强制性

税收的强制性表明税收是以强制的形式进行征收的。税收的强制性表现为以下三点：一是国家作为征税主体凭借政治权力，通过颁布税收法律，明确国家征税的权力和方式，用法律的强制力保障财政收入的实现；二是国家用强制力维护税收秩序，纳税人必须依法纳税，自觉履行纳税义务，否则将受到法律制裁；三是征税主体必须遵从税法的规定征税，不得以自己的意志实施与税法规定不同的行为，既不可任意多征，也不得随意少征或者不征。

（二）无偿性

税收的无偿性表明税收是以无偿的形式进行征收的。纳税人缴纳税款和国家满足公共需要都是非市场行为，不适用一般的市场交易规则。所以，从形式上看，纳税人向国家纳税是无偿的，国家提供的公共产品和服务也是免费的。纳税人向国家缴纳税款是法律规定的义务，国家对具体的纳税人既不需要直接偿还，也不需要付出任何形式的直接补偿。

（三）固定性

税收的固定性表明税收是以固定的形式和标准进行征缴的。国家征税首先要制定并颁布税法，规定征收形式和计税标准，并保持相对稳定、连续、多次适用。纳税人应当依法履行法定纳税义务，税务机关必须依法行使法定征税权力。随着经济与社会发展的需要，国家可以按照法定程序和权限调整税法，成为征纳双方共同遵守的新的固定标准。

无偿性是税收分配的核心特征，强制性和固定性是对无偿性的保证和约束。研究税收的形式特征，目的在于区分一种财政收入是否属于税收。凡是同时具备“强制性、无偿性、固定性”的财政收入就是税收，否则就不是税收。

四、税收原则

税收原则是在履行税收职能的过程中，为正确处理政府需要与经济社会发展的关系所必须遵循的原则。税收原则是制定税收制度的指导思想，也是判断税收制度是否科学的标准。

在资本主义自由竞争时期，亚当·斯密在《国富论》中第一次系统、明确地提出了“赋税四原则”：一是平等原则，所有公民都要平等纳税；二是确定原则，公民应缴纳的税款，必须是明确规定的，不得随意变更；三是便利原则，应最大限度方便纳税申报与税款缴纳；四是最少征收费用原则，征税时应最大限度减少政府征税成本和纳税人法定义务之外的纳税支出。德国财政学者瓦格纳在《财政学》一书中，将税收原则归纳为“四项九端原则”：一是财政政策原则，包括财政充分原则和弹性原则；二是国民经济原则，包括选择税源原则和选择税种原则；三是社会正义原则，包括普遍原则和平等原则；四是税务行政原则，包括确定原则、便利原则和最小费用原则。20 世纪以来，当代西方学者着重研究税收对经济和社会的影响，也提出若干税收原则，认为税收应坚持效率、公平和稳定原则，税收必须在税务行政、资源利用、经济运转等方面，尽可能讲求效率，从而促进经济稳定和发展。

经过理论和实践的漫长摸索，现代国家在制定税收制度和进行税制改革的过程中遵循的税收原则主要包括财政原则、公平原则、效率原则和法定原则。

（一）财政原则

税收财政原则，是指政府征税时应兼顾需要与可能，做到取之有度。“需要”是指财政支出需要，“可能”则是指税收负担可能，即经济承受能力。一般而论，其内容大体包括收入充裕、收入弹性、收入适度三个方面。

1. 收入充裕

收入充裕，是指税收收入必须基本满足政府的财政支出需要，政府只有取得充足、稳定、可靠的财政收入，方能履行政府社会管理和公共服务的职能。从财政原则出发，税制设计要着眼于广开税源，采用复合税制，而不宜实行单一税制；选择税种应考虑征税对象能否提供丰裕税源；调整税目税率和制定税收减免税政策时，应充分考虑其对财政收入的影响。

2. 收入弹性

收入弹性，是指税收收入必须具有随国家财政需要变化而伸缩的可能性，一般而言，它包括经济弹性和法律弹性两个方面。经济弹性又称“自然弹性”，即税收随经济状况和国民收入增减而自然伸缩；法律弹性又称“政策弹性”，即通过税收政策调整或修改税法，提高或降低税率，使税收有可能增加或减少。税收调节作用往往就是利用这种税收弹性来实现的。一般来说，累进所得税具有经济和法律双重弹性。而消费品税则较少具有法律弹性，这里的“消费品税”是指货物和劳务税，一般情况下，提高货物和劳务税的税率会导致价格上涨，交易量减少，税收收入不会随税率提高而同步增加。

税收弹性系数是税收收入增长率与经济增长率之间的比例关系，体现税收对经济增长的反映程度，其公式为：

$$ET=(\Delta T/T)/(\Delta G/G)$$

公式中，ET 为税收弹性，T 为税收收入总量，ΔT 为税收收入增长量，G 代表 GDP，ΔG 代表 GDP 增量。

按上式计算，当 $ET=1$ 时，表示税收与经济同步增长；当 $ET>1$ 时，表示税收增长快于经济增长，并且税收参与新增国民收入分配的比重有上升趋势；当 $ET<1$ 时，表示尽管税收绝对量可能增大，但税收增长速度慢于经济增长速度，新增国民收入中的税收集中度下降。

3. 收入适度

收入适度，是指税收收入在满足国家财政需要的同时，应兼顾经济承受能力，做到取之有度，通常情况下，税收应保持与国内生产总值或国民收入同步增长。如税收总量超过经济承受能力，则会对经济发展产生负面影响，进而影响生产生活。从理论上分析，税收不应突破三个禁区：一是不应妨碍简单再生产，“竭泽而渔”只能使国民经济萎缩；二是不应妨碍民间投资，如因税负苛重而导致民间投资失去积极性，就违背了税收中性原则；三是不应妨碍劳动力再生产，即税收不应影响人民生活水平稳步提升。

中国历代思想家都强调“取民有度”，适度的税收才有助于增加税收收入。《论语》记载了鲁哀公与有若的对话。哀公问于有若曰：“年饥，用不足，如之何？”有若对曰：“盍彻乎？”曰：“二，吾犹不足，如之何其彻也？”对曰：“百姓足，君孰与不足？百姓不足，君孰与足？”①

美国供给学派著名代表拉弗教授长期致力于税收与经济关系的研究。在对大量材料进行分析研究后，他发现税率与税收收入增长之间存在一种特殊的函数关系，后人称之为“拉弗曲线”（见图 1-1）。“拉弗曲线”的基本原理是：在一定税率之下，政府税收随税率升高而增加，一旦税率超过这一转折点，政

① 出自《论语 · 颜渊第十二》，大意为鲁哀公问有若：“饥荒之年，用度不足，怎么办？”有若回答说：“施行十分抽一税法怎么样？”鲁哀公说：“十分抽二的税法，我还不够用，怎么能用十分抽一的税法呢？”有若回答说：“百姓充足，您怎么还会不充足？如果百姓不充足，您又怎么会充足？”

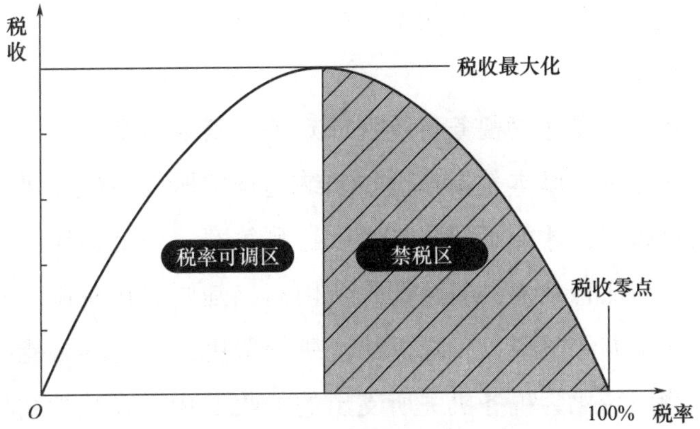

图 1-1　拉弗曲线

府税收将随税率进一步提高而减少。因此，税率高并不意味着政府税收高。税率太高，税收反而下降。只有当税率达到一个最优值时，实际税收才最高。

（二）公平原则

税收公平原则，是指国家征税要使每个纳税人的税收负担与其经济状况相适应，并使各纳税人之间的负担水平保持平衡。

从一般经济学意义上说，税收公平原则主要内容包括普遍征税、平等课征和量能征税三个方面。

1. 普遍征税

普遍征税表现为“税法面前人人平等”，反映“税法形式正义”。其具体内容在于强调国家征税面要宽、纳税人要普遍。就税收而言，凡符合税法规定纳税条件的纳税人都应依法纳税。

2. 平等课征

平等课征表现为“税收实质正义”，客观上要求国家征税应实现横向公平，使各个纳税人承受负担与其经济状况相适应，经济能力相同的人应缴纳相同税收。

3. 量能征税

量能征税要求税收实现纵向公平，经济能力不同的人应缴纳数额不同的税收。个人所得税实施“累进税制度”，目的就在于收入多者多纳税，收入少者少纳税，体现税收纵向公平原则。

（三）效率原则

税收效率原则的基本要求是税收征管成本低、行政效率高，征税应有利于促进经济效率提高或对经济效率的不利影响最小。

1. 税收行政效率

税收行政效率旨在考察税务行政管理效率，其基本指标是税收成本占税收收入的比重，其中税收成本是指在税收征纳过程中所发生的各类费用支出。只有不断降低税收成本，才能不断提高税收行政效率。一是要运用先进科学的方法进行管理，提高征管效率，节约征收费用；二是要简化税制，使纳税人易于理解掌握，并尽量方便纳税人，降低纳税执行费用；三是尽可能将纳税人所花费的纳税执行费用转化为税务机关所支出的征收费用，以减少纳税人负担，进而压缩税收成本。

2. 税收经济效率

税收经济效率旨在考察税收对社会资源配置和经济机制运行的影响状况。税收经济效率第一层次的要求是税收的“额外负担”最小，避免因为征税引起资源配置效率下降；税收经济效率第二层次的要求是保护税本，要求政府征税应慎重选择税源，避免伤及税本；税收经济效率第三层次的要求是通过税收分配提高资源配置效率，运用税收对不同经济主体的经济行为进行限制或鼓励，影响市场主体的经营决策，改变经济资源在不同经济主体间或流进或流出的状态，进而达到资源重新配置的目的。

3. 税收生态效率

税收生态效率是21世纪的理论创新，体现可持续发展的税制核心，其基本内容是税收政策应有利于保护生态环境，提高资源利用效率。

从税收效率不同层次可以看出，税收是否有效率，必须结合经济运行效率来考察。如经济运行高效，税收不干扰或少干扰经济运行视为有效率；如经济运行低效甚至无效，税收效率则反映在对经济运行的有效干预上。

（四）法定原则

税收法定原则，是依法治国理念在税收领域的具体表现，其基本内涵包括三方面：一是税收要素法定，即纳税人、征税对象、税率、计税依据、税收优惠等基本要素应当由法律规定；二是税收要素确定，即税收法律的规定必须明确清晰，尽可能避免出现漏洞和歧义；三是征税程序合法，即征税机关必须严格按照税收法律规定的程序和权限征收税款，不得擅自变更。

根据税收法定原则的要求，税收法律由立法机关按照法定程序制定。如果没有相应法律作依据，政府不能征税，公民也没有纳税的义务；征税主体必须依照且仅依照法律的规定征税，纳税主体必须依照且仅依照法律的规定纳税。

《中华人民共和国立法法》明确规定“税种的设立、税率的确定和税收征收管理等税收基本制度”只能制定法律，为实现宪法确立的税收法定原则提供了制度保障。依照法律规定设税、征税、治税，是建设法治国家、法治政府、法治社会的迫切需要，也是推动实现国家治理体系和治理能力现代化的必然要求，更是人民当家作主的直接体现。

五、税收负担与转嫁

（一）税收负担

税收负担，是指一定时期内纳税人因履行纳税义务而承受的经济负担。从绝对额考察，是指纳税人依法应支付给国家的税款；从相对额考察，是指应纳税额与相关指标的比率。研究税收负担常用的指标是税收负担率，用来比较一定范围内纳税人或课税对象的税收负担水平，是国家研究制定税收政策的重要依据，也是发挥税收作用的着力点。

1. 宏观税收负担主要指标

（1）国内生产总值税收负担率。

国内生产总值税收负担率反映一个国家（或地区）在一定时期内所有产品和服务负担税收的程度，是衡量一国税负总水平和进行国与国之间税负比较的重要宏观指标，用公式表示为：

$$\text{国内生产总值税收负担率}=\frac{\text{税收收入总额}}{\text{国内生产总值}}\times 100\%$$

（2）国民收入税收负担率。

国民收入税收负担率反映一个国家（或地区）在一定时期内新创造价值的税收负担状况，用公式表示为：

$$\text{国民收入税收负担率}=\frac{\text{税收收入总额}}{\text{国民收入}}\times 100\%$$

2. 微观税收负担主要指标

（1）居民税收负担率。

居民税收负担率，是指一定时期内居民个人所缴纳的全部税款占其同期收入总额的比率，用公式表示为：

$$\text{居民税收负担率}=\frac{\text{居民实际所纳税款}}{\text{居民同期收入总额}}\times 100\%$$

（2）企业税收负担率。

①企业综合税收负担率。

企业综合税收负担率，是指一定时期内企业实际缴纳的全部税款与企业同期总产值的比率，用公式表示为：

$$企业综合税收负担率=\frac{企业实际缴纳的税款总额}{企业总产值}\times 100\%$$

②企业所得税负担率。

企业所得税负担率，是指一定时期内企业所缴纳的所得税总额与同期利润总额的比率，用公式表示为：

$$企业所得税负担率=\frac{企业实际缴纳的所得税总额}{企业同期利润总额}\times 100\%$$

③企业货物和劳务税负担率。

企业货物和劳务税负担率，是指一定时期内企业所缴纳的货物和劳务税总额与同期销售收入（或营业收入）的比率，用公式表示为：

$$企业货物和劳务税负担率=\frac{企业实际缴纳的货物和劳务税总额}{企业同期销售收入（或营业收入）}\times 100\%$$

3. 影响税收负担的因素

国家在制定税收政策时，必须综合考虑多种因素，按照合理负担、公平税负的原则，科学确定税收负担水平。影响税收负担水平的主要因素包括社会经济发展水平、国家宏观经济政策和税收征收管理能力。

（1）社会经济发展水平。

社会经济发展水平通常用人均国民收入指标来反映。一般情况下，人均国民收入较高的国家，税负承受力较强，税收负担相对较高；人均国民收入较低的国家，税负承受力较弱，税收负担相应较低。

（2）国家宏观经济政策。

国家实行的宏观经济政策主要在于调节总供给和总需求两个方面。经济发展速度过快时，适当提高社会总体税负，减少企业和个人收入，抑制需求的膨胀，使之与社会供给总量相适应；经济下行压力较大时，需要降低社会总体税负，以刺激生产、增加供给，使之与社会需求相适应。

（3）税收征收管理能力。

税收征收管理能力较强的国家，主要根据社会经济发展的需要来确定合理的税收负担水平；税收征管能力较差的国家，除了要考虑社会经济发展的需要，还必须根据税收征管能力水平，制定相应的税收政策，满足财政收入的需要。

（二）税负转嫁

税负转嫁是指税法规定的纳税人将自己所缴纳的税款转移给他人负担的过程。广义的税负转嫁包括税负转移与最终归宿两个方面，转嫁是过程，归宿是结果；狭义的税负转嫁只包括纳税者将税负转移给其他人的过程。

国家在设计税收制度时，如果直接把纳税人确定为税收负担的承担者，谁纳税谁最终承担税负，这样比较容易理解；如果只是把纳税人确定为纳税义务的承担者，纳税人能够利用市场价格和竞争机制将其税收负担转嫁给其他人，纳税人和税负的最终承担者就不一致。税负转嫁利用市场机制传递税收负担，进一步体现了国家的税收政策目标，并且能极大降低全社会的税收成本。所以，税负转嫁的实质，是税收在社会主体间的重新分配过程，是税收负担的最终形成过程，也是各方面物质利益关系的调整过程。

1. 税负转嫁的形式

（1）前转。

前转是市场经济中最典型和普遍的税负转嫁方式。这种转嫁方式主要是通过提高销售价格，将税负向前转嫁给购买者。

（2）后转。

后转主要是指纳税人通过压低商品进价的方式，将税负转嫁给商品的供应者负担。

（3）混转。

混转即混合转嫁，也叫散转，这是将前转与后转结合并用的税负转嫁方式。经营者将其缴纳税款的一部分向前转嫁给购买方，另一部分向后转嫁给供应者。

2. 影响税负转嫁的因素

首先，税负转嫁是在经营者自主决定价格的条件下实现的。允许经营者自主定价，纳税者就有可能把依法由自己缴纳的税款通过价格手段转嫁给交易对象。不具备这个条件，纳税者即便有再强烈的愿望和充分的理由，也难以实现税负转嫁。

其次，商品（包括劳务）的供求弹性决定税负转嫁的实现程度。需求弹性越小，经营者越容易将税负转嫁给消费者；需求弹性越大，经营者越难以将税负转嫁给消费者。供给弹性越小，供给方承担的税负越高；供给弹性越大，供给方承担的税负越低。

最后，不同的税种税负转嫁也不同。相对而言，对商品和劳务征收的税种，税收负担较易转嫁；对所得和财产征收的税种，税收负担较难转嫁。

第二节 税收的职能和作用

税收是国家参与国民收入分配最主要、最规范的形式，是财政收入的主要来源。随着我国经济社会发展，税收筹集财政收入、调控经济、调节分配的职能凸显，税收在国家治理中的基础性、支柱性、保障性作用日益发挥。

一、税收职能

税收职能是税收本身所固有的内在功能，通过税收制度得以体现。不同国家、不同社会制度、不同历史时期，税收的职能基本相同。从经济学角度进行概括，税收的主要职能包括：财政收入职能、调节经济职能和调节分配职能。

（一）财政收入职能

税收的财政收入职能是税收的基本职能，是指税收作为参与社会产品分配的手段，能将一部分社会剩余产品从社会成员手中转移到国家手中。在漫长的发展过程中，税收收入形式逐渐由实物和力役演变为货币，但无论采用何种收入形式，税收始终是国家取得财政收入的重要手段，并具有适用范围广泛、收入实现及时和征收数额稳定等特点。

（二）调节经济职能

税收调节经济的职能，是指税收在组织财政收入的过程中通过改变原有收入分配格局从而对经济产生影响的能力。从我国古代的重农抑商措施到如今各类税收优惠政策，都表明国家可利用税收有目的地实现其社会经济目标。税收覆盖社会再生产的各个环节、社会经济生活的各个角落，调节范围广、针对性强、见效快，可以对市场主体的经营决策产生直接影响，是宏观经济政策的重要组成部分。

税收调节经济的职能派生于财政收入职能，其调节力度取决于财政收入职能的强弱。

（三）调节分配职能

市场经济条件下，按生产要素进行初次分配，城乡之间、地区之间、行业之间乃至不同人群之间，收入必然存在差距。税收调节职能就是通过“削峰填谷”的政策缩小收入分配差距，维护社会公平。例如，一方面通过特种消费税、累进所得税和合理财产税等对过高收入进行调节；另一方面，通过降低税率、增加扣除和免税等方式，明显降低中低收入人群的税收负担，从而推动实现社会公平。

二、税收作用

税收作用是税收职能在一定政治经济条件下表现出来的效果，是具体化的税收职能，因时因地存在明显差异。研究税收作用，必须将税收职能与特定的政治经济条件相结合。我国现阶段税收已经深度融入国家治理，在促进实现经济行稳致远、社会安定和谐中发挥着越来越重要的作用。

第一，筹集财政收入。税收的筹集财政收入作用是与税收的财政职能相对应的，在任何社会形态下税收都具有这一作用，只不过因经济发展水平、经济运行机制、财政政策选择的不同，其作用程度不同而已。

我国正处于并将长期处于社会主义初级阶段，社会生产力发展尚不充分，发展仍然不平衡，税收筹集资金支持社会主义市场经济建设、促进社会进步和维护社会和谐稳定的作用至关重要。国家通过税收筹集财政收入，一是用于国家机器正常运转、维护国家安全、巩固各级政府政权建设；二是用于维护全社会稳定、提高全民族素质的社会公共事业；三是用于经济发展和生态环境的基础设施建设；四是用于宏观经济调控，对经济活动进行合理干预。

第二，矫正市场失灵。社会主义市场经济条件下，市场对资源配置起决定性作用，但市场配置也有局限性，可能出现自然垄断、生态环境污染等市场失灵问题。国家通过税收纠正负外部效应，使资源配置更加有效。在现代国家治理体系中，税收是最直接、最有效的市场失灵矫正工具，它直接引导着优化资源配置、促进社会公平分配和国家长治久安，为国家治理提供着支柱性的政策工具体系。

第三，调节供需总量。税收是经济运行的“内在稳定器”，政府可以运用税收在内的各种政策工具，调节社会总需求与总供给，一定程度上消除通货膨胀或紧缩缺口，实现物价稳定、充分就业和经济稳定增长的目标。经济过热时，适当增税，一是导致企业和个人的收入减少，抑制总需求，二是导致经营成本增加，抑制总供给；经济低迷时，适当减税，一是能够增加企业和个人的收入，扩大总需求，二是降低经营成本，促进总供给增加。必须明确的是，价格是由供求关系决定的，税收通过对供给和需求产生影响，再传导给价格。

第四，优化经济结构。税收对改善国民经济结构发挥着重要作用。通过合理设置税种，确定税率，为优先发展产业提供税收支持，服务国家产业政策；税收配合价格政策，运用高低不同的税率调节产品之间的利润差别，促进产品结构合理化；对生活必须消费品和奢侈消费品采取不同的税收政策，促进消费结构合理化。

第五，调节收入分配。市场经济条件下，收入分配差距客观存在。通过累进个人所得税、社会保险费等政策，可适当调节个人收入水平，缓解社会分配不公，促进社会稳定。

第六，维护国家权益。通过不同的进出口税收政策，特别是国家间通过税收谈判避免双重征税，可维护国家经济独立，保护国内新兴产业，限制国内紧缺资源外流，维护国家主权和利益。

第七，优化营商环境。税收大数据能够综合反映国家经济运行的质量和效率，可以通过税收收入的增减及税源的变化，及时掌握宏观经济的发展变化趋势，促进国民经济持续健康发展；也可以在税收征管活动中了解微观经济状况，发现并纠正纳税人在生产经营及财务管理中存在的问题，严肃财经纪律，打击涉税违法犯罪行为，优化营商环境。

第三节 税制体系

一、税制要素

税制要素，是指税收制度的基本构成要素。主要包括：纳税人、征税对象、税率、纳税环节、纳税期限、纳税地点、减税免税等，其中纳税人、征税对象、税率是税收制度最基本的要素。

（一）纳税人

纳税人是“纳税义务人”的简称，是按法律法规规定负有纳税义务的单位和个人。明确了纳税人，也就明确了“对谁征税”的问题。

纳税人包括自然人和法人。自然人是指负有纳税义务的个人，具体包括本国公民，也包括外国人和无国籍人。法人是指具有民事权利能力和民事行为能力，依法独立享有民事权利和承担民事义务的组织。《中华人民共和国民法典》将法人分为营利法人、非营利法人和特别法人三类。

理解纳税人的概念，要注重区分几个相关概念：一是负税人。负税人是指实际负担税款的单位和个人。在税负不发生转嫁时，纳税人与负税人是一致的；税负发生转嫁时，纳税人与负税人不一致。二是扣缴义务人。扣缴义务人是指依照法律法规的规定履行代扣代缴、代收代缴税款义务的单位和个人。三是代征人。代征人是指依照有关规定，受税务机关委托而代征税款的单位和个人。

（二）征税对象

征税对象是税法规定征税的目的物。明确了征税对象，也就明确了“对什么征税”的问题。征税对象是一种税区别于另一种税的最主要标志，体现着各种税的征税范围，税制其他要素的内容一般都是以征税对象为基础确定的。

1. 计税依据

计税依据又称为税基，是指税法中规定的据以计算应征税款的依据或标准。征税对象是从质的方面对征税标的物的规定，而计税依据则是从量的方面对征税标的物的规定。

计税依据在表现形态上一般有两种：一种是征税对象的货币价值；另一种是征税对象的数量、重量、容积、面积等实物量。

2. 税目

税目是在税法中对征税对象分类规定的具体的征税项目，反映具体的征税范围，代表征税的广度。税目一般分为列举税目和概括税目两类。列举税目是将每一种商品或经营项目采用一一列举的方法，分别规定税目，必要时还可以在税目之下划分若干个细目。概括税目是按照商品大类或行业采用概括方法设计税目。有些税种征税对象比较明确，一般不存在理解认识上的差异，因此无须设置税目。

（三）税率

税率是应纳税额与征税对象之间的法定比例，是计算应纳税额的尺度，它体现征税的深度。税率是衡量税负轻重的重要标志，是税收制度的基本要素之一。税率一般分为比例税率、定额税率和累进税率三种。

1. 比例税率

比例税率指对同一征税对象或同一税目，以百分比形式规定相同征税比例。比例税率有三种具体形式：一是单一比例税率，又称为统一比例税率，是指一种税只设置一个比例税率，所有纳税人都按同一税率纳税；二是幅度比例税率，是指对同一征税对象，税法只规定最低税率和最高税率，各地区在该幅度内确定具体的适用税率；三是差别比例税率，是指一种税设两种或两种以上的税率，不同纳税人或同一纳税人的不同征税对象按不同税率计算应纳税额。差别比例税率包括以下三种类型：

（1）产品差别比例税率，即对不同产品分别适用不同的比例税率，同一产品采用同一比例税率；

（2）行业差别比例税率，即对不同行业分别适用不同的比例税率，同一行业采用同一比例税率；

（3）地区差别比例税率，即区分不同的地区分别适用不同的比例税率，同一地区采用同一比例税率。

2. 定额税率

定额税率是税率的一种特殊形式，指按征税对象计量单位规定固定税额。定额税率的基本特点是：税率与征税对象的价值量脱离了联系，不受征税对象价值量变化的影响。定额税率适用于对价格稳定、质量等级和品种规格单一的大宗产品征税的税种。由于税额同价格的变化情况脱离，在产品价格提高时，国家财政收入不能随国民收入的增长而同步增长；在价格下降时，定额税率则会影响纳税人的生产经营积极性。

3. 累进税率

累进税率指随着征税对象数量增大而随之提高的比例税率。就是将征税对象按数额的大小划分为若干等级，不同等级的征税对象分别适用不同的税率，征税对象数额越大，适用税率越高。累进税率可以充分体现量能征收原则，收入多的多征、收入少的少征、无收入的不征，有效地处理税收负担的纵向公平问题。

累进税率常见的有四种具体形式：一是全额累进税率。将征税对象按数额大小划分为若干等级，对各等级由低到高分别规定相应税率，征税对象全部数额都按相对应级距的税率计算税额。二是超额累进税率。将征税对象按数额大小划分为若干等级，每个等级由低到高规定相应的税率，每个等级分别按该级的税率计税，最后将各级的计算结果相加后得出应纳税款。三是全率累进税率。以征税对象数额相对率（如销售利润率、资金利润率等）划分若干级距，分别规定由低到高差别税率，征税对象全部数额都按相对应级距的税率计算税额。四是超率累进税率。以征税对象数额相对率划分若干级距，分别规定相应的差别税率，相对率每超过一个级距的，对超过的部分就按高一级的税率计算征税，最后将各级的计算结果相加后得出应纳税款。

（四）纳税环节

纳税环节，是指税法规定的征税对象从生产到消费的流转过程中应当缴纳税款的环节。考虑到税收对经济的影响、财政收入的需要以及税收征管能力等因素，国家常常对在商品流转过程中所征税种规定不同的纳税环节。确定纳税环节，关系到税制结构和税种的布局，关系到税款能否及时足额入库，关系到地区间税收收入的分配，同时关系到企业的经济核算和便利纳税人缴纳税款等问题。

纳税环节一般有以下两种类型：一是单环节征税，即对征税对象从生产到消费流转过程中的某一特定环节征税；二是多环节征税，即对征税对象从生产到消费流转过程中，规定两个或两个以上的环节征税。

（五）纳税期限

纳税期限，是指税法规定的关于税款缴纳时间方面的限定。每个税种都会对纳税义务发生时间有清晰的规定，税法也要对纳税人履行纳税义务的最后时间提出明确的要求。纳税期限属于税法中的一项义务性规范，纳税人未在规定期限履行纳税义务的，应当承担相应的法律责任。

我国现行税制纳税期限包括三种形式：一是按期纳税，即根据纳税义务的发生时间，通过确定纳税间隔期，实行按规定时间纳税。纳税人的具体纳税间隔期限由主管税务机关根据情况分别核定。二是按次纳税，即根据纳税行为的发生次数确定纳税期限。三是按年计征，分期预缴或缴纳，年度结束后汇算清缴，多退少补。

（六）纳税地点

纳税地点，是指根据各个税种的纳税环节和有利于税源监管而规定的纳税人的具体纳税地点。规定纳税人申报纳税的地点，既便利纳税人缴纳税款，也便于明确税务机关执法职责。我国税法规定的纳税地点主要有机构所在地、经济业务发生地、核算地、财产所在地、报关地等。

（七）减税免税

减税免税，是指国家对特定纳税人或征税对象，给予减轻或者免除税收负担的一种特殊规定。减税是减征部分应纳税款，免税是免征全部应纳税款。减税免税是在一定时期内给予纳税人的一种照顾或激励，同时也是税收的原则性和灵活性相结合的具体体现。

减税免税的具体形式包括：一是税基式减免，即通过缩小计税依据的方式来实现的税收减免，具体包括规定免税收入、减计收入、起征点、免征额、加计扣除、加速折旧、特许扣除等。二是税率式减免，即通过降低税率的方式来实现税收的减免。一般情况下，国家会对需要鼓励或照顾的情况规定低于一般项目的税率。三是税额式减免，即通过直接减少应纳税额的方式来实现税收减免，具体包括全部免征、减半征收、税额抵免、即征即退、先征后返等。

税制要素是所有单行税法都共同具备的。特殊情况下，某些税种在立法时会把征收管理办法和违法处理标准纳入其中。我国现行税种大多在立法时不包括这两部分内容，而是纳入专门的税收征收管理法律。

二、税制分类

税制分类是按一定标准，将具有相近或相似特点的税种进行归并的一种研究方法。一个国家通常要设置一系列税种，每个税种都具有自身的特点和功能。税制分类可以揭示各类税制的性质、特点、功能及各税种之间的区别与联系，也有利于研究税制演变的规律、税源分布的特点、税收负担的归宿以及税收管理权限的分配。

税制分类有以下几种常见方法：

（一）按征税对象分类

按征税对象分类，一般分为货物和劳务税、所得税、财产税、行为目的税和资源环境税。

1. 货物和劳务税，是指以货物或劳务销售额为征税对象的各税种的统称，货物和劳务税类税源广泛、计算相对简单，纳税人取得销售收入后就要缴纳税款，不受成本费用影响。我国现行增值税、消费税就属于货物和劳务税。

2. 所得税，是指以所得额为征税对象的各税种的统称。所得额是总收入扣除相关成本、费用和税金后的余额。所得多者多征、所得少者少征、无所得者不征，对调节纳税人的收益具有特殊作用。我国现行所得税主要是企业所得税和个人所得税。

3. 财产税，是指以各种财产为征税对象的各税种的统称。财产税对社会财富存量征税，有利于缩小贫富差距，对于促进纳税人加强财产管理、提高财产使用效果具有特殊的作用。我国现行房产税、车船税就属于财产税。

4. 行为目的税，是指为达到特定的目的，对特定对象和行为发挥调节作用而征收的各税种的统称。行为目的税或者针对特定应税行为，或者强调具体征税目标，或者明确税款专项用途，政策导向清晰、调节作用精准。我国现行印花税、城市维护建设税就属于行为目的税。通常，财产税和行为目的税统称为财产行为税。

5. 资源环境税，是指对特定自然资源开发和污染排放征税的各税种的统称。征收资源环境税的主要目的是合理利用自然资源、防治环境污染。我国现行资源税、环境保护税就属于资源环境税。

（二）按计税依据计量标准分类

按计税依据计量标准分类，可分为从价税和从量税。

1. 从价税，是指以征税对象的价格为计税依据，按比例计算应纳税额的税种。从价税受价格变动影响明显，税额多少与征税对象价格变化成正比，税收负担相对稳定。

2. 从量税，是指以征税对象的重量、数量、容积、面积等指标为计税依据，按定额计算应纳税额的税种。从量税一般适用于价格相对稳定的商品，税额不受商品价格波动的影响。

（三）按税收和价格关系的标准分类

按税收和价格关系的标准分类，可分为价内税和价外税。

1. 凡税款包含在征税对象价格之中的税即为价内税。购买者按约定支付价款时，该价款中已包含销售者需向国家缴纳的税款，价内税计税依据包含税款，我国现行消费税是价内税。

2. 凡税款独立于征税对象价格之外的税即为价外税。购买者除需支付约定价款外，还需额外支付按规定计算出来的税款。我国现行增值税是价外税。

（四）按税收负担能否转嫁的标准分类

按税收负担能否转嫁的标准分类可分为直接税和间接税。

1. 直接税，是指难以实现税负转嫁的税种，一般而言，与收益密切相关的所得税和财产税相对难以转嫁。

2. 间接税，是指容易发生税负转嫁的税种，一般而言，与价格关系密切的货物和劳务税相对容易转嫁。

（五）按税收的管理和使用权限的标准分类

我国实行分税制财政管理体制，其主要内容是在建立起政府间财政转移支付制度的基础上，明确划分中央与地方财政支出和收入。根据事权与财权结合原则，将税种划分为中央税、地方税、中央与地方共享税。税收收入归属中央财政的税种为中央税，如现行消费税；税收收入归属地方财政的税种为地方税，如现行城镇土地使用税；税收收入在中央财政和地方财政之间进行分配的税种为中央与地方共享税，如现行增值税。

三、税制结构

税制结构，是指一国在进行税制设计时，根据本国具体情况将不同功能税种进行组合配置，形成主体税种与辅助税种各具特色和作用功能互补的税制体系。

经济合作与发展组织（OECD）将各国税制结构归纳为三种类型：一是货物和劳务税占 GDP 比重高于所得税占 GDP 比重，视作间接税为主的国家；二是货物和劳务税占 GDP 比重小于所得税占 GDP 比重，视作直接税为主的国家；三是两者比重比较接近、相差不大的国家，视作直接税和间接税双主体的国家。在 OECD 数据资料涵盖的 109 个国家中，63 个国家为间接税为主的国家，大多数发展中国家，包括中国都属于这一类型；29 个国家是直接税为主的国家，发达国家大多属于这一类型，如美国、丹麦、韩国等；17 个国家是直接税和间接税双主体的国家。①

一般而言，对货物和劳务征税更具有筹集收入便利性、及时性和相对隐蔽性的特点，原因在于货物和劳务税的税源范围广泛，税源活动实时发生，税款可及时形成政府收入。对所得征税的前提条件是企业或个人在收入进行法定扣除后仍有余额，如果企业没有所得或者个人没有足够多的收入，就不能形成税基。

对所得征税可通过税率等税制要素安排，发挥直接税调节收入差距功能，特别是通过累进税率对高收入者多征税。而对货物劳务征税，可能对收入差距调节起到逆向作用。各种类型的税制结构各有其优劣之处，各个国家应结合特

---

① The OECD Tax Database，http：//www. oecd. org/tax/tax-policy/tax-database/.

有国情、税制沿革及特定阶段经济和社会发展需要来确定适应性强的税制结构。

“十四五”规划明确我国完善税制结构的目标是：优化税制结构，适当提高直接税比重。

第四节　税收法治化建设

税收法治化建设是提升税收治理能力现代化水平乃至国家治理能力现代化水平的重要途径。进一步深化税收征管改革，必须坚持习近平法治思想，坚持依法治税，善于运用法治思维和法治方式深化改革，不断优化税务执法方式，着力提升税收法治化水平。

一、税收法治的基本内涵

税收法治是法治理念和原则在税收领域中的运用，是通过制约政府、征税机关权力，以保障纳税人权利为核心，运用社会认可的法律制度来协调各主体之间关系，达到政府依法治税、征税机关依法征税、纳税人依法纳税的和谐状态。

（一）税收法治的基本价值取向是树立法律至上的现代法治观念

税收活动涉及广泛的社会利益，在协调分配关系、处理分配矛盾时，所有的税收活动参与者都必须尊重税法的权威，遵循法治精神，税法面前人人平等，不允许存在超越税法之上的特权。立法机关要依据法定程序制定税法，税务机关要严格按照税法规定行使征税职责，纳税人要按照税法规定履行纳税义务，任何税收活动主体都不能凌驾于法律之上。特别要注意的是，政府一旦不遵守法律，不仅会给纳税人造成损失，而且会对整个社会树立法律至上的观念带来巨大的负面影响。

（二）税收法治最基本的原则是税收法定

税收法定原则是税收的基本原则，是实现税收法治的必然要求。根据这一原则，所有税收活动的参与者都要依法行事。税收法律只能由立法机关制定，没有法律规定，政府不能征税，国民也不需要缴纳税款。

（三）税收法治的核心是正确处理权力与权利的关系

正确处理规范权力与保障权利的关系，是法治要解决的核心问题。税收法治的核心一方面要限制和规范政府的税收权力，另一方面要保障纳税人的合法权利。税收法治必须对政府在税收方面的权力进行制约，法律既要赋予政府在征税时拥有强制性权力，遏制逃税行为，营造良好税收秩序，又要有效限制这种权力，防止执法权力被滥用，切实保障纳税主体的合法权利不受侵害，充分体现法律的基本目标。

（四）税收法治的基本特征是良法与善治的统一

良法是善治推行的前提和基础，通过科学立法、民主立法，既要落实税收法定，又要在限定政府权力的同时保障纳税人权利，从而在国家和纳税人之间寻求利益的最大平衡；善治是良法落地的环境和条件，是指形成良好的税收治理方式和治理能力。

二、税收法律

税法是调整税收关系的法律规范的总称。广义的税法，是指所有用以调节国家与纳税人之间在税收方面的权利及义务关系的法律规范的总称；狭义的税法，特指由国家权力机关制定和颁布的税收法律。税法常见的分类包括：

（一）按税法内容分类

按税法内容分类，可将税法分为税收实体法、税收程序法。

1. 税收实体法，是指规定税收法律关系主体的实体权利、义务的法律规范的总称。其主要内容包括纳税主体、征税对象、计税依据、税目、税率、减税免税等。税收实体法是税法的核心部分，没有税收实体法，税收法律关系就不能成立。

2. 税收程序法，是指如何具体实施税收实体法的规定，是规定国家征税权行使程序和纳税人纳税义务履行程序的法律规范的总称。其内容主要包括税收确定程序、税收征收程序、税收检查程序和税务争议的解决程序。我国税收程序法的核心是《中华人民共和国税收征收管理法》（以下简称《税收征管法》）。

（二）按税法效力分类

按税法效力分类，可将税法分为税收法律、法规、规章、税务规范性文件。

1. 税收法律，是指享有国家立法权的国家最高权力机关，依照法律程序制定的规范性税收文件。其法律地位和法律效力仅次于宪法。截至2021年底，我国现行税收法律如表1-1所示。

表1-1　我国现行税收法律

序号	法律	颁布日期	施行日期
1	中华人民共和国个人所得税法	1980年9月10日 2018年8月第七次修正	1980年9月10日
2	中华人民共和国税收征收管理法	1992年9月4日 2001年4月28日修订 2015年4月第三次修正	1993年1月1日（旧） 2001年5月1日（新）
3	中华人民共和国企业所得税法	2007年3月16日 2018年12月第二次修正	2008年1月1日
4	中华人民共和国车船税法	2011年2月25日 2019年4月修正	2012年1月1日
5	中华人民共和国环境保护税法	2016年12月25日 2018年10月修正	2018年1月1日
6	中华人民共和国烟叶税法	2017年12月27日	2018年7月1日
7	中华人民共和国船舶吨税法	2017年12月27日 2018年10月修正	2018年7月1日
8	中华人民共和国耕地占用税法	2018年12月29日	2019年9月1日
9	中华人民共和国车辆购置税法	2018年12月29日	2019年7月1日
10	中华人民共和国资源税法	2019年8月26日	2020年9月1日
11	中华人民共和国城市维护建设税法	2020年8月11日	2021年9月1日
12	中华人民共和国契税法	2020年8月11日	2021年9月1日
13	中华人民共和国印花税法	2021年6月10日	2022年7月1日

注：《税收征管法》是1992年9月4日第七届全国人民代表大会常务委员会第二十七次会议通过的，2001年4月28日第九届全国人民代表大会常务委员会第二十一次会议对此法进行了修订。

2. 税收法规，是指国家最高行政机关、地方立法机关根据其职权或国家最高权力机关的授权，依据宪法和税收法律，通过一定法律程序制定的规范性税收文件。税收法规的效力低于宪法、税收法律。

3. 税收规章，是指国家税收管理职能部门、地方政府根据其职权和国家最高行政机关的授权，依据有关法律、法规制定的规范性税收文件。税收规章可以增强税法的灵活性和可操作性，是税法体系的必要组成部分，但其法律效力较低。一般情况下，税收规章不作为税收司法的直接依据，而只具有参考性的效力。

4. 税务规范性文件，是指县以上税务机关依照法定职权和规定程序制定并发布的，影响纳税人、缴费人、扣缴义务人等税务行政相对人的权利、义务，在本辖区内具有普遍约束力并在一定期限内反复适用的文件。税务规范性文件的效力层级低于税务部门规章，不得违反税收法律、法规、规章或上级税务规范性文件的规定。税务规范性文件应当以公告形式发布；未以公告形式发布的，不得作为税务机关执法依据。

（三）按主权国家行使税收管辖权不同分类

按主权国家行使税收管辖权不同分类，可将税法分为国内税法与国际税法。

1. 国内税法，是指一国在其税收管辖权范围内调整税收分配过程中形成的权利义务关系的法律规范的总称，是由国家最高权力机关和经由授权或依法律规定的国家行政机关制定的税收法律、法规、规章等规范性文件。其效力范围在地域上和适用主体上均以国家税收管辖权所能达到的管辖范围为准。通常所说的税法即是指国内税法。

2. 国际税法，是指调整国家与国家之间税收权益分配的法律规范的总称。它包括政府间的双边或多边税收协定、条约、国际税收惯例等。其内容涉及税收管辖权的确定、税收抵免、无差别待遇，以及最惠国待遇等。国际税法是国际法的特殊组成部分，一旦得到一国政府和立法机关的法律承认，国际税法的效力高于国内税法。

三、税收法治化建设的途径

税收法治化建设是税收领域的深刻革命，涉及面广、系统性强。走中国特色的税收法治化发展道路，才能更好地发挥税收治理在国家治理中的作用。

（一）坚持党对法治税务建设的全面领导

党的领导和社会主义法治是高度统一的。充分发挥党在推进税收法治化建设中的领导作用，不断加强党对税收法治化工作的全面领导，把税收法治化建设和加强党的建设一起谋划、部署、推进和落实，才能保证税收法治化工作始终沿着正确的方向前进。

（二）依法全面履行税收职能

税务机关的主业是依法依规组织税费收入，严格依法征税收费是税务部门依法行政的基本要求，是优化税收营商环境、提升减税降费“获得感”的重要保障。只有坚持组织收入的原则，守牢不收“过头税费”底线，才能更好地发挥税收职能作用，促进税收事业高质量发展，高效服务经济社会发展大局。

（三）健全税费法律制度体系

税收立法应坚持税收法定原则，以提升税收治理能力现代化水平为目标，贯彻新发展理念，注重科学性、系统性、整体性、协同性，确保税法能适应我国经济社会发展的需要。

（四）坚持严格规范公正文明执法

加大税务执法力度，依法依规严厉打击涉税违法犯罪行为，保持对各类税收违法行为“零容忍”的高压态势，是有效遏制税收违法行为、防范税收风险、维护市场公平和国家税收安全的必然选择；而完善税务执法程序能够提升执法规范的法律层级，实现规范市场行为、降低执法成本、形成执法震慑的综合效果，助推公平法治的税收营商环境建设。

（五）依法预防调处化解矛盾纠纷

建立健全利益表达和协商沟通等机制，引导和支持纳税人理性表达诉求、依法维护权益；依法办理复议案件，充分发挥税务行政复议化解税务争议的主渠道作用，妥善处理复议应诉案件，完善纳税人缴费人权利救济和税费争议解决机制；健全多元化纠纷解决机制，深入研究税务行政和解调解制度，实现调解和解、行政复议、行政诉讼等纠纷解决方式有机衔接、相互协调。

（六）强化税务权力制约和监督

结合税务实际，主动探索构建一体化综合监督体系，使税务系统监督制度和责任制度体系更加务实管用，“两权”[①] 监督更加有力有效；加强税务执法制约和监督，促进税务人员依法依规履职尽责，强化内部行政监督，为税收事业健康发展保驾护航；积极稳妥推进政务公开工作，推动简政放权、放管结合、优化服务改革，激发市场活力和社会创造力。

① “两权”指税收执法权和行政管理权。

（七）大力推进税收征管数字化转型

新时代的税收法治化建设需要新理念、新技术的强力支撑。一是充分运用大数据、云计算、人工智能、移动互联网等现代信息技术，加快推进智慧税务建设，实现税务执法、服务、监管与大数据智能化应用的深度融合、高效联动、全面升级。二是稳步实施发票电子化改革，发票全领域、全环节、全要素电子化，着力降低制度性交易成本。三是深化税收大数据共享应用，不断完善税收大数据云平台，不断强化税收大数据在经济运行研判和社会管理等领域的深层次应用。

（八）全面加强依法行政能力建设

加强税收法治工作队伍建设是提升税务系统依法行政能力的基础性工作，具体措施包括健全税务机关法制机构、完善税收执法人员管理制度、加强税收法治人才培养和使用，同时要强化全体税务干部的法治教育，扎实提升税务干部法律素养。

第五节　税收管理体制

一、税收管理体制的概念

税收管理体制是财政管理体制的重要组成部分，是划分中央和地方政府之间税收收入和税收管理权限的一项制度，其目的是明确中央和地方政府及各级税务机关的税收管理权限，调动各方面的积极性，保证税务工作顺利进行和税收职能作用充分发挥。

在我国，税收管理体制体现了中央政府和地方政府，以及地方各级政府之间在国民收入分配活动中，基于根本利益一致的原则，处理全局与局部利益关系的权力划分和职责分工关系。税收收入和税收管理权限的划分，是在中央统一领导下，正确处理税收管理中的集权与分权关系，调动和发挥各级政府机关和税务部门的积极性，共同做好税收管理的一项重要工作。

二、税收管理体制的内容

划分税权是税收管理体制的核心内容。划分税权既包括税收收入在各级政府之间如何划分的问题，也包括税收的立法权、税种的开征与停征权、税法的解释权、税法的调整权、税收的减免权（加征权）和税收执法权等税收管理权限在各级政府之间如何划分的问题。

（一）税收的立法权

税收的立法权，是指国家最高权力机关根据法律程序赋予税收法律效力时所具有的权力。包括税法制定权、审议权、表决权、批准权及公布权。

（二）税种的开征与停征权

税种的开征与停征权，是指决定开征什么税种、何时开征，停征什么税种、何时停征的权力。

（三）税法的解释权

税法的解释权，是指对税法进行解释的权力，即对税收法规内容进行解释、制定实施细则和补充性规定的权力。

（四）税法的调整权

税法的调整权，是指对税收法律中的税目进行增减，以及对某些条文进行修订和补充的权力；对某些税法规定允许在一定幅度内浮动的税制要素（如税率、起征点等）作具体规定和进行调整的权力。

（五）税收的减免权（加征权）

税收的减免权（加征权），是指制定减免税（加税）规定，审批、确定减免税（加税）数额和期限的权力。

（六）税收执法权

税收执法权，是指征税机关依法征税，进行税务管理的权力。

（七）税收收入的分配

税收收入的分配，是指税收收入在各级政府间的分配标准和方式。

三、我国现行税收管理体制

（一）我国分税制的主要内容

按照党的十九大报告中“加快建立现代财政制度，建立权责清晰、财力协调、区域均衡的中央和地方财政关系”的要求，我国现行分税制财政管理体制的主要内容是：按照中央政府与地方政府的事权划分，合理确定各级财政的支出范围；根据事权与财权相结合原则，将税种统一划分为中央税、地方税、中央与地方共享税；科学核定地方财政收支数额，逐步实现比较规范的中央财政对地方财政的税收返还和转移支付制度；建立和健全分级预算制度，硬化各级预算约束。原则上实行一级政府一级预算。

中央和地方税收收入划分的原则是公平、便利、效率。要综合考虑税种属性和功能，一般是将收入波动较大、具有较强分配作用、税基分布不均衡、税基流动性较大的税种划为中央税，或中央分成比例多一些；将地方掌握信息比较充分、对本地资源配置影响较大、税基相对稳定的税种划为地方税，或地方分成比例多一些。税收收入划分调整后，地方形成的财力缺口由中央财政通过税收返还的方式解决。

目前，我国已构建起了以共享税为主的中央和地方税收收入分配格局，"十四五"期间，完善现代税收制度的任务之一是健全地方税体系，逐步扩大地方税政管理权。

（二）税收立法权划分

在税收立法和税收政策制定方面，我国一直强调税权集中，税政统一。目前有权制定税法或者税收政策的国家机关有全国人民代表大会及其常务委员会、国务院、财政部、国家税务总局、海关总署、国务院关税税则委员会等。

税收法律由全国人民代表大会及其常务委员会制定；有关税收的行政法规由国务院制定；有关税收的部门规章由财政部、国家税务总局、海关总署、国务院关税税则委员会等部门制定。

此外，根据我国法律的规定，省、自治区、直辖市人民代表大会及其常务委员会，在不与国家的税收法律、法规相抵触的前提下，可以制定地方性税收法规。

（三）税收执法权划分

税收执法权，是指国家法律、法规赋予征税机关及其工作人员在执行税法过程中的各种权力。税收执法权主要包括税务管理权、税款征收权、减免实施权、税务检查权、税务处罚权和税务行政复议裁决权等。

目前我国税收执法机关主要有税务部门和海关部门。

1. 税务机关

我国的税务机关，是指各级税务局、税务分局、税务所和省以下税务局的稽查局。

为适应财政管理体制的需要，我国现行税务机关按行政级次和行政区划分为总局、省局、市局和县局共四级税务机关。中央政府设立国家税务总局，是国务院主管税务工作的直属机构。省及省以下税务机关实行以国家税务总局为主与省（自治区、直辖市）政府双重领导的管理体制，具体承担所辖区域内各项税收、非税收入和社会保险费的征管等职责，既是从属于上级税务机关的基层单位，又是政府的职能部门。

各级税务局按党建工作、法律法规、纳税服务、征收管理、风险管理、数据管理、税务稽查、纪检监察、行政后勤等职能设立内设机构、直属机构和派出机构等三类单位。税务分局、税务所是上级税务机关的派出机构。可按行政区划设置，也可按经济区划设置。税务局稽查局是各级税务局依法对外设置的直属机构，省辖市的城区一般不设置稽查局，或者跨区设置稽查局。

国家税务总局重点加强税收制度和管理制度设计、工作标准制定、信息平台建设和数据集中处理应用、税收风险集中分析、大企业和国际税收管理、执法监督等方面职责；省级税务局重点加强数据管理应用、大企业税收管理、国际税收管理及税收风险分析推送等方面职责；市级税务局强化直接面对纳税人的一线征管和服务职责；县级税务局重点加强税源管理和风险应对工作，更好地为纳税人服务。

为适应经济和社会发展需要，符合税收管理服务集约化、高效化的趋势，有利于为纳税人提供更加优质便捷的服务，进一步优化税收营商环境，国家税务总局在全国设立 6 个特派办，主要承担对管辖范围内各省级税务机关贯彻执行党中央、国务院决策部署情况的督查，税收执法合规性检查，财务内审，跨区域涉税大案要案稽查等任务。

2. 海关

我国海关是国家的进出境监督管理机关，实行垂直管理体制，其基本任务是出入境监管、征收关税及其他税费、查缉走私和进出口统计。海关系统负责征收管理的税收包括：关税、船舶吨税；代征的进口环节消费税、增值税。

第六节　新时代治税方略

一、税收的本质

税收的本质，是指税收固有的根本属性，是从根本上明确税收“是什么”，或者税收“应该是什么”的问题。

政府履行国家职能的前提是具备相应的政治权力，其来源是全体公民的认可和法律的授权；政府满足社会公共需要的基础是拥有稳定的财政收入，其来源必然是享受社会公共服务的个人。

税收发生在国家和个人之间，认识税收的本质，应当从国家和个人两个角度来理解。

（一）从国家角度来看

税收是国家以法律规定对社会剩余产品进行分配所体现的一种特殊的分配关系。之所以说是一种特殊的分配关系，根本原因是税收分配是通过非市场方式实现的。国家提供的公共产品不存在竞争关系，国家征税也不可能和个人享受的公共产品形成一对一的等价关系。既然不能采用市场方式，还要保证国家提供公共产品的质量、维持正常的税收秩序，就必须运用国家政治权力，通过法律形式来保障税收的实现。

（二）从个人角度来看

税收是纳税人作为整体向国家购买公共产品支付的“价格”。公共产品供给上的非竞争性和消费上的非排他性，决定其交易方式和交易价格具有特殊性。国家依法征税和提供公共产品是统一的，个人依法纳税和享受公共产品同样是不可分割的。公共产品是面向纳税人整体而不是针对具体个人的，无论一个人是否纳税、纳税多少，其所能享受的公共产品都是无差别的。表面上看是每一个独立的纳税人履行纳税义务，实则是纳税人整体的每一个分子按照法定标准分摊了公共产品的费用。

二、中国特色社会主义税收的基本属性

认识一国税收的基本属性，要以税收本质的共性为基础，结合特定国家的政治、经济制度特征综合研判。我国社会主义经济制度的基础是生产资料的社会主义公有制，实行各尽所能、按劳分配的原则。中国特色社会主义税收的基本属性是“取之于民、用之于民”。

（一）取之于民

取之于民本意是税收来自人民，表明税收是人民创造的，同时也是人民贡献的，是“发展依靠人民”在税收领域的具体体现。在我国，国家的利益和人民的利益在根本上是一致的，公民纳税是法定义务，是根本利益一致前提之下

对国家事务的认可与支持，通俗地讲就是“聚众人之财，办众人之事”。税收是我国国家制度和国家治理体系的显著优势——“集中力量办大事”的突出表现，是人民群众爱国主义精神和大局意识的真实写照。

（二）用之于民

用之于民本意是税收服务人民，表明税收出发点是人民需要，落脚点是人民满意，是“发展为了人民、发展成果由人民共享”在税收领域的具体体现。在我国，人民群众是国家的主人，每一个纳税人同时也是人民群众的一员。公民纳税的最终目标在于维护自身的根本利益。税务工作要坚持“以纳税人缴费人为中心”的服务理念，确保“人民税收为人民”的根本方向，为政府提供可靠的财力保证，让更多的人民群众享受到优质的公共产品和服务。

三、新时代税收工作新要求

习近平新时代中国特色社会主义思想为税收现代化建设指明了目标和路径，也为探索适应新时代需要的治税思想提出了更高的要求和更丰富的选择。

（一）坚持党对税收工作的全面领导，自觉提升政治站位

在新时代税收现代化进程中，要加强党对税收发展方向、税收政策运用协调、税收制度改革及其出台时机的全面领导，形成坚强有力的党的领导制度体系，做好国家财力的坚定保障者、宏观调控的高效执行者、国家战略的忠实服务者。

（二）坚持依法治税，落实税收法定原则

牢固树立税收法治理念，坚持依法治税，扎实稳妥完成预算确定的收入任务，推动税费收入质优量增。筑牢中国特色税收现代化法治思维、法治理念、法治方式，提高税收治理现代化水平。

（三）坚持“以人民为中心”，顺应人民群众期盼

税务部门离市场主体最近，为人民群众服务最直接，是与人民群众打交道最多、频度最高、联系最紧密的政府部门之一。随着我国社会主要矛盾发生变化，人民群众对民主、法治、公平、正义的要求越来越高，对执法部门在权益维护、服务供给等方面的能力和水平不断提出新的更高要求。因此，税务部门应牢固树立“以纳税人缴费人为中心”的服务理念，大力推行优质高效智能的

税费服务，把执法和监管寓于服务之中，解决好纳税人缴费人反映强烈的堵点、难点、痛点问题，进一步顺应人民群众期盼，增强人民群众获得感，提高税法遵从度和社会满意度。

（四）坚持系统观点，统筹推进改革措施

推进新时代税收现代化建设，应坚持系统观念把强化“合成”理念贯穿始终，统筹推进各项改革措施，突出发挥现代科技和数据赋能的倍增效应，推进执法、服务、监管的系统性融通，党务、政务、业务工作的多维度联通，制度规范、业务流程、信息技术、岗责体系的一体化贯通，实现以“合”促“成”的化学反应和管理效果。

（五）坚持全球视野，突出合作共赢

积极促进国际税收交流合作，深度参与国际税收规则和标准的制定，持续完善“一带一路”税收征管合作机制，全力服务高水平对外开放，为推动全球税收治理体系建设贡献中国力量。

四、高质量推进税收现代化

（一）构建坚强有力的党的领导制度体系

税务系统要始终坚持把深入学习贯彻习近平新时代中国特色社会主义思想作为首要政治任务；始终坚持以党的建设引领税收改革发展，持续构建完善具有税务特色的“纵合横通强党建”机制制度体系，推动税务党建高质量发展；始终坚持严的主基调，深化税务系统纪检监察体制改革试点，探索构建一体化综合监督体系，着力构建税务系统全面从严治党新格局。

（二）构建科学完备的税收法治体系

税务系统要持续推动落实税收法定原则，积极推进税收科学立法，形成完备的税收法律规范体系；持续深化税制改革，完善税收基本制度，构建具有中国特色的现代税收制度体系。

（三）构建优质便捷的税费服务体系

税务系统要树立全新的税费服务理念，坚持“以人民为中心”的发展思想，深刻理解“征纳双方法律地位平等”、尊重纳税人缴费人的权利和义务等规定，不断创新服务举措，打造税务特色服务品牌。持续深化税收领域“放管服”改革，减少税务行政审批事项，压减纳税人报税资料，拓展便民惠民范围，充分发挥税收数据优势，持续优化税收营商环境，积极主动服务经济社会发展大局。

（四）构建严密规范的税费征管体系

税务系统要认真总结我国税费征管实践经验，积极吸收和借鉴国际通行有效的税费征管方法，深入推进精确执法、精细服务、精准监管、精诚共治，建立以税费风险管理为导向，依托互联网、人工智能和区块链等现代科学技术手段，加快建设智慧税务，转变传统税费征管方式，优化征管资源配置，实现征管方式转变，实现以“合”促“成”的化学反应和管理效果。

（五）构建合作共赢的国际税收体系

税务系统要主动服务国家对外开放大局，在推动全球税收治理变革中展现中国税务治理之智，深化“一带一路”税收征管合作机制，推动高质量“引进来”和高水平“走出去”，积极参与防止税基侵蚀和利润转移等国际税收规则的制定，有效维护我国及其他发展中国家利益。

（六）构建高效清廉的队伍组织体系

税务系统要不断优化机构设置和职能职责，树立和巩固正确的用人导向，不断探索构建“带好队伍”机制制度体系，大力弘扬“忠诚担当、崇法守纪、兴税强国”的中国税务精神，持续激发干事创业的精气神、汇聚担当作为的正能量。

本章小结

知识点	主要内容
基本概念	征税主体、征税目的、征税权力、征税依据、税收来源
历史沿革	税收产生的社会条件是国家的出现和存在，税收产生的经济条件是私有制的存在和发展
形式特征	强制性、无偿性和固定性
税收原则	亚当·斯密“赋税四原则”、瓦格纳“四项九端原则”
	税收财政原则、税收公平原则、税收效率原则、税收法定原则
税收负担	税收负担的概念、衡量税收负担的主要指标、影响税收负担的主要因素、税负转嫁的主要形式和影响因素
税收职能	财政收入职能、调节经济职能、调节分配职能
税收作用	我国现阶段税收的七方面作用

续表

知识点	主要内容
税制要素	纳税人、征税对象、税率、纳税环节、纳税期限、纳税地点、减税免税等，其中，纳税人、征税对象、税率是税收制度最基本的要素
	纳税人：负税人、扣缴义务人、代征人。 征税对象：计税依据、税目。 税率：比例税率、定额税率和累进税率。 纳税环节：单环节征税、多环节征税。 纳税期限：按期纳税，按次纳税，按年计征、分期预缴。 纳税地点：机构所在地、经济业务发生地、核算地、财产所在地、报关地等。 减税免税：税基式减免、税率式减免、税额式减免
税制分类	按征税对象分类，一般分为货物和劳务税、所得税、财产税、行为目的税和资源环境税。 按计税依据计量标准分类，可分为从价税和从量税。 按税收和价格关系为标准分类，可分为价内税和价外税。 按税收负担能否转嫁为标准分类，可分为直接税和间接税。 按税收的管理和使用权限为标准分类，可分为中央税、地方税和中央与地方共享税
税制结构	“十四五”规划目标：优化税制结构，适当提高直接税比重
税收法治	税收法治的基本价值取向是树立法律至上的现代法治观念。 税收法治最基本的原则是税收法定。 税收法治的核心是正确处理权力与权利的关系。 税收法治的基本特征是良法与善治的统一
税收法律	按税法内容分类，可以将税法分为税收实体法、税收程序法。 按税法效力分类，可以将税法分为税收法律、法规、规章、税务规范性文件。 按主权国家行使税收管辖权不同分类，可以将税法分为国内税法与国际税法
税收法治化建设的途径	坚持党对法治税务建设的全面领导、依法全面履行税收职能、健全税费法律制度体系、坚持严格规范公正文明执法、依法预防调处化解矛盾纠纷、强化税务权力制约和监督、大力推进税收征管数字化转型、全面加强依法行政能力建设
税收管理体制内容	税收的立法权、税种的开征与停征权、税法的解释权、税法的调整权、税收的减免权或加征权、税收执法权、税收收入的分配
现行税收管理体制	分税制的主要内容、税收立法权的划分、税收执法权的划分
税收的本质	从国家角度来看，税收是国家以法律规定对社会剩余产品进行分配所体现的一种特殊的分配关系。 从个人角度来看，税收是纳税人作为整体向国家购买公共产品支付的“价格”
我国税收的基本属性	取之于民、用之于民
新时代税收工作新要求	坚持党对税收工作的全面领导，自觉提升政治站位。 坚持依法治税，落实税收法定原则。 坚持“以人民为中心”，顺应人民群众期盼。 坚持系统观点，统筹推进改革措施。 坚持全球视野，突出合作共赢

续表

知识点	主要内容
新时代税收现代化建设的具体目标	构建坚强有力的党的领导制度体系。 构建科学完备的税收法治体系。 构建优质便捷的税费服务体系。 构建严密规范的税费征管体系。 构建合作共赢的国际税收体系。 构建高效清廉的队伍组织体系

本章练习题请通过学习兴税 App 扫描左侧二维码阅览

第二章　增值税

本章导读：本章依据《中华人民共和国增值税暂行条例》（以下简称《增值税暂行条例》）及其实施细则和部分规范性文件，详细介绍增值税的征税范围、纳税人、税率、应纳税额计算、税收优惠、征收管理等基本规定。通过本章学习，了解增值税的概念、类型、特点，熟悉增值税的征税范围、纳税人、税率、税收优惠和征收管理等，掌握增值税销售额的确定、应纳税额的计算。

第一节　增值税概述

一、概念

从理论上讲，增值税是以单位和个人生产经营过程中取得的增值额为征税对象征收的一种税。

现代增值税的构思出现在 20 世纪初。1954 年，法国率先开征增值税。因为可以有效避免重复征税，并能显著增加财政收入，目前增值税已推广到近 190 多个国家和地区，征税范围基本覆盖所有货物、劳务和服务。

我国 1979 年引入增值税，选择部分产品和行业进行试点。1984 年国务院颁布《中华人民共和国增值税条例（草案）》，在全国范围内对机器机械、汽车、钢材等 12 类产品征收增值税。1994 年税制改革，国务院实施了《增值税暂行条例》，将增值税征税范围扩大到所有货物和加工、修理修配劳务。2012 年 1 月 1 日开始在部分地区和行业推行营改增试点；自 2016 年 5 月 1 日起，在全国范围内全面推开营改增试点，至此，原营业税征税范围全部纳入增值税征税范围。

增值税在我国属于共享税，国内增值税中央政府分享 50%、地方政府分享 50%。2020 年，我国实现国内增值税收入 56791 亿元，占当年全部税收收入的 36.80%。①

二、增值额与增值税类型

（一）增值额

增值税以增值额为征税对象，理论上的增值额和法定增值额有所区别。

1. 理论增值额

货物或劳务价值由 C、V、M 三部分构成：C 表示生产资料价值；V 表示劳动力的价值；M 表示劳动者所创造的价值中归社会支配的部分，即税金、利润等。从理论上讲，增值额是企业在生产经营中新创造的那部分价值，即货物或劳务价值中的“V+M”部分。

以服装的生产流通全过程为例，假定在第一个环节棉农完全自己生产棉花，其购进额为零（不考虑肥料、种子等价值），最后一个环节服装的零售价格为 800 元，这 800 元是由五个流转环节共同创造的。服装生产流通每一环节的购买价、销售额和理论增值额如表 2-1 所示。

表 2-1 购买价、销售额和理论增值额 单位：元

经营者	购买价	销售额	理论增值额
棉农	0	200	200
织布商	200	300	100
印染商	300	350	50
服装生产商	350	650	300
服装零售商	650	800	150
合计		800	

对表 2-1 数据进行分析，理论增值额在经营活动中有两种理解：从一个生产经营单位来看，理论增值额是指该单位销售货物或提供劳务的收入额，扣除为生产经营活动外购货物或劳务价款后的余额；从整个流通环节来看，各环节的增值额之和，等于该货物或劳务的最终销售价格。

2. 法定增值额

法定增值额，是指各国政府根据各自的国情和政策目标，在其增值税制度

---

① 《2020 年全国一般公共预算收入决算表》，http：//yss.mof.gov.cn/2020zyjs/202109/t20210917_3753573.htm，下同。

中确定的增值额。法定增值额可以等于理论上的增值额，也可以大于或小于理论上的增值额。造成法定增值额与理论增值额不一致的主要原因是各国在规定扣除范围时，对外购固定资产的处理办法不同。此外，由于流通领域征税范围划分及减免税优惠等，理论增值额与法定增值额也会有所不同。

（二）增值税的类型

按对外购固定资产处理方式的不同，增值税可划分为生产型增值税、收入型增值税和消费型增值税三种类型。

1. 生产型增值税

生产型增值税是指计算增值额时，不允许扣除任何外购固定资产的价款。作为征税基数的法定增值额除包括纳税人新创造价值外，还包括当期计入成本的外购固定资产的折旧部分的价值，这一类型下增值税的增值额大于理论增值额。从国民经济整体来说，这一征税基数大体相当于国内生产总值（GDP），故称为生产型增值税。由于这种类型增值税的扣除范围不包括固定资产，因此，它在一定程度上仍存在重复征税的问题，资本有机构成越高的行业，重复征税越严重，不利于投资较大的制造企业的专业化分工与协作，但对资本有机构成低和劳动密集型的行业、企业有利。这种类型的增值税虽然不利于鼓励投资，但可以保证财政收入。采用这种类型增值税的国家较少，主要是一部分发展中国家。

2. 收入型增值税

收入型增值税是指计算增值额时，对外购固定资产价款只允许扣除当期计入产品价值的折旧部分，这一类型下增值税的增值额与理论增值额一致。从国民经济整体来说，计税依据相当于国民收入中的“V+M”部分，故称为收入型增值税。因其税基较生产型增值税少了当期计入产品价值的折旧部分，故对经济增长的影响呈中性。此种类型的增值税从理论上讲是一种标准的增值税，但由于外购固定资产价款是以计提折旧的方式分期转入产品价值的，且转入部分没有逐笔对应的外购凭证，给凭发票扣税的计算方法带来困难，不利于税收征管，从而影响了这种方法的广泛采用。

3. 消费型增值税

消费型增值税是指计算增值额时，允许将当期购入的固定资产价款一次性全部扣除，作为征税基数的法定增值额相当于纳税人当期的全部销售额扣除外购的全部生产资料价款后的余额，这一类型下增值税的增值额小于理论增值额。从国民经济整体来说，相当于对全部生产资料不征税而只就消费资料征税，故称为消费型增值税。此种类型的增值税在购进固定资产的当期因扣除额大大增加，会减少财政收入。但这种类型的增值税有利于鼓励投资，且便于实行凭发票扣税。

1994 年税制改革时，我国实行的是生产型增值税。自 2009 年 1 月 1 日起，在全国范围内实施增值税转型改革，允许纳税人抵扣其购进或者自制固定资产发生的进项税额，增值税逐步向消费型过渡。随着营改增的全面推开，不动产纳入增值税征税和抵扣范围，我国增值税完成了由生产型向消费型的彻底转型。

三、特点

（一）避免重复征税，具有税收中性的特征

税收中性，一是指国家征税时尽可能以所取税额为限，避免使纳税人和社会遭受额外负担；二是指国家征税应避免对市场经济的正常运行产生干扰，特别是不能使税收超越市场机制而成为资源配置的决定因素。政府在设计税制时，以不干扰经营者的投资决策和消费者的消费选择为原则。增值税具有税收中性的特征，是因为增值税只对销售额中没有征过税的那部分价值征税，对销售额中属于转移过来的、以前环节已征过税的部分则不再征税，从而有效地排除了重复征税因素。此外，增值税税率档次少，一些国家只采取一档税率，即使采取两档或三档税率的，其绝大部分应税项目一般也都是按一个统一的基本税率征税。这不仅使得绝大部分应税项目的税负一样，而且同一应税项目在经历的所有生产和流通的各环节的整体税负也是一样的。

（二）最终消费者是全部税款的承担者

增值税保留了传统间接税按流转额全值计税和各环节征税的特点，同时还实行税款抵扣制度。即在各环节征税的同时，还实行逐环节扣税。由于一种货物在各个生产流通环节的增值额之和等于该货物在最终销售环节的售价，因而，最终消费者是增值税全部税款的承担者。

（三）普遍征收且多环节征收

无论从横向还是从纵向来看，增值税都有着广阔的税基。从生产经营的横向关系来看，各行业、各部门只要有增值收入就要纳税；从生产经营的纵向关

系来看，每一货物无论经过多少生产经营环节，都要按各环节上发生的增值额征税。

（四）实行价外征收制度

现行增值税实行价外征收，销售价格中不包含增值税。价格和税收分离，在销售凭证上既体现价款又体现税金，便于消费者对价格和税收进行监督，同时也便于企业根据市场情况确定价格。

第二节　增值税的征税范围、纳税人及税率

一、征税范围

（一）征税范围的基本规定

增值税的征税范围包括在我国境内销售货物或者加工、修理修配劳务，销售服务、无形资产、不动产以及进口货物。征税范围具体有：

1. 销售货物

销售货物，是指有偿转让货物的所有权。

货物，是指有形动产，包括电力、热力、气体在内。

在境内销售货物，是指销售货物的起运地或者所在地在境内。

2. 提供加工、修理修配劳务

提供加工、修理修配劳务（以下称应税劳务），是指有偿提供加工、修理修配劳务。

加工，是指受托加工货物，即委托方提供原料及主要材料，受托方按照委托方的要求，制造货物并收取加工费的业务。

修理修配，是指受托对损伤和丧失功能的货物进行修复，使其恢复原状和功能的业务。

在境内提供应税劳务，是指提供的应税劳务发生在境内。

3. 销售服务

销售服务，是指有偿提供交通运输服务、邮政服务、电信服务、建筑服务、金融服务、现代服务、生活服务。

在境内销售服务是指：

（1）服务（租赁不动产除外）的销售方或者购买方在境内；

（2）所租赁的不动产在境内。

需要注意的是，境外单位或者个人向境内单位或者个人销售完全在境外发生的服务，以及境外单位或者个人向境内单位或者个人出租完全在境外使用的有形动产不属于在境内销售服务。

4. 销售无形资产

销售无形资产，是指有偿转让无形资产所有权或者使用权的业务活动。

无形资产，是指不具实物形态，但能带来经济利益的资产，包括技术、商标、著作权、商誉、自然资源使用权和其他权益性无形资产。

在境内销售无形资产是指：

（1）无形资产（自然资源使用权除外）的销售方或者购买方在境内；

（2）所销售自然资源使用权的自然资源在境内。

需要注意的是，境外单位或者个人向境内单位或者个人销售完全在境外使用的无形资产，不属于在境内销售无形资产。

5. 销售不动产

销售不动产，是指有偿转让不动产所有权的业务活动。

不动产，是指不能移动或者移动后会引起性质、形状改变的财产，包括建筑物、构筑物等。

建筑物，包括住宅、商业营业用房、办公楼等可供居住、工作或者进行其他活动的建造物。

构筑物，包括道路、桥梁、隧道、水坝等建造物。

在境内销售不动产，是指销售的不动产在境内。

上述“有偿”，是指从购买方取得货币、货物或者其他经济利益。

6. 进口货物

进口货物，是指从境外输入有形动产。

（二）征税范围的特殊规定

1. 视同销售货物

根据现行增值税政策，单位或者个体工商户的下列行为，属于视同销售货物：

（1）将货物交付其他单位或者个人代销；

（2）销售代销货物；

（3）设有两个以上机构并实行统一核算的纳税人，将货物从一个机构移送至其他机构用于销售，但相关机构设在同一县（市）的除外；

（4）将自产或者委托加工的货物用于非增值税应税项目；

（5）将自产、委托加工的货物用于集体福利或者个人消费；

（6）将自产、委托加工或者购进的货物作为投资，提供给其他单位或者个体工商户；

（7）将自产、委托加工或者购进的货物分配给股东或者投资者；

（8）将自产、委托加工或者购进的货物无偿赠送其他单位或者个人。

2. 视同销售服务、无形资产或者不动产

（1）单位或者个体工商户向其他单位或者个人无偿提供服务，但用于公益事业或者以社会公众为对象的除外；

（2）单位或者个人向其他单位或者个人无偿转让无形资产或者不动产，但用于公益事业或者以社会公众为对象的除外；

（3）财政部和国家税务总局规定的其他情形。

3. 非经营活动

纳税人销售货物，提供应税劳务，销售服务、无形资产、不动产，应缴纳增值税，但不包括下列非经营活动的情形：

（1）行政单位收取的同时满足以下条件的政府性基金或者行政事业性收费。

①由国务院或者财政部批准设立的政府性基金，由国务院或者省级人民政府及其财政、价格主管部门批准设立的行政事业性收费；

②收取时开具省级以上（含省级）财政部门监（印）制的财政票据；

③所收款项全额上缴财政。

（2）单位或者个体工商户聘用的员工为本单位或者雇主提供取得工资的服务。

（3）单位或者个体工商户为聘用的员工提供服务。

（4）单位或者个体工商户聘用的员工为本单位或者雇主提供劳务。

（5）财政部和国家税务总局规定的其他情形。

4. 不征收增值税项目

（1）根据国家指令无偿提供的铁路运输服务、航空运输服务，属于规定的用于公益事业的服务，不视同销售服务；

（2）存款利息；

（3）被保险人获得的保险赔付；

（4）房地产主管部门或者其指定机构、公积金管理中心、开发企业以及物业管理单位代收的住宅专项维修资金；

（5）在资产重组过程中，通过合并、分立、出售、置换等方式，将全部或者部分实物资产以及与其相关联的债权、负债和劳动力一并转让给其他单位和个人，其中涉及的不动产、土地使用权转让行为。

5. 混合销售

一项销售行为如果既涉及货物又涉及服务，为混合销售。从事货物的生产、批发或者零售的单位和个体工商户的混合销售行为，按照销售货物缴纳增值税；其他单位和个体工商户的混合销售行为，按照销售服务缴纳增值税。

上述从事货物的生产、批发或者零售的单位和个体工商户，包括以从事货物的生产、批发或者零售为主，并兼营销售服务的单位和个体工商户在内。

二、纳税人及扣缴义务人

（一）纳税人

1. 基本规定

在我国境内销售货物、提供劳务，销售服务、无形资产、不动产以及进口货物的单位和个人，为增值税的纳税人。

单位，是指企业、行政单位、事业单位、军事单位、社会团体及其他单位。

个人，是指个体工商户和其他个人。

2. 特殊规定

单位以承包、承租、挂靠方式经营的，承包人、承租人、挂靠人（以下统称承包人）以发包人、出租人、被挂靠人（以下统称发包人）名义对外经营并由发包人承担相关法律责任的，以该发包人为纳税人。否则，以承包人为纳税人。

3. 纳税人的分类与管理

增值税纳税人按其经营规模大小以及会计核算是否健全划分为一般纳税人和小规模纳税人。

（1）一般纳税人与小规模纳税人的划分标准。

增值税小规模纳税人标准为年应征增值税销售额500万元及以下。

年应税销售额，是指纳税人在连续不超过12个月或四个季度的经营期内累计应征增值税销售额，包括纳税申报销售额、稽查查补销售额、纳税评估调整销售额。

上述划分标准只是一般情形下一般纳税人与小规模纳税人的划分标准，《增值税暂行条例》及其实施细则和相关政策还对其作了一些特殊规定，具体为：

①年应税销售额超过规定标准的其他个人按小规模纳税人纳税；

②年应税销售额超过规定标准但不经常发生应税行为的单位和个体工商户，以及非企业性单位、不经常发生应税行为的企业可选择按照小规模纳税人纳税；

③小规模纳税人会计核算健全，能够提供准确税务资料的，可以向主管税务机关办理一般纳税人登记，成为一般纳税人。

会计核算健全，是指能够按照国家统一的会计制度规定设置账簿，根据合法、有效凭证核算。

（2）一般纳税人与小规模纳税人的管理。

①增值税一般纳税人资格实行登记制，符合一般纳税人资格登记标准的纳税人应当按规定向主管税务机关办理一般纳税人资格登记；

②除国家税务总局另有规定外，纳税人一经登记为一般纳税人后，不得转为小规模纳税人。

（二）扣缴义务人

1. 中华人民共和国境外的单位或者个人在境内提供劳务，在境内未设有经营机构的，以其境内代理人为扣缴义务人；在境内没有代理人的，以购买方为扣缴义务人。

2. 境外单位或者个人在境内发生销售服务、无形资产或者不动产行为，在境内未设有经营机构的，以购买方为增值税扣缴义务人。财政部和国家税务总局另有规定的除外。

三、税率与征收率

《增值税暂行条例》按计税方法不同对征税比例规定了两种方式，即税率和征收率。税率方式适用于采用一般计税方法的增值税一般纳税人，征收率方式适用于增值税小规模纳税人和采用简易计税方法的增值税一般纳税人。

（一）增值税税率的类型

增值税税率确定的基本原则是尽可能减少税率档次。这是由增值税实行税款抵扣的计税方法以及其中性税收的特征所决定的。

实行增值税的国家，在税率设计上一般有以下几种类型：

1. 基本税率，也称为标准税率。这是各个国家根据本国生产力发展水平、财政政策的需要、消费者的承受能力并考虑到历史税负水平后确定的，适用于绝大多数应税项目的税率。

2. 低税率，各国一般都对一些生活必需品实行低税率，体现了国家的鼓励或照顾政策。

3. 高税率，采用高税率一方面可以限制奢侈品、非生活必需品的消费，另一方面可以增加财政收入、贯彻国家的宏观经济政策。我国未设置高税率，对于奢侈品、非生活必需品等通过开征消费税进行调节。

4. 零税率，对出口货物及跨境销售服务、无形资产、不动产适用。

（二）现行增值税税率

1994 年《增值税暂行条例》规定了基本税率 17%和低税率 13%两档，营改增后又增加了 11%和 6%两档。自 2017 年 7 月 1 日起，我国简并增值税税率结构，将原适用 13%税率的货物改为适用 11%税率；自 2018 年 5 月 1 日起，17%的税率调整为 16%，11%的税率调整为 10%。自 2019 年 4 月 1 日起，税率又一次调整，调整后税率的具体标准和适用范围如表 2-2 所示。

表 2-2 增值税税率表

序号	征税范围	适用税率
1	销售或者进口货物（除第 4~7 项外）	13%
2	加工、修理修配劳务	13%
3	有形动产租赁服务	13%
4	饲料、化肥、农药、农机、农膜	9%
5	粮食等农产品、食用植物油、食用盐	9%
6	自来水、暖气、冷气、热水、煤气、石油液化气、天然气、二甲醚、沼气、居民用煤炭制品	9%
7	图书、报纸、杂志、音像制品、电子出版物	9%

续表

序号	征税范围	适用税率
8	销售不动产	9%
9	转让土地使用权	
10	不动产租赁服务	
11	建筑服务	
12	交通运输服务	
13	邮政服务	
14	基础电信服务	
15	增值电信服务	6%
16	金融服务	
17	现代服务（除第3、10项租赁服务外）	
18	生活服务	
19	销售无形资产（除第9项土地使用权外）	
20	出口货物	0
21	跨境销售国务院规定范围内的服务、无形资产	

（三）增值税征收率

增值税的征收率一般规定为3%，原则上适用于小规模纳税人，特定情形下增值税一般纳税人选择简易计税方式时也可以适用3%的征收率；根据具体情况，财政部和国家税务总局还规定了若干适用5%征收率的情形。

（四）兼营行为税率或征收率的确定

纳税人销售货物、劳务、服务、无形资产或者不动产适用不同税率或者征收率的，应当分别核算适用不同税率或者征收率的销售额。未分别核算销售额的，按照以下方法确定适用税率或者征收率：

1. 兼营不同税率的销售货物、劳务、服务、无形资产或者不动产，从高适用税率。

2. 兼营不同征收率的销售货物、劳务、服务、无形资产或者不动产，从高适用征收率。

3. 兼营不同税率和征收率的销售货物、劳务、服务、无形资产或者不动产，从高适用税率。

第三节　增值税应纳税额的计算

一、计税原理

（一）直接计税法

直接计税法，是指在计算增值税时，其应纳税额为增值额乘以适用税率。按计算增值额的不同，又可分为加法和减法。

加法，是把纳税人在税款所属期内实现的各项增值项目一一相加，求出全部增值额，然后再依率计算增值税。增值项目包括工资、奖金、利润、利息、租金以及其他增值项目。

减法，是把纳税人在税款所属期内实现的销售货物、应税劳务、服务、无形资产、不动产（以下统称应税销售行为）的全部销售额减去规定的外购项目金额后的余额作为增值额，然后再依率计算增值税，这种方法又叫扣额法。

加法和减法都是一种理论意义上的方法，由于存在难以准确计算增值额、不利于凭票抵扣等问题，因此实际应用的可能性很小。

（二）间接计税法

间接计税法通常也称为扣税法，是将一定时期内发生的应税销售行为实现的销售额，乘以适用税率，再减去允许扣除的外购项目已缴纳的增值税税款，计算出税款所属期的应纳税额。按照扣除税额的具体环节不同，间接计税法又可分为购进扣税法和实耗扣税法两种方法。

1. 购进扣税法

以外购项目实际支付或负担的增值税为扣除税额的方法称为购进扣税法。这种方法是以外购项目合法有效的凭证为依据确定扣除额，又称为发票扣税法。购进扣税法简便易行、计算准确，既适用于单一税率，又适用于多档税率，是实行增值税的国家广泛采用的计税方法。

2. 实耗扣税法

以外购扣除项目的实际消耗为依据计算扣除税额的方法称为实耗扣税法。在实耗扣税法中，由于扣除项目的具体抵扣环节不同，可划分为投入法、产出法和销售法。投入法是以计算期生产过程所领用的扣除项目为依据，计算扣除金额；产出法是以计算期完工产品所耗用的扣除项目为依据，计算扣除金额；销售法则是以计算期已经实现销售的产品所耗用的扣除项目为依据，计算扣除金额。实耗扣税法的优点是各期计算的增值额和应纳税额真实，缺点是计算过程烦琐，在计算应扣税金时，要深入产品成本核算过程中去查找依据，成本资料不好控制，难以保证计算准确。

我国增值税在计算时，采用间接计税法，以销售额乘以适用的税率计算销售环节的整体税负，然后扣减购进环节所负担或支付的税金，这种计税方法称为一般计税方法。但是，一些纳税人因经营规模、会计核算以及经营特殊性等原因，无法按照上述方法计算应纳税额。因此，对这部分纳税人以销售额乘以征收率计算应纳税额，不得扣减购进环节所负担或支付的税金，这种计税方法称为简易计税方法。无论采用哪种方法计算应纳税额，销售额都是必不可少的要素。

二、销售额的确定

（一）销售额的基本规定

销售额是纳税人发生应税销售行为向购买方收取的全部价款和价外费用，但是不包括收取的销项税额。

价外费用包括价外向购买方收取的手续费、补贴、基金、集资费、返还利润、奖励费、违约金、滞纳金、延期付款利息、赔偿金、代收款项、代垫款项、包装费、包装物租金、储备费、优质费、运输装卸费以及其他各种性质的价外收费。但下列项目不包括在内：

1. 受托加工应征消费税的消费品所代收代缴的消费税。

2. 同时符合以下条件的代垫运输费用：

（1）承运部门的运输费用发票开具给购买方的；

（2）纳税人将该项发票转交给购买方的。

3. 同时符合以下条件代为收取的政府性基金或者行政事业性收费：

（1）由国务院或者财政部批准设立的政府性基金，由国务院或者省级人民政府及其财政、价格主管部门批准设立的行政事业性收费；

（2）收取时开具省级以上财政部门印制的财政票据；

（3）所收款项全额上缴财政。

4. 销售货物的同时代办保险等而向购买方收取的保险费，以及向购买方收取的代购买方缴纳的车辆购置税、车辆牌照费。

（二）含税销售额的换算

增值税实行价外征收制度，销售额不含增值税，纳税人取得的含税销售额需换算为不含税销售额。

1. 一般计税方法下含税销售额的换算

一般计税方法的销售额不包括销项税额，纳税人采用销售额和销项税额合并定价方法的，按照下列公式计算销售额：

销售额=含税销售额÷（1+税率）

2. 简易计税方法下含税销售额的换算

简易计税方法的销售额不包括其应纳税额，纳税人采用销售额和应纳税额合并定价方法的，按照下列公式计算销售额：

销售额=含税销售额÷（1+征收率）

【例 2-1】某汽车 4S 店为增值税一般纳税人，2021 年 4 月销售汽车取得含税销售额 100 万元，其中代收的保险费、车辆购置税、车辆牌照费共计 15 万元。

要求：计算该纳税人当期的销售额。

【解析】销售货物的同时代办保险等而向购买方收取的保险费，以及向购买方收取的代购买方缴纳的车辆购置税、车辆牌照费不属于价外费用，不征收增值税。

销售额=（100-15）÷（1+13%）=75.22（万元）

（三）销售额的核定

1. 纳税人销售货物价格明显偏低并无正当理由或者发生视同销售货物行为而无销售额者，按下列顺序确定销售额：

（1）按纳税人最近时期同类货物的平均销售价格确定。

（2）按其他纳税人最近时期同类货物的平均销售价格确定。

（3）按组成计税价格确定。组成计税价格的公式为：

组成计税价格=成本×（1+成本利润率）

属于应征消费税的货物，其组成计税价格中应加计消费税税额。

公式中的成本是指：销售自产货物的为实际生产成本，销售外购货物的为实际采购成本。公式中的成本利润率由国家税务总局确定。目前，除应征消费税的货物外，一般货物的成本利润率按 10%确定。

2. 纳税人销售服务、无形资产、不动产价格明显偏低或者偏高且不具有合理商业目的的，或者视同销售服务、无形资产或者不动产而无销售额的，主管税务机关有权按照下列顺序确定销售额：

（1）按照纳税人最近时期销售同类服务、无形资产或者不动产的平均价格确定。

（2）按照其他纳税人最近时期销售同类服务、无形资产或者不动产的平均价格确定。

（3）按照组成计税价格确定。组成计税价格的公式为：

组成计税价格=成本×（1+成本利润率）

成本利润率由国家税务总局确定。

不具有合理商业目的，是指以谋取税收利益为主要目的，通过人为安排减少、免除、推迟缴纳增值税税款，或者增加退还增值税税款。

【例 2–2】某家电生产企业为增值税一般纳税人，2021 年 6 月发生以下业务：

（1）销售冰箱一批，取得不含税销售额 400 万元；

（2）将自产冰箱四台用于职工食堂使用，同类货物每台不含税销售价 4 万元；

（3）销售无形资产使用权取得不含税销售额 80 万元；

（4）为某幼儿园特制冰柜并无偿赠送，无同类货物销售价格，材料成本为 10 万元。

要求：计算该纳税人当期的计税销售额。

【解析】

业务（1）：销售额为 400 万元；

业务（2）：视同销售货物，有同类货物销售价格，销售额为 16 万元；

业务（3）：销售额为 80 万元；

业务（4）：视同销售货物无同类货物销售价格，按组成计税价格计税，销售额=10×（1+10%）=11（万元）。

当期销售额=400+16+80+11=507（万元）

（四）外币销售额的折算

增值税销售额以人民币计算。纳税人发生应税销售行为，按照人民币以外的货币结算销售额的，应当折合成人民币计算，折合率可以选择销售额发生的当天或者当月 1 日的人民币汇率中间价。纳税人应当在事先确定采用何种折合率，确定后 12 个月内不得变更。

（五）特殊销售方式下销售额的确定

1. 折扣方式销售

折扣方式销售，是指销售方在发生应税销售行为时，为促销等原因而给予购买方的价格优惠，是交易行为发生前的价格让渡。这种销售方式一般称为商业折扣。

纳税人采取折扣方式发生应税销售行为，如果销售额和折扣额在同一张发票上分别注明的，可按折扣后的销售额征收增值税。销售额和折扣额在同一张发票上分别注明，是指销售额和折扣额在同一张发票上的“金额”栏分别注明。纳税人未在同一张发票“金额”栏注明折扣额，而仅在发票的“备注”栏注明折扣额的，折扣额不得从销售额中减除。

在实际经营活动中，除上述商业折扣外，还有一种称为现金折扣的价格优惠形式。现金折扣，是指销售方在发生应税销售行为后，为鼓励购买方及早偿还货款而给予购买方的一种折扣优惠（例如：10 天内付款，货款折扣 2%；20 天内付款，折扣 1%；30 天内全价付款）。现金折扣发生在销售行为实现后，是一种融资性质的理财费用，因此，在确定销售额时现金折扣不得从销售额中减除。

2. 以旧换新方式销售

以旧换新，是指纳税人在销售自己的货物时，有偿收回旧货物的行为。纳税人采取以旧换新方式销售货物的，应按新货物的同期销售价格确定销售额，不得扣减旧货物的收购价格。

考虑到金银首饰以旧换新业务的特殊情况，对金银首饰以旧换新业务，按销售方实际收取的不含增值税的全部价款征收增值税。

【例 2-3】某百货零售企业系增值税一般纳税人，2021 年 5 月发生如下销售业务：

（1）以折扣方式销售货物一批，不含税销售额 200000 元，折扣额 40000 元，销售额和折扣额在同一张发票金额栏上分别注明；

（2）以旧换新方式销售洗衣机 20 台，每台含税销售额 3390 元，旧洗衣机回收价每台 200 元，销售每台洗衣机实际收取价格为 3190 元；

（3）开展金银首饰以旧换新业务，新货物不含税销售额共计 100000 元，实际收取的不含税销售额共计 20000 元。

要求：计算该纳税人当期的计税销售额。

【解析】（1）以折扣方式销售货物销售额 = 200000−40000 = 160000（元）

（2）以旧换新方式销售洗衣机销售额 = 20×3390÷（1+13%）= 60000（元）

（3）金银首饰以旧换新销售额 = 20000（元）

当期计税销售额 = 160000+60000+20000 = 240000（元）

3. 还本方式销售

还本销售，是指纳税人在销售货物后，在一定期限内由销售方一次或分次退还给购货方全部或部分价款。这种方式实际上是一种融资行为，是以货物换取资金的使用价值，到期还本不付息的方法。纳税人采取还本销售方式销售货物，其计税销售额就是货物的销售价格，不得从销售额中减除还本支出。

4. 以物易物方式销售

以物易物是一种较为特殊的购销活动，是指购销双方不是以货币结算，而是以同等价款的货物相互结算，实现货物购销的一种方式。以物易物双方都应作购销处理，以各自发出的货物核算销售额，以各自收到的货物按规定核算购货额。

5. 混合销售行为

一般情形下，混合销售行为销售额为货物销售额与应税服务销售额的合计。

6. 兼营行为

纳税人兼营销售货物、应税劳务、服务、无形资产或者不动产，适用不同税率或者征收率的，应当分别核算适用不同税率或者征收率的销售额；未分别核算的，按合计销售额从高适用税率或征收率计税。

全面营改增后，由于部分行业经营的特殊性等原因，在销售额的确认上允许部分纳税人差额确定销售额，如金融商品转让、旅游服务、劳务派遣服务等。项目不同，扣减的规定亦不相同，本书不作详细介绍。

三、一般计税方法下应纳税额的计算

除特殊规定外，一般纳税人发生应税销售行为适用一般计税方法计税。一般计税方法的应纳税额，是指当期销项税额抵扣当期进项税额后的余额。应纳税额计算公式为：

应纳税额=当期销项税额-当期进项税额

当期销项税额小于当期进项税额不足抵扣时，其不足部分可以结转下期继续抵扣。自2019年4月1日起，试行增值税期末留抵税额退税制度。

（一）销项税额

销项税额，是指纳税人发生应税销售行为，按照销售额和规定的税率计算收取的增值税税额。销项税额计算公式：

销项税额=销售额×税率

纳税人发生应税销售行为，因质量、规格等原因发生销货退回、销售折让、劳务或服务中止等情况而退还给购买方的增值税税额，应当从当期的销项税额中扣减。

一般纳税人发生应税销售行为，开具增值税专用发票后，发生销售货物退回或者折让、开票有误等情形，应按国家税务总局的规定开具红字增值税专用发票。未按规定开具红字增值税专用发票的，增值税税额不得从销项税额中扣减。

（二）进项税额

进项税额，是指纳税人购进货物、应税劳务、服务、无形资产或者不动产，支付或者负担的增值税税额。

1. 准予从销项税额中抵扣的进项税额

（1）从销售方取得的增值税专用发票（含税控机动车销售统一发票）上注明的增值税税额。

（2）从海关取得的海关进口增值税专用缴款书上注明的增值税税额。

（3）购进农产品准予抵扣的进项税额。

①纳税人购进农产品，取得一般纳税人开具的增值税专用发票或海关进口增值税专用缴款书的，以增值税专用发票或海关进口增值税专用缴款书上注明的增值税税额为进项税额；

②纳税人购进农产品，从按照简易计税方法依照3%征收率计算缴纳增值税的小规模纳税人取得增值税专用发票的，以增值税专用发票上注明的金额和9%的扣除率计算进项税额；

③纳税人购进农产品，取得农业生产者销售自产农产品适用免征增值税政策而开具的农产品销售发票的，以农产品销售发票上注明的农产品买价和9%的扣除率计算进项税额；

④纳税人收购农产品，开具农产品收购发票，以农产品收购发票上注明的农产品买价和9%的扣除率计算进项税额。

现行增值税政策规定，纳税人购进用于生产销售或委托受托加工13%税率货物的农产品，按照10%的扣除率计算进项税额。

自2012年7月1日起，以购进农产品为原料生产销售液体乳及乳制品、酒及酒精、植物油的增值税一般纳税人，其购进农产品无论是否用于生产上述产品，购进农产品增值税进项税额，实施核定扣除办法。为进一步推进农产品增值税进项税额核定扣除试点工作、扩大实行核定扣除试点行业范围，自2013年9月1日起，各省、自治区、直辖市、计划单列市税务部门可商同级财政部门，结合本省（自治区、直辖市、计划单列市）特点，选择部分行业开展核定扣除试点工作。核定扣除的方法有投入产出法、成本法、参照法，省级（包括计划单列市）税务机关应根据上述顺序，确定纳税人适用的农产品增值税进项税额核定扣除方法。

（4）纳税人支付的道路、桥、闸通行费进项税额的抵扣。

①纳税人支付的道路通行费，按照收费公路通行费增值税电子普通发票上注明的增值税税额作为进项税额；

②纳税人支付的桥、闸通行费，暂凭取得的通行费发票上注明的收费金额按照下列公式计算可抵扣的进项税额：

桥、闸通行费可抵扣进项税额=桥、闸通行费发票上注明的金额÷（1+5%）×5%

（5）纳税人购进国内旅客运输服务进项税额的抵扣。

纳税人取得增值税专用发票的，按增值税专用发票上注明的增值税税额为进项税额。

纳税人未取得增值税专用发票的，按照以下规定确定进项税额：

①取得增值税电子普通发票的，为发票上注明的税额；

②取得注明旅客身份信息的航空运输电子客票行程单的，按照下列公式计算进项税额：

航空旅客运输进项税额=（票价+燃油附加费）÷（1+9%）×9%

③取得注明旅客身份信息的铁路车票的，按照下列公式计算进项税额：

铁路旅客运输进项税额=票面金额÷（1+9%）×9%

④取得注明旅客身份信息的公路、水路等其他客票的，按照下列公式计算进项税额：

公路、水路等其他旅客运输进项税额=票面金额÷(1+3%)×3%

(6)从境外单位或者个人购进服务、无形资产或者不动产，自税务机关或者扣缴义务人取得的解缴税款的完税凭证上注明的增值税税额。

纳税人凭完税凭证抵扣进项税额的，应当具备书面合同、付款证明和境外单位的对账单或者发票。资料不全的，其进项税额不得从销项税额中抵扣。

纳税人在进行增值税纳税申报时，应当通过本省（自治区、直辖市和计划单列市）增值税发票综合服务平台对上述扣税凭证信息进行用途确认。纳税人可以根据自己的经营情况确定当期进项税额的抵扣额，已取得扣税凭证本期未抵扣的，可以在以后纳税期抵扣。

2. 不予从销项税额中抵扣的进项税额

纳税人购进货物、应税劳务、服务、无形资产、不动产，取得的增值税扣税凭证不符合法律、行政法规或者国务院税务主管部门有关规定的，其进项税额不得从销项税额中抵扣。除此之外，一般纳税人发生下列项目的进项税额不得从销项税额中抵扣：

(1)用于简易计税方法计税项目、免征增值税项目、集体福利或者个人消费的购进货物、应税劳务、服务、无形资产和不动产。

其中涉及的固定资产、无形资产、不动产，仅指专用于上述项目的固定资产、无形资产（不包括其他权益性无形资产）、不动产。

固定资产，是指使用期限超过12个月的机器、机械、运输工具以及其他与生产经营有关的设备、工具、器具等有形动产。

纳税人的交际应酬消费属于个人消费。

(2)非正常损失的购进货物，以及相关的应税劳务和交通运输服务。

(3)非正常损失的在产品、产成品所耗用的购进货物（不包括固定资产）、应税劳务和交通运输服务。

(4)非正常损失的不动产，以及该不动产所耗用的购进货物、设计服务和建筑服务。

(5)非正常损失的不动产在建工程所耗用的购进货物、设计服务和建筑服务。

(6)购进的贷款服务、餐饮服务、居民日常服务和娱乐服务。

(7)财政部和国家税务总局规定的其他情形。

上述所称的非正常损失，是指因管理不善造成货物被盗、丢失、霉烂变质，以及因违反法律法规造成货物或者不动产被依法没收、销毁、拆除的情形。

3. 不得抵扣进项税额的其他规定

（1）适用一般计税方法的纳税人，兼营简易计税方法计税项目、免征增值税项目而无法划分不得抵扣的进项税额，按照下列公式计算不得抵扣的进项税额：

不得抵扣的进项税额=当期无法划分的全部进项税额×（当期简易计税方法计税项目销售额+免征增值税项目销售额）÷当期全部销售额

主管税务机关可以按照上述公式依据年度数据对不得抵扣的进项税额进行清算。

（2）已抵扣进项税额的购进货物（不含固定资产）、应税劳务、服务，发生上述不得抵扣情形（简易计税方法计税项目、免征增值税项目除外）的，应当将该进项税额从当期进项税额中扣减；无法确定该进项税额的，按照当期实际成本计算应扣减的进项税额。

（3）纳税人适用一般计税方法计税的，因销售折让、中止或者退回而收回的增值税税额，应当从当期的进项税额中扣减。

（4）已抵扣进项税额的固定资产、无形资产，发生上述不得抵扣情形的，按照下列公式计算不得抵扣的进项税额：

不得抵扣的进项税额=固定资产、无形资产净值×适用税率

固定资产、无形资产净值，是指纳税人根据财务会计制度计提折旧或摊销后的余额。

（5）已抵扣进项税额的不动产，发生非正常损失，或者改变用途，专用于简易计税方法计税项目、免征增值税项目、集体福利或者个人消费的，按照下列公式计算不得抵扣的进项税额：

不得抵扣的进项税额=已抵扣进项税额×不动产净值率

不动产净值率=（不动产净值÷不动产原值）×100%

（6）按照规定不得抵扣进项税额的不动产，发生用途改变，用于允许抵扣进项税额项目的，按照下列公式在改变用途的次月计算可抵扣进项税额：

可抵扣进项税额=增值税扣税凭证注明或计算的进项税额×不动产净值率

【例 2-4】某木器加工企业系增值税一般纳税人，生产的产品适用 13%的增值税税率。2021 年 7 月发生如下经济业务：

（1）从某林场购进原木一批，取得增值税普通发票，发票上注明的买价为50000元，该批原木当月已全部生产领用；

（2）销售给某商场办公桌一批，开具增值税专用发票一份，发票金额栏注明的价格为65000元；

（3）销售给某经销商家具一批，不含税价款250000元，委托某货运公司运送货物，代垫运费15000元，货运公司将发票开具给经销商，木器加工企业将运费发票转交给该经销商；

（4）购进生产用设备一台，取得增值税专用发票，发票金额栏注明的价款为200000元、税额为26000元；

（5）将自产的餐桌赠送给敬老院，该批餐桌生产成本为16000元，餐桌的正常不含税销售价为20000元。

当期取得的增值税抵扣凭证已通过增值税发票综合服务平台确认抵扣。

要求：计算该木器加工企业当期应纳增值税税额。

【解析】企业生产销售产品适用13%税率，购进原木当月已全部生产领用，购进原木按10%抵扣。

（1）购进原木进项税额＝50000×10%＝5000（元）

（2）销售办公桌销项税额＝65000×13%＝8450（元）

（3）销售家具销项税额＝250000×13%＝32500（元）

（4）购进设备进项税额＝26000（元）

（5）赠送餐桌销项税额＝20000×13%＝2600（元）

应纳增值税＝（8450+32500+2600）－（5000+26000）＝12550（元）

四、简易计税方法下应纳税额的计算

增值税简易计税方法不仅适用于小规模纳税人应纳税额的计算，特定情形下，一般纳税人也可以选择按简易计税方法计算应纳税额。

简易计税方法的应纳税额，是指按照销售额和增值税征收率计算的增值税税额，不得抵扣进项税额。应纳税额计算公式为：

应纳税额＝销售额×征收率

【例2-5】某便利店为私营企业，系增值税小规模纳税人，2021年3月发生如下经济业务：

（1）销售货物一批，开具增值税普通发票，取得含税销售额50000元；

（2）销售货物一批，税务机关代开增值税专用发票，金额栏注明的价格为10000元；

（3）购入运输货车一辆，取得机动车销售统一发票，发票金额栏注明的价格为40000元，税金5200元；

（4）因管理不善丢失商品一批，账面金额900元；

（5）出租部分营业场所，取得不含税租金收入50000元。

要求：在不考虑税收优惠的情况下，计算该便利店当期应纳增值税税额。

【解析】增值税小规模纳税人按简易计税方法计税；开具增值税普通发票取得的销售额为含税销售额，计算应纳税额时应换算为不含税销售额；税务机关代开增值税专用发票销售额不含税。便利店出租营业场所，属于不动产租赁，依5%的征收率计算应纳税额。小规模纳税人计算应纳税额时，不得抵扣进项税额。

自2021年4月1日至2022年3月31日，增值税小规模纳税人适用3%征收率的应税销售收入，减按1%征收率征收增值税；适用3%预征率的预缴增值税项目，减按1%预征率预缴增值税。自2022年4月1日至2022年12月31日，增值税小规模纳税人适用3%征收率的应税销售收入，免征增值税；适用3%预征率的预缴增值税项目，暂停预缴增值税。

应纳增值税 $= 50000 \div (1+3\%) \times 3\% + 10000 \times 3\% + 50000 \times 5\% = 4256.31$（元）

五、进口货物应纳税额的计算

纳税人进口货物，按照组成计税价格和规定的税率计算应纳税额。计算公式如下：

$$组成计税价格 = 关税完税价格 + 关税 + 消费税$$

$$应纳税额 = 组成计税价格 \times 税率$$

【例2-6】某企业系增值税一般纳税人，2021年5月进口设备一台，关税完税价为50万元，关税税率为10%。

要求：计算该企业当期应纳的进口环节增值税。

【解析】纳税人进口货物，按照组成计税价格和规定的税率计算应纳税额。

应纳税额 = 组成计税价格 × 税率 $= 50 \times (1+10\%) \times 13\% = 7.15$（万元）

六、纳税人转让取得的不动产应纳税额的计算

纳税人取得的不动产，包括以直接购买、接受捐赠、接受投资入股、自建以及抵债等各种形式取得的不动产，不包括房地产开发企业销售自行开发的房地产项目。

（一）一般纳税人转让其取得的不动产应纳税额的计算

1. 转让2016年4月30日前取得的不动产，应纳税额的计算方法有以下两种选择。

（1）选择简易计税方法。

①转让非自建不动产，以取得的全部价款和价外费用扣除不动产购置原价或者取得不动产时的作价后的余额为销售额，按照5%的征收率计算应纳税额。

②转让自建的不动产，以取得的全部价款和价外费用为销售额，按照5%的征收率计算应纳税额。

（2）选择一般计税方法。

以取得的全部价款和价外费用为销售额计算应纳税额。

2. 转让2016年5月1日后取得的不动产，适用一般计税方法，以取得的全部价款和价外费用为销售额计算应纳税额。

【例2-7】某增值税一般纳税人，2021年5月发生如下不动产转让业务：

（1）转让2018年购入的办公楼，取得收入218万元（含税），购置原价80万元；

（2）转让2009年自建的厂房，取得收入105万元（含税），建造成本30万元，纳税人选择按简易计税方法计税。

该纳税人当期通过增值税发票综合服务平台确认抵扣进项税额10万元。

要求：假设该纳税人当月无其他增值税业务，计算其当月应缴纳的增值税。

【解析】（1）转让2018年购入的办公楼，适用一般计税方法，以取得的全部价款和价外费用为销售额计算销项税额。

销项税额＝218÷（1+9%）×9%＝18（万元）

（2）一般纳税人转让其2016年4月30日前自建的不动产，选择适用简易计税方法计税，以取得的全部价款和价外费用为销售额，按照5%的征收率计算应纳税额。

应纳税额=105÷（1+5%）×5%=5（万元）

当期应纳税额合计=18-10+5=13（万元）

（二）小规模纳税人转让其取得的不动产应纳税额的计算

除个人转让其购买的住房外，小规模纳税人转让其取得的不动产，按照以下规定缴纳增值税：

1. 转让非自建不动产，以取得的全部价款和价外费用扣除不动产购置原价或者取得不动产时的作价后的余额为销售额，按照5%的征收率计算应纳税额。

2. 转让自建不动产，以取得的全部价款和价外费用为销售额，按照5%的征收率计算应纳税额。

（三）个人转让其购买的住房应纳税额的计算

1. 个人将购买不足2年的住房对外销售的，以取得的全部价款和价外费用为销售额，按照5%的征收率计算应纳税额。

2. 个人将在北京市、上海市、广州市和深圳市购买2年以上（含2年）的非普通住房对外销售的，以取得的全部价款和价外费用扣除购买住房价款后的余额为销售额，按照5%的征收率计算应纳税额。

七、纳税人提供不动产经营租赁服务应纳税额的计算

纳税人以经营租赁方式出租其取得的不动产，其应纳税额按以下方法计算：

（一）一般纳税人出租不动产应纳税额的计算

1. 出租2016年4月30日前取得的不动产，选择适用简易计税方法的，按照5%的征收率计算应纳税额；选择适用一般计税方法的，按适用税率计算应纳税额。

2. 出租2016年5月1日后取得的不动产，适用一般计税方法，按适用税率计算应纳税额。

（二）小规模纳税人出租不动产应纳税额的计算

1. 单位和个体工商户出租不动产（不含个体工商户出租住房），按照5%的征收率计算应纳税额。个体工商户出租住房，按照5%的征收率减按1.5%计算应纳税额。

2. 其他个人出租不动产（不含住房），按照5%的征收率计算应纳税额。

其他个人出租住房，按照5%的征收率减按1.5%计算应纳税额。

计算公式为：

出租不动产（不含住房）应纳税额=含税销售额÷（1+5%）×5%

出租住房应纳税额=含税销售额÷（1+5%）×1.5%

第四节 增值税税收优惠

一、免税项目

（一）《增值税暂行条例》规定的免税项目

1. 农业生产者销售的自产农产品。

农业，是指种植业、养殖业、林业、牧业、水产业。农业生产者，包括从事农业生产的单位和个人。

农产品，是指直接从事植物的种植、收割和动物的饲养、捕捞的单位和个人销售的自产农产品，具体范围由财政部、国家税务总局确定。

上述单位和个人销售的外购农产品，以及单位和个人外购农产品生产、加工后销售的仍然属于规定范围的农业产品，不属于免税的范围，应当按照规定的税率征收增值税。

2. 避孕药品和用具。

3. 古旧图书。古旧图书，是指向社会收购的古书和旧书。

4. 直接用于科学研究、科学试验和教学的进口仪器、设备。

5. 外国政府、国际组织无偿援助的进口物资和设备。

6. 由残疾人的组织直接进口供残疾人专用的物品。

7. 销售的自己使用过的物品。自己使用过的物品，是指其他个人自己使用过的物品。

（二）《营业税改征增值税试点过渡政策的规定》规定的主要免税项目

1. 托儿所、幼儿园提供的保育和教育服务。

2. 养老机构提供的养老服务。

3. 残疾人福利机构提供的育养服务。

4. 婚姻介绍服务。

5. 殡葬服务。

6. 残疾人员本人为社会提供的服务。

7. 医疗机构提供的医疗服务。

8. 从事学历教育的学校提供的教育服务。

9. 学生勤工俭学提供的服务。

10. 农业机耕、排灌、病虫害防治、植物保护、农牧保险以及相关技术培训业务，家禽、牲畜、水生动物的配种和疾病防治。

11. 纪念馆、博物馆、文化馆、文物保护单位管理机构、美术馆、展览馆、书画院、图书馆在自己的场所提供文化体育服务取得的第一道门票收入。

12. 寺院、宫观、清真寺和教堂举办文化、宗教活动的门票收入。

13. 个人转让著作权。

14. 个人销售自建自用住房。

15. 国债、地方政府债利息收入。

二、起征点

纳税人销售额未达到国务院财政、税务主管部门规定的增值税起征点的，免征增值税；达到起征点的，依照规定全额计算缴纳增值税。

增值税起征点的适用范围限于个人，但增值税起征点不适用于登记为一般纳税人的个体工商户。

增值税起征点的幅度规定如下：

1. 按期纳税的，为月销售额 5000~20000 元（含本数）；

2. 按次纳税的，为每次（日）销售额 300~500 元（含本数）。

省级财政厅（局）和税务局应在规定的幅度内，根据实际情况确定本地区适用的起征点，并报财政部、国家税务总局备案。

为扶持小微企业的发展，国家实施普惠性税收减免政策，自 2021 年 4 月 1 日至 2022 年 12 月 31 日，合计月销售额未超过 15 万元（以 1 个季度为 1 个纳税期的，季度销售额未超过 45 万元）的增值税小规模纳税人，免征增值税；自 2022 年 4 月 1 日至 2022 年 12 月 31 日，增值税小规模纳税人适用 3%征收率的应税销售收入，免征增值税。

三、即征即退、先征后退（返）

1. 即征即退，是指对按税法规定缴纳的税款，由税务机关在征税时部分或全部退还纳税人的一种税收优惠。增值税即征即退优惠的目的是加快退税进度，提高资金使用率，扶持企业发展。目前，我国实行的增值税即征即退政策包括限额即征即退、全额即征即退、按比例即征即退和超税负即征即退等四种不同的类型。

2. 先征后退（返），是对纳税人按税法规定缴纳的税款，先由税务机关征税入库后，再由税务机关或财政部门按规定程序给予部分或全部退税或返还。先征后退与先征后返的区别在于，前者是由税务机关退税，后者是由财政部门返还。

四、减免税管理

纳税人发生应税销售行为适用免税、减税规定的，可以放弃免税、减税，依照规定缴纳增值税。放弃免税、减税后，36 个月内不得再申请免税、减税。

纳税人销售服务、无形资产或者不动产同时适用免税和零税率规定的，纳税人可以选择适用免税或者零税率。

纳税人兼营免税、减税项目的，应当分别核算免税、减税项目的销售额；未分别核算的，不得免税、减税。

第五节 增值税征收管理

一、纳税义务发生时间

（一）销售货物或者应税劳务纳税义务发生时间

1. 销售货物或者应税劳务，纳税义务发生时间为收讫销售款项或者取得索取销售款项凭据的当天；先开具发票的，为开具发票的当天。收讫销售款项或者取得索取销售款项凭据的当天，按销售结算方式的不同，具体为：

（1）采取直接收款方式销售货物，不论货物是否发出，均为收到销售款或者取得索取销售款凭据的当天。

（2）采取托收承付和委托银行收款方式销售货物，为发出货物并办妥托收手续的当天。

（3）采取赊销和分期收款方式销售货物，为书面合同约定的收款日期的当天，无书面合同的或者书面合同没有约定收款日期的，为货物发出的当天。

（4）采取预收货款方式销售货物，为货物发出的当天，但生产销售生产工期超过12个月的大型机械设备、船舶、飞机等货物，为收到预收款或者书面合同约定的收款日期的当天。

（5）委托其他纳税人代销货物，为收到代销单位的代销清单或者收到全部或者部分货款的当天；未收到代销清单及货款的，为发出代销货物满180天的当天。

2. 纳税人发生视同销售货物行为（不包括将货物交付其他单位或者个人代销、销售代销货物），为货物移送的当天。

（二）销售服务、不动产和无形资产纳税义务发生时间

1. 纳税人销售服务、无形资产、不动产并收讫销售款项或者取得索取销售款项凭据的当天；先开具发票的，为开具发票的当天。

收讫销售款项，是指纳税人销售服务、无形资产、不动产过程中或者完成后收到款项。

取得索取销售款项凭据的当天，是指书面合同确定的付款日期；未签订书面合同或者书面合同未确定付款日期的，为服务、无形资产转让完成的当天或者不动产权属变更的当天。

2. 纳税人提供租赁服务采取预收款方式的，其纳税义务发生时间为收到预收款的当天。

3. 纳税人从事金融商品转让的，为金融商品所有权转移的当天。

4. 纳税人发生视同销售服务、无形资产、不动产情形的，其纳税义务发生时间为服务、无形资产转让完成的当天或者不动产权属变更的当天。

（三）纳税义务发生时间的其他规定

1. 进口货物，为报关进口的当天。

2. 增值税扣缴义务发生时间为纳税人增值税纳税义务发生的当天。

二、纳税期限

增值税的纳税期限分别为1日、3日、5日、10日、15日、1个月或者1个季度。纳税人的具体纳税期限，由主管税务机关根据纳税人应纳税额的大小分别核定；不能按照固定期限纳税的，可以按次纳税。

以1个季度为纳税期限的规定适用于小规模纳税人、银行、财务公司、信托投资公司、信用社，以及财政部和国家税务总局规定的其他纳税人。

纳税人以 1 个月或者 1 个季度为 1 个纳税期的，自期满之日起 15 日内申报纳税；以 1 日、3 日、5 日、10 日或者 15 日为 1 个纳税期的，自期满之日起 5 日内预缴税款，于次月 1 日起 15 日内申报纳税并结清上月应纳税款。

纳税人进口货物，应当自海关填发海关进口增值税专用缴款书之日起 15 日内缴纳税款。

三、纳税地点

1. 固定业户应当向其机构所在地的主管税务机关申报纳税。总机构和分支机构不在同一县（市）的，应当分别向各自所在地的主管税务机关申报纳税；经国务院财政、税务主管部门或者其授权的财政、税务机关批准，可以由总机构汇总向总机构所在地的主管税务机关申报纳税。

2. 纳税人跨省（自治区、直辖市和计划单列市）临时从事生产经营活动的，向机构所在地的税务机关填报《跨区域涉税事项报告表》；纳税人跨区域经营活动结束后，应当结清经营地税务机关的应纳税款以及其他涉税事项，向经营地的税务机关填报《经营地涉税事项反馈表》。机构所在地的税务机关要设置专岗，负责接收经营地的税务机关反馈信息，及时以适当方式告知纳税人，并适时对纳税人已抵减税款、在经营地已预缴税款和应预缴税款进行分析、比对，发现疑点的，及时推送至风险管理部门或者稽查部门组织应对。

3. 非固定业户发生应税销售行为，应当向销售地、应税劳务和销售服务、无形资产或者不动产行为发生地的主管税务机关申报纳税；未向销售地、应税劳务和销售服务、无形资产或者不动产行为发生地的主管税务机关申报纳税的，由其机构所在地或者居住地的主管税务机关补征税款。

4. 其他个人提供建筑服务，销售或者租赁不动产，转让自然资源使用权，应向建筑服务发生地、不动产所在地、自然资源所在地主管税务机关申报纳税。

5. 进口货物，应当向报关地海关申报纳税。

6. 扣缴义务人应当向其机构所在地或者居住地的主管税务机关申报缴纳其扣缴的税款。

四、预缴税款管理

1. 房地产开发企业采取预收款方式销售自行开发的房地产项目，应在收到预收款时，按照预征率向主管税务机关预缴税款。

2. 纳税人跨县（市、区）提供建筑服务，向建筑服务发生地主管税务机关预缴税款，向机构所在地主管税务机关申报纳税。

3. 除其他个人外，纳税人转让取得的不动产，按照预征率向不动产所在地主管税务机关预缴税款。

4. 除其他个人外，纳税人出租其取得的不动产，不动产所在地与机构所在地不在同一县（市、区）的，按照预征率向不动产所在地主管税务机关预缴税款。

第六节　增值税专用发票管理

一、增值税专用发票分类

增值税专用发票分为增值税纸质专用发票和增值税电子专用发票。其中，增值税纸质专用发票由基本联次或者基本联次附加其他联次构成，分为三联版和六联版两种。基本联次为三联：第一联为记账联，是销售方记账凭证；第二联为抵扣联，是购买方扣税凭证；第三联为发票联，是购买方记账凭证。其他联次用途由纳税人自行确定。自 2021 年 1 月 21 日起，所有新办纳税人实行增值税专用发票电子化。与纸质专用发票相比，增值税电子专用发票无不同联次，样式更加简洁，领用、交付和存储更加便捷，其法律效力、基本用途、基本使用规定等与纸质专用发票相同。

二、最高开票限额管理

增值税专用发票实行最高开票限额管理。最高开票限额，是指单份专用发票开具的销售额合计数不得达到的上限额度。

最高开票限额由纳税人申请，区县税务机关依法审批。纳税人申请最高开票限额时，需填报《增值税专用发票最高开票限额申请单》；主管税务机关受理纳税人申请以后，根据需要进行实地查验，实地查验的范围和方法由各省税务机关确定；最高开票限额不超过 10 万元的，不需要事前进行实地查验；主管税务机关应自受理申请之日起 2 个工作日内办结，有条件的即时办结。

税务机关核定的增值税专用发票最高开票限额，同时适用于纳税人所领用的电子专用发票和纸质专用发票。

三、增值税专用发票领购范围

纳税人有下列情形之一的，不得领用增值税专用发票。

1. 会计核算不健全，不能向税务机关准确提供增值税销项税额、进项税额、应纳税额数据及其他有关增值税税务资料的。

2. 有《税收征管法》规定的税收违法行为，拒不接受税务机关处理的。

3. 有下列行为之一，经税务机关责令限期改正而仍未改正的：

（1）虚开增值税专用发票；

（2）私自印制增值税专用发票；

（3）向税务机关以外的单位和个人买取增值税专用发票；

（4）借用他人增值税专用发票；

（5）未按规定的要求开具增值税专用发票；

（6）未按规定保管增值税专用发票和专用设备；

（7）未按规定申请办理防伪税控系统变更发行；

（8）未按规定接受税务机关检查。

四、增值税专用发票开具

（一）开具规范

1. 开具范围

（1）不得开具专用发票情形：

①商业企业一般纳税人零售的烟、酒、食品、服装、鞋帽（不包括劳保专用部分）、化妆品等消费品；

②销售免税货物；

③向消费者个人提供应税服务；

④适用免征增值税的应税服务。

（2）增值税小规模纳税人（其他个人除外）发生增值税应税销售行为需要开具增值税专用发票的，可以自愿使用增值税发票管理系统自行开具。小规模纳税人发生一般纳税人不得开具发票的情形，同样不得开具增值税专用发票。

2. 开具要求

（1）项目齐全，与实际交易相符；

（2）字迹清楚，不得压线、错格；

（3）发票联和抵扣联加盖发票专用章；

（4）按照增值税纳税义务的发生时间开具。

对不符合上述要求的增值税专用发票，购买方有权拒收。

（二）作废管理

纳税人在开具增值税专用发票当月，发生销货退回、开票有误等情形，收到退回的发票联、抵扣联符合作废条件的，按作废处理；开具时发现有误的，可即时作废。

（三）红字发票管理

增值税专用发票开具后，发生销货退回、开票有误、应税服务中止以及发票抵扣联、发票联均无法认证等情形但不符合作废条件，或者因销货部分退回及发生销售折让，根据不同情形由购买方或销售方在增值税发票管理系统中填开并上传《开具红字增值税专用发票信息表》，经主管税务机关系统自动校验通过后，可开具增值税红字专用发票。

纳税人开具电子专用发票后，发生销货退回、开票有误、应税服务中止、销售折让等情形，可以开具红字电子专用发票。在开具红字电子专用发票时，无须追回已经开具的蓝字电子专用发票。

（四）发票丢失管理

1. 一般纳税人丢失已开具专用发票的发票联和抵扣联，如果丢失前已认证相符的，购买方凭销售方提供的相应专用发票记账联复印件及销售方主管税务机关出具的《丢失增值税专用发票已报税证明单》（以下简称《证明单》），可作为增值税进项税额的抵扣凭证；如果丢失前未认证的，购买方凭销售方提供的相应专用发票记账联复印件进行认证，认证相符的凭专用发票记账联复印件及销售方主管税务机关出具的《证明单》，可作为增值税进项税额的抵扣凭证。专用发票记账联复印件和《证明单》留存备查。

2. 一般纳税人丢失已开具专用发票的抵扣联，如果丢失前已认证相符的，可使用专用发票发票联复印件留存备查；如果丢失前未认证的，可使用专用发票发票联认证，专用发票发票联复印件留存备查。

3. 一般纳税人丢失已开具专用发票的发票联，可将专用发票抵扣联作为记账凭证，专用发票抵扣联复印件留存备查。

4. 受票方如丢失或损毁已开具的电子专用发票，可以根据发票代码、发票号码、开票日期、开具金额（不含税）等信息，在全国增值税发票查验平台查验通过后，下载电子专用发票。如不掌握相关信息，也可以向开票方重新索取原电子专用发票。

五、代开增值税专用发票

增值税小规模纳税人需要开具增值税专用发票时，可到主管税务机关按专用发票上注明的税额全额申报缴纳税款，由税务机关代开。

本章小结

知识点		主要内容
概述	概念	从理论上讲，增值税是以单位和个人生产经营过程中取得的增值额为征税对象征收的一种税
	增值额	理论增值额和法定增值额的理解
	增值税类型	生产型、收入型和消费型增值税的划分依据及概念
	增值税特点	避免重复征税，具有中性税收的特征；最终消费者是全部税款的承担者；普遍征收且多环节征收；实行价外征收制度
征税范围	征税范围的基本规定	境内发生应税销售行为及进口货物具体解释。 有偿的解释
	征税范围的特殊规定	视同销售、非经营活动、不征收增值税项目、混合销售
纳税人及扣缴义务人	纳税人	单位和个人的具体规定。 一般纳税人与小规模纳税人的划分标准及管理
	扣缴义务人	境外单位或者个人在境内提供应税劳务扣缴义务人的规定。 境外单位或者个人在境内销售服务、无形资产或者不动产扣缴义务人的规定
税率与征收率	税率	13%、9%、6%和零税率的适用范围，兼营行为税率或征收率的确定
	征收率	征收率的适用范围、法定征收率和特殊征收率的适用范围
应纳税额的计算	计税原理	直接计税法计税原理、间接计税法计税原理
	销售额的确定	纳税人发生应税销售行为销售额的确定，含税销售额的换算，销售额的核定，外币销售额的折算，特殊销售方式下销售额确定（折扣、以旧换新、还本销售、以物易物、混合销售、兼营行为）
	一般计税方法应纳税额计算	销项税额的规定。 进项税额（抵扣范围、抵扣凭证、进项税额的扣减）的规定

续表

知识点		主要内容
应纳税额的计算	简易计税方法应纳税额计算	应纳税额=销售额×征收率
	进口货物应纳税额计算	组成计税价格、应纳税额计算公式
	特殊业务应纳税额计算	纳税人转让取得的不动产应纳税额的计算。 纳税人提供不动产经营租赁服务应纳税额的计算
税收优惠	免税项目	《增值税暂行条例》规定的免税项目、《营业税改征增值税试点过渡政策的规定》规定的主要免税项目
	起征点	适用范围、增值税起征点的幅度。 小规模纳税人的优惠规定
	即征即退，先征后退（返）	即征即退的内涵和类型。 先征后退、先征后返的内涵和区别
	减免税管理	放弃免税、减税管理，选择适用免税或者零税率管理，兼营免税、减税项目管理
征收管理	纳税义务发生时间	纳税义务发生时间为发生应税销售行为并收讫销售款项或者取得索取销售款项凭据的当天；先开具发票的，为开具发票当天。 特殊结算方式下纳税义务的发生时间
	纳税期限	按期纳税（重点为按季纳税的适用范围）。 按次纳税（适用范围）。 纳税人进口货物缴纳税款期限
	纳税地点	固定业户、非固定业户、其他个人纳税地点。 固定业户跨省（自治区、直辖市和计划单列市）经营，纳税地点的规定。 进口货物，应当向报关地海关申报纳税。 扣缴义务人应当向其机构所在地或者居住地的主管税务机关申报缴纳其扣缴的税款
	预缴税款管理	发生应预缴税款的情形，应向主管税务机关、建筑服务发生地主管税务机关、不动产所在地主管税务机关预缴税款
专用发票管理	增值税专用发票分类	增值税专用发票分为增值税纸质专用发票和增值税电子专用发票
	管理规范	最高开票限额管理，领用、开具规定，作废、红字、丢失管理

本章练习题请通过学习兴税 App 扫描左侧二维码阅览

第三章　消费税

本章导读： 本章依据《中华人民共和国消费税暂行条例》（以下简称《消费税暂行条例》）及其实施细则和部分规范性文件，详细介绍了消费税的纳税人、征税范围、税率、纳税环节、应纳税额计算、征收管理等基本规定。通过本章学习，了解消费税的概念、特点，熟悉消费税的纳税人、征税范围、税率、纳税环节和征收管理等，掌握消费税销售额的确定、应纳税额的计算。

第一节　消费税概述

一、概念

理论上的消费税对消费品和消费行为按流转额征收，属于货物和劳务税类，分为一般消费税和特别消费税。前者对所有消费品包括生活必需品和日用消费品普遍征税，后者是对特定消费品，如奢侈品，或特定消费行为等征税。我国现行消费税属于特别消费税。

在我国消费税是对在我国境内生产、委托加工和进口特定消费品的单位和个人，以及国务院确定的销售特定消费品的其他单位和个人，就其销售额或销售数量，在特定环节征收的一种税。

1993 年底，国务院正式颁布了《消费税暂行条例》，决定在增值税进行普遍征收的基础上，再选择部分消费品征收消费税，以贯彻国家的产业政策和消费政策，该条例自 1994 年 1 月 1 日起实施。其后，我国对消费税制度在税目、税率、纳税环节等方面进行了多次调整完善。2008 年 11 月，我国对《消费税暂行条例》进行了修订，修订后的条例自 2009 年 1 月 1 日起施行。

消费税属于中央税，2020 年，我国实现国内消费税收入 12028 亿元，占当年全部税收收入的 7.79%。

二、特点

消费税的征税范围主要是与消费相关的消费品或消费行为，与其他税种相比，消费税主要有以下特点：

1. 征税范围的选择性

综观各国消费税制度，尽管征税范围有宽有窄，但一般不会对所有的消费品或消费行为征收，而是在大量消费品或消费行为中有选择性地确定某些特定项目，进行列举式征收，未列举的则不征收。而与之相比，增值税的征税范围就大得多。

2. 征税环节的单一性

消费税一般实行单环节征税，在消费品的生产销售、进口、批发以及零售等环节选择某一环节进行征税，某一环节征税后，其他环节不再征收，即单环节一次课征制。单环节一次课征制既可以减少纳税人数量，降低税款征收费用和税源流失的风险，又能避免重复征税。为加强源泉控制，防止税款流失，消费税的纳税环节主要确定在产制环节或进口环节。

3. 征税方法的多样性

为适应不同消费品的情况，消费税的征税方法比较灵活，有从价定率的，有从量定额的，还有从价定率和从量定额叠加的复合计税方式。

4. 税收调节的特殊性

消费税除具有组织财政收入的功能外，还是重要的税收杠杆，是国家实现多重调控目标的重要税种。在普遍征收增值税的基础上选择一部分产品再征收一道消费税，可对某些产品形成双层调节；还可利用征税范围的选择和税率的差别设计，对需要限制和控制消费的产品进行特殊调节。因此，它不但可以调节产品结构，引导资源配置，还可以弥补增值税在调控上的不足，在调节收入分配上发挥特定的作用。

第二节 消费税的纳税人、征税范围、税率和纳税环节

一、纳税人和代收代缴义务人

（一）纳税人

在我国境内生产、委托加工和进口《消费税暂行条例》规定的消费品的单位和个人，以及国务院确定的销售《消费税暂行条例》规定的消费品的其他单

位和个人，为消费税纳税人。

单位，是指企业、行政单位、事业单位、军事单位、社会团体及其他单位。

个人，是指个体工商户及其他个人。

在我国境内，是指生产与委托加工和进口属于应当缴纳消费税的消费品的起运地或者所在地在境内。

（二）代收代缴义务人

委托加工的应税消费品，除受托方为个人外，由受托方在向委托方交货时代收代缴税款。如受托方为个人，则由委托方向其机构所在地或者居住地主管税务机关自行申报纳税。

二、征税范围

确定消费税的征税范围，要立足于我国经济发展水平、国家消费政策、产业政策和环保政策，考虑人们生活水平、消费水平、消费结构，保障国家财政收入稳定增长，适当借鉴国外成功经验和国际通行做法。现行消费税的税目共15类商品，具体如下：

1. 烟，是指以烟叶为原料加工生产的产品，包括卷烟、雪茄烟、烟丝。其中，卷烟又分“甲类卷烟”和“乙类卷烟”。甲类卷烟是指每标准条（200支，下同）调拨价格在70元（不含增值税，下同）及以上的卷烟；乙类卷烟是指每标准条调拨价格在70元以下的卷烟。

2. 酒，包括白酒、黄酒、啤酒和其他酒。其中，啤酒又分“甲类啤酒”和“乙类啤酒”。啤酒每吨出厂价在3000元（不含增值税，下同）及以上的是甲类啤酒，每吨出厂价在3000元以下的是乙类啤酒。

上述出厂价含包装物价值及除重复使用的塑料周转箱以外的包装物押金。

3. 高档化妆品，包括高档美容、修饰类化妆品，高档护肤类化妆品和成套化妆品。高档美容、修饰类化妆品和高档护肤类化妆品，是指生产（进口）环节销售（完税）价格（不含增值税）在10元/毫升（克）或15元/片（张）及以上的美容、修饰类化妆品和护肤类化妆品。

4. 贵重首饰及珠宝玉石，包括各种金银珠宝首饰和经采掘、打磨、加工的各种珠宝玉石。

（1）金银珠宝首饰包括：凡以金、银、铂金、宝石、珍珠、钻石、翡翠、珊瑚、玛瑙等高贵稀有物质以及其他金属、人造宝石等制作的各种纯金银首饰及镶嵌首饰（含人造金银、合成金银首饰等）。

（2）珠宝玉石包括：钻石、珍珠、松石、青金石、欧泊石、橄榄石、长石、玉、石英、玉髓、石榴石、锆石、尖晶石、黄玉、碧玺、金绿玉、绿柱石、刚玉、琥珀、珊瑚、煤玉、龟甲、合成刚玉、合成宝石、双合石、玻璃仿制品等。

5. 鞭炮、焰火。鞭炮，又称爆竹，是用多层纸密裹火药，接以药引线，制成的一种爆炸品。焰火，指烟火剂，一般系包扎品，内装药剂，点燃后烟火喷射，呈各种颜色，有的还变幻成各种景象，分平地小焰火和空中大焰火两类。

6. 成品油，包括汽油、柴油、航空煤油、石脑油、溶剂油、润滑油、燃料油。

7. 摩托车，包括气缸容量250毫升及以上的摩托车。

8. 小汽车，是指由动力驱动，具有4个或4个以上车轮的非轨道承载的车辆，包括乘用车、中轻型商用客车和超豪华小汽车。

（1）乘用车：含驾驶员座位在内最多不超过9个座位（含）的，在设计和技术特性上用于载运乘客和货物的各类乘用车。

（2）中轻型商用客车：含驾驶员座位在内的座位数在10～23座（含23座）的，在设计和技术特性上用于载运乘客和货物的各类中轻型商用客车。

（3）超豪华小汽车：每辆零售价格130万元（不含增值税）及以上的乘用车和中轻型商用客车。

9. 高尔夫球及球具，是指从事高尔夫球运动所需的各种专用装备，包括高尔夫球、高尔夫球杆及高尔夫球包（袋）等。

10. 高档手表，是指销售价格（不含增值税）每只在10000元（含）以上的各类手表。

11. 游艇，是指艇身长度大于8米（含）小于90米（含），主要用于水上运动和休闲娱乐等非营利活动的各类机动艇。

12. 木制一次性筷子，是指以木材为原料经过锯段、浸泡、旋切、刨切、烘干、筛选、打磨、倒角、包装等环节加工而成的各类供一次性使用的筷子。

13. 实木地板，包括各类规格的实木地板、实木指接地板、实木复合地板及用于装饰墙壁、天棚的侧端面为榫、槽的实木装饰板。

14. 电池，是指将化学能、光能等直接转换为电能的装置，包括原电池、蓄电池、燃料电池、太阳能电池和其他电池。

15. 涂料，是指涂于物体表面能形成具有保护、装饰或特殊性能的固态涂膜的一类液体或固体材料的总称。

三、税率

（一）税率的一般规定

现行消费税税率根据征税对象的具体情况，采用了三种形式：一是比例税率，二是定额税率，三是比例加定额的复合税率。具体税率规定如表 3-1 所示。

（二）税率的特殊规定

消费税采用列举法按具体应税消费品对应设置税目税率，界限清楚，一般不易发生错用税率的情况。但是，在某些特殊情况下，确定税率时需遵循以下规定：

1. 纳税人兼营不同税率的应税消费品，应当分别核算不同税率应税消费品的销售额或销售数量，未分别核算的，从高适用税率。

【例 3-1】某啤酒厂生产销售的不同售价的啤酒，既有出厂价 3600 元/吨的啤酒，也有出厂价 2900 元/吨的啤酒，但没有分别核算两类啤酒的销售数量。

请问：在计算该厂啤酒销售应纳消费税时，如何确定其适用税率？

【解析】由于没有分别核算两类啤酒的销售数量，则应就两类啤酒的销售总量，一律按最高的定额税率 250 元/吨征收消费税。

2. 纳税人将应税消费品与非应税消费品，以及适用税率不同的应税消费品组成成套消费品销售的，应根据组合产制品的整体销售金额按其中应税消费品适用的最高税率征税。例如，企业将高档化妆品、护肤护发品、小工艺品等组成成套消费品销售时，则应按该成套消费品销售额以 15%的税率征税。

【例 3-2】2021 年 7 月，某日化厂（增值税一般纳税人）将高档化妆品、小工艺品等组成化妆品礼盒销售，开出增值税专用发票，价税合计金额 150 万元（其中外购小工艺品价值 12 万元）。

要求：计算该厂 7 月应纳消费税。

【解析】纳税人将应税消费品与非应税消费品，以及适用税率不同的应税消费品组成成套消费品销售的，应根据组合产制品的销售金额按应税消费品中适用税率最高的消费品税率征税。

$$应纳消费税=150\div(1+13\%)\times 15\%=19.91\ (万元)$$

表 3-1 消费税税目税率表

税目				税率		
				生产（进口）环节	批发环节	零售环节
一、烟	卷烟	生产、进口卷烟	甲类卷烟	56%加 0.003 元/支		
			乙类卷烟	36%加 0.003 元/支		
		批发卷烟			11%加 0.005 元/支	
	雪茄烟			36%		
	烟丝			30%		
二、酒	白酒			20%加 0.5 元/500 克（500 毫升）		
	黄酒			240 元/吨		
	啤酒		甲类啤酒	250 元/吨		
			乙类啤酒	220 元/吨		
	其他酒			10%		
三、高档化妆品				15%		
四、贵重首饰及珠宝玉石	金银首饰、铂金首饰和钻石及钻石饰品					5%
	其他贵重首饰和珠宝玉石			10%		
五、鞭炮、焰火				15%		
六、成品油	汽油			1.52 元/升		
	柴油			1.2 元/升		
	航空煤油			1.2 元/升		
	石脑油			1.52 元/升		
	溶剂油			1.52 元/升		
	润滑油			1.52 元/升		
	燃料油			1.2 元/升		

续表

税目			税率		
			生产（进口）环节	批发环节	零售环节
七、摩托车	气缸容量（排气量，下同）为250毫升的		3%		
	气缸容量在250毫升（不含）以上的		10%		
八、小汽车	乘用车	气缸容量（排气量，下同）在1.0升（含1.0升）以下的	1%		
		气缸容量在1.0升以上至1.5升（含1.5升）的	3%		
		气缸容量在1.5升以上至2.0升（含2.0升）的	5%		
		气缸容量在2.0升以上至2.5升（含2.5升）的	9%		
		气缸容量在2.5升以上至3.0升（含3.0升）的	12%		
		气缸容量在3.0升以上至4.0升（含4.0升）的	25%		
		气缸容量在4.0升以上的	40%		
	中轻型商用客车		5%		
	超豪华小汽车		按乘用车或中轻型商用客车的规定征收		10%
九、高尔夫球及球具			10%		
十、高档手表			20%		
十一、游艇			10%		
十二、木制一次性筷子			5%		
十三、实木地板			5%		
十四、电池			4%		
十五、涂料			4%		

3. 下列卷烟不分征税类别一律按56%的比例税率征税并按每标准箱150元计征定额税：白包卷烟，手工卷烟，自产自用没有同牌号、规格调拨价格的卷烟，委托加工没有同牌号、规格调拨价格的卷烟，未经国务院批准纳入计划的企业和个人生产的卷烟。

四、纳税环节

（一）生产环节

纳税人生产的应税消费品，于销售时纳税。销售，是指有偿转让应税消费品的所有权；有偿，是指从购买方取得货币、货物或者其他经济利益。

纳税人自产的应税消费品，用于连续生产应税消费品的，不纳税；用于其他方面的，于移送使用时纳税。用于连续生产应税消费品，是指纳税人将自产的应税消费品作为直接材料生产最终应税消费品，自产自用应税消费品构成最终应税消费品的实体。用于其他方面，是指纳税人将自产应税消费品用于生产非应税消费品、在建工程、管理部门、非生产机构、提供劳务、馈赠、赞助、集资、广告、样品、职工福利、奖励等方面。

（二）委托加工环节

委托加工的应税消费品，除受托方为个人外，由受托方在向委托方交货时代收代缴税款。委托加工的应税消费品，是指由委托方提供原料和主要材料，受托方只收取加工费和代垫部分辅助材料加工的应税消费品。

委托方将收回的应税消费品，以不高于受托方的计税价格出售的，为直接出售，不再缴纳消费税；委托方以高于受托方的计税价格出售的，则不属于直接出售，需按照规定申报缴纳消费税，在计税时准予扣除受托方已代收代缴的消费税。

（三）进口环节

进口的应税消费品，由进口报关者于报关进口时纳税。

（四）批发环节

对卷烟，除生产（进口）环节外，在批发环节加征一道消费税。

（五）零售环节

1. 金银首饰、铂金首饰和钻石及钻石饰品：金、银、铂金首饰，金基、银基合金首饰，金、银和金基、银基合金的镶嵌首饰，钻石、钻石饰品。不包括镀金（银）、包金（银）首饰，以及镀金（银）、包金（银）的镶嵌首饰。凡采用包金、镀金工艺以外的其他工艺制成的含金、银首饰及镶嵌首饰，如锻压金、铸金、复合金首饰等，都应在零售环节征收消费税。

2. 超豪华小汽车：对超豪华小汽车，在生产（进口）环节征收消费税的基础上，在零售环节加征一道消费税。

第三节 消费税应纳税额的计算

根据税率设定的不同，消费税应纳税额的计算方法分为三种：从价定率法、从量定额法、从价定率和从量定额复合计税法（以下简称复合计税法）。

一、从价定率法下应纳税额的计算

（一）计算公式

应纳税额＝销售额×比例税率

（二）销售额的确定

1. 一般规定

消费税和增值税实行叠加征收，消费税实行价内税，增值税实行价外税。这就决定了实行从价定率征税的消费品，其消费税税基和增值税税基基本一致，即都是以含消费税而不含增值税的销售额作为计税依据。

消费税的销售额为销售应税消费品从购买方收取的全部价款和价外费用。

（1）价外费用。

价外费用，是指价外向购买方收取的手续费、补贴、基金、集资费、返还利润、奖励费、违约金、滞纳金、延期付款利息、赔偿金、代收款项、代垫款项、包装费、包装物租金、储备费、优质费、运输装卸费以及其他各种性质的价外收费。但下列项目不包括在内：

①同时符合以下条件的代垫运输费用：承运部门的运输费用发票开具给购买方的，纳税人将该项发票转交给购买方的。

②同时符合以下条件代为收取的政府性基金或者行政事业性收费：由国务院或者财政部批准设立的政府性基金，由国务院或者省级人民政府及其财政、价格主管部门批准设立的行政事业性收费；收取时开具省级以上财政部门印制的财政票据；所收款项全额上缴财政。

（2）向购货方收取的增值税税款。

销售额不包括应向购货方收取的增值税税款。如果纳税人应税消费品的销售额中未扣除增值税税款或者因不得开具增值税专用发票而发生价款和增值税税款合并收取的，应当换算为不含增值税税款的销售额。其换算公式为：

应税消费品的销售额=含增值税的销售额÷（1+增值税税率或者征收率）

2. 特殊规定

（1）通过非独立核算门市部销售销售额的确定。

纳税人通过自设非独立核算门市部销售的自产应税消费品，应当按照门市部对外销售额或销售数量计算征收消费税。

（2）特殊交易方式下销售额的确定。

纳税人自产的应税消费品用于换取生产资料和消费资料、投资入股和抵偿债务等方面，应当按纳税人同类应税消费品的最高销售价格作为计税依据。

（3）计税价格明显偏低且无正当理由销售额的确定。

纳税人应税消费品的计税价格明显偏低且无正当理由的，由主管税务机关核定其计税价格。计税价格的核定权限规定如下：

①卷烟、白酒和小汽车的计税价格由国家税务总局核定，送财政部备案；

②其他应税消费品的计税价格由省、自治区和直辖市税务局核定；

③进口的应税消费品的计税价格由海关核定。

（4）以外币结算销售额的换算。

纳税人销售的应税消费品，以人民币以外的货币结算销售额的，其销售额的人民币折合率可以选择销售额发生的当天或者当月 1 日的人民币汇率中间价。纳税人应在事先确定采用何种折合率，确定后 1 年内不得变更。

二、从量定额法下应纳税额的计算

（一）计算公式

应纳税额=销售数量×定额税率

（二）销售数量的确定

1. 销售应税消费品的，为应税消费品的销售数量。

2. 自产自用应税消费品的，为应税消费品的移送使用数量。

3. 委托加工应税消费品的，为纳税人收回的应税消费品数量。

4. 进口的应税消费品，为海关核定的应税消费品进口征税数量。

5. 纳税人通过自设非独立核算门市部销售的自产应税消费品，应当按照门市部对外销售数量计算征收消费税。

实行从量定额办法征税的应税消费品，其计税依据通常为应税消费品的重量、容积或数量。定额税率中的酒类和成品油分别用吨和升作为计税单位，但实际销售中纳税人往往混用计量单位，为便于计算税额，《中华人民共和国消费税暂行条例实施细则》规定了吨与升两个计量单位的换算标准，具体规定如下：

黄酒 1 吨＝962 升；

啤酒 1 吨＝988 升；

汽油 1 吨＝1388 升；

柴油 1 吨＝1176 升；

航空煤油 1 吨＝1246 升；

石脑油 1 吨＝1385 升；

溶剂油 1 吨＝1282 升；

润滑油 1 吨＝1126 升；

燃料油 1 吨＝1015 升。

计量单位换算标准的调整由财政部、国家税务总局确定。

【例 3-3】 某炼化企业于 2021 年 4 月销售汽油 200 吨、柴油 100 吨，共取得不含增值税销售额 250 万元。

要求：计算该厂 4 月应纳消费税。

【解析】 由于汽油、柴油是以升作为计税单位，因此，在计算应纳消费税时需要先进行计量单位换算，然后据以计算应纳消费税税额。

汽油应纳消费税＝200×1388×1. 52＝421952（元）

柴油应纳消费税＝100×1176×1. 2＝141120（元）

该月合计应纳消费税＝421952+141120＝563072（元）

三、复合计税法下应纳税额的计算

计算公式为：

$$应纳税额=销售额\times比例税率+销售数量\times定额税率$$

【例 3-4】 某白酒厂于 2021 年 4 月销售粮食白酒 1200 吨，每吨不含增值税售价 6000 元。

要求：计算该厂4月应纳消费税。

【解析】白酒适用复合税率，所以消费税应纳税额的计算分为两部分：

从量计算部分的消费税＝1200×1000×2×0.5÷10000＝120（万元）

从价计算部分的消费税＝6000×1200×20%÷10000＝144（万元）

合计应纳消费税＝120+144＝264（万元）

四、应纳税额计算的特殊规定

（一）外购应税消费品已纳消费税的扣除

为避免重复征税，纳税人将外购（含进口，下同）已税消费品用于连续生产应税消费品的，在销售实现计算应纳消费税时准予按当期生产领用数量计算扣除外购的应税消费品已纳消费税。

1. 可抵扣税款的情形

（1）用外购已税烟丝为原料生产卷烟；

（2）用外购已税高档化妆品为原料生产高档化妆品；

（3）用外购已税珠宝玉石为原料生产贵重首饰及珠宝玉石［注意：纳税人用外购的已税珠宝玉石生产的改在零售环节征收消费税的金银首饰（镶嵌首饰），在计税时一律不得扣除外购珠宝玉石的已纳消费税税款］；

（4）用外购已税鞭炮、焰火为原料生产鞭炮、焰火；

（5）用外购已税汽油、柴油为原料生产汽油、柴油；

（6）用外购已税石脑油、燃料油生产应税消费品；

（7）用外购已税润滑油生产润滑油；

（8）用外购已税木制一次性筷子为原料生产木制一次性筷子；

（9）用外购已税杆头、杆身和握把生产高尔夫球杆；

（10）用外购已税实木地板为原料生产实木地板。

2. 抵扣税款的计算方法

准予从消费税应纳税额中扣除耗用原料已纳消费税税款的计算公式，按照不同行为分别规定如下：

（1）外购应税消费品实行从价定率计税办法的。

$$\text{当期准予扣除外购应税消费品已纳税款}=\text{当期准予扣除外购应税消费品买价}\times\text{外购应税消费品适用税率}$$

$$\text{当期准予扣除外购应税消费品买价}=\text{期初库存外购应税消费品买价}+\text{当期购进外购应税消费品买价}-\text{期末库存外购应税消费品买价}$$

（2）外购应税消费品实行从量定额计税办法的。

$$\frac{\text{当期准予扣除外购}}{\text{应税消费品已纳税款}}=\frac{\text{当期准予扣除外购}}{\text{应税消费品数量}}\times\frac{\text{外购应税消费品}}{\text{单位税额}}$$

$$\frac{\text{当期准予扣除外购}}{\text{应税消费品数量}}=\frac{\text{期初库存外购应税}}{\text{消费品数量}}+\frac{\text{当期购进外购应税}}{\text{消费品数量}}-\frac{\text{期末库存外购应税}}{\text{消费品数量}}$$

（3）进口应税消费品的。

$$\frac{\text{当期准予扣除的进口}}{\text{应税消费品已纳税款}}=\frac{\text{期初库存的进口}}{\text{应税消费品已纳税款}}+\frac{\text{当期进口的应税}}{\text{消费品已纳税款}}-\frac{\text{期末库存的进口}}{\text{应税消费品已纳税款}}$$

3. 抵扣凭证的要求

准予从消费税应纳税额中扣除原料的已纳消费税税款的凭证，按照不同行为分别规定如下：

（1）外购应税消费品连续生产应税消费品。纳税人从增值税一般纳税人购进应税消费品，以取得的增值税专用发票（含销货清单）为抵扣凭证。纳税人未提供增值税专用发票和销货清单的不予扣除外购应税消费品已纳消费税。

纳税人从增值税小规模纳税人购进应税消费品，外购应税消费品的抵扣凭证为主管税务机关代开的增值税专用发票。主管税务机关在为纳税人代开增值税专用发票时，应同时征收消费税。

（2）进口应税消费品连续生产应税消费品。进口应税消费品的抵扣凭证为海关进口消费税专用缴款书，纳税人不提供海关进口消费税专用缴款书的，不予抵扣进口应税消费品已缴纳的消费税。

【例 3-5】2021 年 3 月，某日化厂用外购已税香水为原料加工生产高档化妆品“幻影香水 2 号”，本月外购已税香水取得增值税专用发票，注明金额 60 万元，本月期初库存外购香水 15 万元，月末库存外购香水 20 万元。该厂本月销售“幻影香水 2 号”取得销售额合计 78 万元（不含增值税）。

要求：计算该厂当月应纳消费税。

【解析】当月准予扣除的外购香水的买价 = 60+15−20 = 55（万元）

当月准予扣除的外购香水的已纳消费税税款 = 55×15% = 8. 25（万元）

应纳消费税 = 78×15%−8. 25 = 3. 45（万元）

（二）自产自用的应税消费品应纳税额的计算

自产自用应税消费品属于应纳消费税的，应按照纳税人生产的同类消费品的销售价格计算纳税；没有同类消费品销售价格的，按照组成计税价格计算纳税。

1. 同类消费品的销售价格的确定

同类消费品的销售价格，是指纳税人或者代收代缴义务人当月销售的同类消费品的销售价格。如果当月同类消费品各期销售价格高低不同，应按销售数量加权平均计算，但销售的应税消费品有下列情况之一的，不得列入加权平均计算：

（1）销售价格明显偏低且无正当理由的；

（2）无销售价格的。

如果当月无销售或者当月未完结，应按照同类消费品上月或者最近月份的销售价格计算纳税。

2. 组成计税价格的确定

（1）实行从价定率办法计算纳税的组成计税价格计算公式：

组成计税价格=（成本+利润）÷（1−比例税率）

=成本×（1+成本利润率）÷（1−比例税率）

（2）实行复合计税办法计算纳税的组成计税价格计算公式：

组成计税价格=（成本+利润+自产自用数量×定额税率）÷（1−比例税率）

上述公式中的成本，是指应税消费品的产品生产成本；利润，是指根据应税消费品的全国平均成本利润率计算的利润。应税消费品全国平均成本利润率由国家税务总局确定。

【例 3-6】 2021 年 4 月，某家化企业特别生产了一批成套高档化妆品发放给本厂职工作为节日福利。无同类产品销售价格，生产成本为 3.5 万元。国家税务总局核定的该类产品的成本利润率为 5%。

要求：计算该笔业务应纳消费税。

【解析】 纳税人自产自用的应税消费品，没有同类消费品销售价格的，按照组成计税价格计算纳税。

组成计税价格=3.5×（1+5%）÷（1−15%）=4.32（万元）

应纳税额=4.32×15%=0.65（万元）

（三）委托加工的应税消费品应纳税额的计算

委托加工的应税消费品，按照受托方的同类消费品的销售价格计算纳税；没有同类消费品销售价格的，按照组成计税价格计算纳税。

1. 组成计税价格的确定

（1）实行从价定率办法计算纳税的组成计税价格计算公式：

组成计税价格=（材料成本+加工费）÷（1−比例税率）

（2）实行复合计税办法计算纳税的组成计税价格计算公式：

组成计税价格=（材料成本+加工费+委托加工数量×定额税率）÷（1−比例税率）

上述公式中的材料成本，是指委托方所提供加工材料的实际成本。委托加工应税消费品的纳税人，必须在委托加工合同上如实注明（或者以其他方式提供）材料成本，凡未提供材料成本的，受托方主管税务机关有权核定其材料成本。加工费，是指受托方加工应税消费品向委托方所收取的全部费用（包括代垫辅助材料的实际成本）。

2. 委托方收回后的消费税处理

对受托方已代收代缴消费税的应税消费品，委托方收回后直接销售的，不再征收消费税；收回后用于连续生产应税消费品的，在销售实现时计算缴纳消费税，但准予按当期生产领用数量计算扣除委托加工收回的应税消费品已代收代缴的消费税。

（1）可抵扣税款的情形见本节“四、应纳税额计算的特殊规定”“（一）外购应税消费品已纳消费税的扣除”中的第1项。

（2）抵扣税款的计算方法。

当期准予扣除的委托加工应税消费品已纳税款 = 期初库存的委托加工应税消费品已纳税款 + 当期收回的委托加工应税消费品已纳税款 − 期末库存的委托加工应税消费品已纳税款

委托加工应税消费品已纳税款为代扣代收税款凭证注明的受托方代收代缴的消费税。

（3）抵扣凭证的要求。

委托加工收回应税消费品的抵扣凭证为代扣代收税款凭证。纳税人未提供代扣代收税款凭证的，不予扣除受托方代收代缴的消费税。

（四）进口应税消费品应纳税额的计算

进口的应税消费品，按照组成计税价格计算纳税。

1. 实行从价定率办法计算纳税的组成计税价格计算公式：

组成计税价格=（关税完税价格+关税）÷（1−消费税比例税率）

2. 实行复合计税办法计算纳税的组成计税价格计算公式：

$$组成计税价格=\left(关税完税价格+关税+进口数量\times消费税定额税率\right)\div\left(1-消费税比例税率\right)$$

上述公式中的关税完税价格，是指海关核定的关税计税价格。

【例 3-7】2021 年 4 月，M 公司从韩国进口一批高档化妆品，海关审定的关税完税价格为 36000 元，进口关税税率为 16%。

要求：计算该公司进口环节应纳消费税。

【解析】组成计税价格=（36000+36000×16%）÷（1-15%）=49129.41（元）

应纳消费税=49129.41×15%=7369.41（元）

（五）卷烟批发环节应纳税额的计算

根据现行消费税政策，对在我国境内从事卷烟批发业务的单位和个人，就其批发销售的所有牌号规格的卷烟的销售额（不含增值税）按照 11%的比例税率计算缴纳消费税，并按 0.005 元/支从量计税。

应纳税额=销售额×11%+销售数量（支）×0.005 元/支

卷烟消费税在生产和批发两个环节征收后，批发企业在计算纳税时不得扣除已含的生产环节的消费税税款。

纳税人兼营卷烟批发和零售业务的，应当分别核算批发和零售环节的销售额、销售数量；未分别核算批发和零售环节销售额、销售数量的，按照全部销售额、销售数量计征批发环节消费税。

（六）金银首饰零售环节应纳税额的计算

纳税人零售金银首饰，其计税依据的确定与从价定率法下销售额的确定基本一致，但有以下两种特殊情况：

1. 纳税人采用以旧换新（含翻新改制）方式销售的金银首饰，应按实际收取的不含增值税的全部价款确定计税依据征收消费税。

2. 用外购已税珠宝玉石生产的镶嵌首饰，在计税时一律不得扣除已纳的消费税税款。

【例 3-8】2021 年 4 月，某金店（增值税一般纳税人）采取“以旧换新”方式销售 24K 纯金项链 1 条，新项链零售价格 5650 元，旧项链作价 3390 元，从消费者手中收取新旧差价款 2260 元，开具增值税普通发票；并以同一方式销售某品牌金表 2 块，此表零售价每块 3390 元，旧表作价 50 元，开具增值税普通发票。

要求：计算该金店当月增值税销项税额和应纳消费税。

【解析】纳税人采用以旧换新方式销售的金银首饰，应按实际收取的不含增值税的全部价款确定消费税计税依据。金表不属于在零售环节征税的金银首饰，故无须计算缴纳消费税，但增值税是对在我国境内销售货物普遍征收，所以，销售金表需要缴纳增值税。

增值税销项税额=（2260+3390×2）÷（1+13%）×13%=1040（元）

应纳消费税=2260÷（1+13%）×5%=100（元）

（七）超豪华小汽车零售环节应纳税额的计算

对超豪华小汽车，在生产（进口）环节征收消费税的基础上，在零售环节加征消费税，税率为10%。超豪华小汽车的纳税人为将超豪华小汽车销售给消费者的单位和个人。消费税应纳税额计算公式为：

应纳税额=零售环节销售额（不含增值税）×零售环节税率

国内汽车生产企业直接销售给消费者的超豪华小汽车，消费税税率按照生产环节税率和零售环节税率加总计算。消费税应纳税额计算公式为：

应纳税额=销售额×（生产环节税率+零售环节税率）

第四节　消费税征收管理

一、纳税义务发生时间

1. 纳税人销售应税消费品，根据结算方式不同，其纳税义务发生的时间分别为：

（1）采取赊销和分期收款结算方式的，为书面合同约定的收款日期的当天，书面合同没有约定收款日期或无书面合同的，为发出应税消费品的当天；

（2）采取预收货款结算方式的，为发出应税消费品的当天；

（3）采取托收承付和委托银行收款方式的，为发出应税消费品并办妥托收手续的当天；

（4）采取其他结算方式的，为收讫销售款或者取得索取销售款凭据的当天。

2. 纳税人自产自用应税消费品的，为移送使用的当天。

3. 纳税人委托加工应税消费品的，为纳税人提货的当天。

4. 纳税人进口应税消费品的，为报关进口的当天。

二、纳税期限

消费税的纳税期限分别为 1 日、3 日、5 日、10 日、15 日、1 个月或者 1 个季度。纳税人的具体纳税期限，由主管税务机关根据纳税人应纳税额的大小分别核定；不能按照固定期限纳税的，可以按次纳税。

纳税人以 1 个月或者 1 个季度为 1 个纳税期的，自期满之日起 15 日内申报纳税；以 1 日、3 日、5 日、10 日或者 15 日为 1 个纳税期的，自期满之日起 5 日内预缴税款，于次月 1 日起 15 日内申报纳税并结清上月应纳税款。

纳税人进口应税消费品，应当自海关填发海关进口消费税专用缴款书之日起 15 日内缴纳税款。

三、纳税地点

1. 纳税人销售的应税消费品，以及自产自用的应税消费品，除国务院财政、税务主管部门另有规定外，应当向纳税人机构所在地或者居住地的主管税务机关申报纳税。纳税人的总机构与分支机构不在同一县（市）的，应当分别向各自机构所在地的主管税务机关申报纳税；经财政部、国家税务总局或者其授权的财政、税务机关批准，可以由总机构汇总向总机构所在地的主管税务机关申报纳税。其中，卷烟批发企业的纳税地点在其机构所在地，总机构与分支机构不在同一地区的，由总机构申报纳税。

2. 纳税人到外县（市）销售或委托外县（市）代销自产应税消费品的，于应税消费品销售后，向机构所在地或者居住地主管税务机关申报纳税。

3. 委托加工的应税消费品，除受托方为个人外，由受托方向机构所在地或者居住地的主管税务机关解缴消费税税款。委托个人加工的应税消费品，由委托方向其机构所在地或者居住地主管税务机关申报纳税。

4. 进口的应税消费品，由进口人或者其代理人，向报关地海关申报纳税。

5. 纳税人销售的应税消费品，如因质量等原因由购买者退回时，经机构所在地或者居住地主管税务机关审核批准后，可退还已缴纳的消费税税款。

本章小结

知识点		主要内容
概述	概念	消费税是对在我国境内生产、委托加工和进口特定消费品的单位和个人，以及国务院确定的销售特定消费品的其他单位和个人，就其销售额或销售数量，在特定环节征收的一种税
	特点	征税范围的选择性、征税环节的单一性、征税方法的多样性、税收调节的特殊性
征税范围		应税消费品，15 个税目
纳税人和税率	纳税人	在我国境内生产、委托加工和进口《消费税暂行条例》规定的消费品的单位和个人，以及国务院确定的销售《消费税暂行条例》规定的消费品的其他单位和个人，为消费税纳税人
	代收代缴义务人	委托加工的应税消费品，除受托方为个人外，由受托方在向委托方交货时代收代缴税款
	税率	比例税率。 定额税率：适用于啤酒、黄酒和成品油。 比例加定额的复合税率：适用于卷烟和白酒
纳税环节	生产	纳税人生产的应税消费品，于销售时纳税。 纳税人自产自用应税消费品，用于连续生产应税消费品的，不纳税；用于其他方面的，于移送使用时纳税
	委托加工	委托加工的应税消费品，除受托方为个人外，由受托方在向委托方交货时代收代缴税款；委托加工的应税消费品收回后直接出售的，不再缴纳消费税
	进口	进口的应税消费品，由进口报关者于报关进口时纳税
	批发	对卷烟，除生产（进口）环节外，在批发环节加征一道消费税
	零售	金银首饰、铂金首饰和钻石及钻石饰品。 超豪华小汽车，在生产（进口）环节征收的基础上，在零售环节加征一道消费税
消费税应纳税额计算	从价定率法下应纳税额的计算	计算公式：应纳税额=销售额×比例税率 销售额的确定：一般规定、特殊规定
	从量定额法下应纳税额的计算	计算公式：应纳税额=销售数量×定额税率 销售数量的确定
	复合计税法下应纳税额的计算	计算公式：应纳税额=销售额×比例税率+销售数量×定额税率
	应纳税额计算的特殊规定	外购应税消费品已纳消费税的扣除。 自产自用的应税消费品应纳税额计算。 委托加工的应税消费品应纳税额计算。 进口应税消费品应纳税额计算。 卷烟批发环节应纳税额计算。 金银首饰零售环节应纳税额计算。 超豪华小汽车零售环节应纳税额计算

续表

知识点		主要内容
消费税征收管理	纳税义务发生时间	销售应税消费品，根据结算方式确定纳税义务发生时间。 自产自用的应税消费品，为移送使用的当天。 委托加工的应税消费品，为纳税人提货的当天。 进口的应税消费品，为报关进口的当天
	纳税期限	按期纳税。 按次纳税。 纳税人进口货物缴纳税款期限
	纳税地点	纳税人销售的应税消费品纳税地点的确定。 委托加工的应税消费品纳税地点的确定。 进口的应税消费品纳税地点的确定

本章练习题请通过学习兴税 App 扫描左侧二维码阅览

第四章　企业所得税

本章导读：本章依据《中华人民共和国企业所得税法》（以下简称《企业所得税法》）及其实施条例和部分规范性文件，详细介绍了企业所得税的纳税人、征税对象、税率、应纳税所得额、税收优惠、应纳税额计算、征收管理等具体规定。通过本章学习，了解企业所得税的概念、沿革和特点，熟悉企业所得税的纳税人、征税对象、税率、税收优惠和征收管理等，掌握企业所得税应纳税所得额的确定、应纳税额的计算。

第一节　企业所得税概述

一、概念

企业所得税，是指对我国境内的企业和其他取得收入的组织就其生产经营所得和其他所得征收的一种所得税。

企业所得税是我国第二大主体税种，对于组织国家税收收入发挥着举足轻重的作用。同时，作为国家宏观调控的一种重要手段，企业所得税在贯彻产业政策、促进结构优化和稳定经济发展等方面发挥着非常重要的作用。

二、沿革

新中国成立以后，1950 年政务院发布的《全国税政实施要则》规定了所得税性质的工商业税（所得税部分）、存款利息所得税与薪给报酬所得税三种税收，标志着我国所得税体系的初步建立。

1958 年实行工商税制改革时，所得税从工商业税中分离出来，定名为工商所得税，标志着我国独立所得税制的出现。这一格局一直持续到 20 世纪 70 年代末。

为服务改革开放，涉外所得税制立法成为先行者。1980 年 9 月，我国颁布了《中华人民共和国中外合资经营企业所得税法》，这是我国第一部企业所得税法。1981 年又颁布了《中华人民共和国外国企业所得税法》。1991 年将两部涉外企业所得税法合并为《中华人民共和国外商投资企业和外国企业所得税法》。

1984 年 9 月，国务院发布了《中华人民共和国国营企业所得税条例（草案）》和《国营企业调节税征收办法》。1985 年 4 月，国务院发布了《中华人民共和国集体企业所得税暂行条例》。1988 年 6 月，国务院发布了《中华人民共和国私营企业所得税暂行条例》。为贯彻“统一税法、公平税负、简化税制、合理分权”的原则，1993 年 12 月，国务院发布了《中华人民共和国企业所得税暂行条例》，将国营企业所得税、集体企业所得税、私营企业所得税合并，统一了内资企业所得税制度，从 1994 年 1 月 1 日起施行。这标志着我国内资企业所得税体系基本形成。

2007 年 3 月 16 日，第十届全国人民代表大会第五次会议通过了《企业所得税法》，2007 年 12 月 6 日，国务院发布《中华人民共和国企业所得税法实施条例》（以下简称《企业所得税法实施条例》），于 2008 年 1 月 1 日起施行，内外资企业所得税法实现统一。

企业所得税属于共享税，未纳入共享范围的中央企业所得税为中央收入，纳入共享范围的企业所得税部分中央政府分享 60%，地方政府分享 40%。2020 年，我国实现企业所得税收入 36426 亿元，占当年全部税收收入的 23.61%。

第二节　企业所得税的纳税人、征税对象和税率

一、纳税人

企业所得税的纳税人，是指在我国境内的企业和其他取得收入的组织（以下统称企业）。

个人独资企业、合伙企业不适用《企业所得税法》的规定。此处所指个人独资企业、合伙企业，是指依照中国法律、行政法规成立的个人独资企业、合伙企业，不包括依照外国（地区）法律法规在境外成立的个人独资企业和合伙企业。

为合理界定不同纳税人的纳税义务，将企业所得税的纳税人分为居民企业和非居民企业。

（一）居民企业

居民企业采用登记注册地和实际管理机构所在地两个标准确定。登记注册地或者实际管理机构所在地在我国境内的企业为居民企业。具体包括：

1. 依法在中国境内成立的企业

依法在中国境内成立的企业，是指依照中国法律、行政法规在中国境内成立的企业、事业单位、社会团体以及其他取得收入的组织。

2. 依照外国（地区）法律成立但实际管理机构在中国境内的企业

依照外国（地区）法律成立但实际管理机构在中国境内的企业和其他取得收入的组织属于居民企业。实际管理机构，是指对企业的生产经营、人员、账务、财产等实施实质性全面管理和控制的机构。

（二）非居民企业

非居民企业，是指依照外国（地区）法律成立且实际管理机构不在中国境内，但在中国境内设立机构、场所的，或者在中国境内未设立机构、场所，但有来源于中国境内所得的企业。

所谓机构、场所，是指非居民企业在中国境内从事生产经营活动的机构、场所，包括：

（1）管理机构、营业机构、办事机构；

（2）工厂、农场、开采自然资源的场所；

（3）提供劳务的场所；

（4）从事建筑、安装、装配、修理、勘探等工程作业场所；

（5）其他从事生产经营活动的机构、场所。

非居民企业委托营业代理人在中国境内从事生产经营活动的，包括委托单位或者个人经常代其签订合同，或者储存、交付货物等，该营业代理人视为非居民企业在中国境内设立的机构、场所。

二、征税对象

企业所得税的征税对象是企业的应纳税所得，包括销售货物所得，提供劳务所得，转让财产所得，股息、红利等权益性投资所得，利息所得，租金所得，特许权使用费所得，接受捐赠所得和其他所得。

（一）居民企业的征税对象

居民企业应当就其来源于中国境内、境外的所得缴纳企业所得税。

（二）非居民企业的征税对象

1. 非居民企业在中国境内设立机构、场所的，应当就其所设机构、场所取得的来源于中国境内的所得，以及发生在中国境外但与其所设机构、场所有实际联系的所得，缴纳企业所得税。

2. 非居民企业在中国境内未设立机构、场所的，或者虽设立机构、场所但取得的所得与其所设机构、场所没有实际联系的，应当就其来源于中国境内的所得缴纳企业所得税。

上述实际联系，是指非居民企业在中国境内设立的机构、场所拥有据以取得所得的股权、债权，以及拥有、管理、控制据以取得所得的财产等。

（三）境内、境外所得的确定原则

居民企业和非居民企业各自承担不同的纳税义务，而所得来源地的判断标准直接关系到企业纳税义务的大小，也涉及国家之间税收管辖权的问题。

来源于中国境内、境外的所得，按照以下原则确定：

（1）销售货物所得，按照交易活动发生地确定；

（2）提供劳务所得，按照劳务发生地确定；

（3）转让财产所得，不动产转让所得按照不动产所在地确定，动产转让所得按照转让动产的企业或者机构、场所所在地确定，权益性投资资产转让所得按照被投资企业所在地确定；

（4）股息、红利等权益性投资所得，按照分配所得的企业所在地确定；

（5）利息所得、租金所得、特许权使用费所得，按照负担、支付所得的企业或者机构、场所所在地确定，或者按照负担、支付所得的个人的住所地确定；

（6）其他所得，由国务院财政、税务主管部门确定。

三、税率

企业所得税实行比例税率，现行规定如下：

居民企业和在中国境内设有机构、场所的非居民企业取得与机构、场所有实际联系的所得，适用税率为25%。

在中国境内未设立机构、场所，或者虽设立机构、场所但取得的所得与其所设机构、场所没有实际联系的非居民企业，应当就其来源于中国境内的所得缴纳企业所得税，适用税率为20%，减按10%的税率征收。

第三节　企业所得税应纳税所得额的确定

一、计算原理

（一）应纳税所得额的确定原则

除《企业所得税法实施条例》和国务院财政、税务主管部门另有规定外，企业应纳税所得额的计算，以权责发生制为原则，属于当期的收入和费用，不论款项是否收付，均作为当期的收入和费用；不属于当期的收入和费用，即使款项已经在当期收付，均不作为当期的收入和费用。

（二）应纳税所得额的计算原理

应纳税所得额是企业所得税的计税依据，应纳税所得额的正确计算直接关系到国家财政收入和企业的税收负担，并且同收入、成本、费用核算关系密切。

应纳税所得额有两种计算方法：一是直接计算法，二是间接计算法。

1. 直接计算法

直接计算法，以税法规定的每一纳税年度的收入总额为起点，减除税法规定的不征税收入、免税收入、各项扣除以及允许弥补的以前年度亏损得出应纳税所得额。

直接计算法的计算公式：

应纳税所得额＝收入总额－不征税收入－免税收入－
各项扣除－允许弥补的以前年度亏损

2. 间接计算法

在计算应纳税所得额时，企业财务、会计处理办法与税收法律、行政法规的规定不一致的，应当依照税收法律、行政法规的规定计算。

间接计算法，以会计利润为起点，将财务、会计制度或者财务、会计处理办法与税法规定不一致的收入、支出及税收优惠等进行调整确定应纳税所得额。

间接计算法的计算公式：

应纳税所得额＝会计利润总额±纳税调整项目金额

二、收入总额

企业以货币形式和非货币形式从各种来源取得的收入，为收入总额。收入总额包括：销售货物收入，提供劳务收入，转让财产收入，股息、红利等权益性投资收益，利息收入，租金收入，特许权使用费收入，接受捐赠收入，其他收入。

企业取得收入的货币形式包括现金、存款、应收账款、应收票据、准备持有至到期的债券投资以及债务的豁免等。企业取得收入的非货币形式包括固定资产、生物资产、无形资产、股权投资、存货、不准备持有至到期的债券投资、劳务以及有关权益等。以非货币形式取得的收入，应当按照公允价值（即市场价格）确定收入额。

（一）一般收入

1. 销售货物收入

（1）销售货物收入的界定。

销售货物收入，是指企业销售商品、产品、原材料、包装物、低值易耗品以及其他存货取得的收入。

（2）销售货物收入的确认时间。

①除《企业所得税法》和《企业所得税法实施条例》另有规定外，企业销售收入的确认，必须遵循权责发生制原则和实质重于形式原则。

②销售商品采用托收承付方式的，在办妥托收手续时确认收入。

③销售商品采取预收款方式的，在发出商品时确认收入。

④销售商品需要安装和检验的，在购买方接受商品以及安装和检验完毕时确认收入。如果安装程序比较简单，可在发出商品时确认收入。

⑤销售商品采用支付手续费方式委托代销的，在收到代销清单时确认收入。

⑥以分期收款方式销售货物的，可以分期确认收入，按照合同约定的收款日期确认收入的实现。

⑦采取产品分成方式取得收入的，按照企业分得产品的日期确认收入的实现，其收入额按照产品的公允价值确定。

2. 提供劳务收入

（1）提供劳务收入的界定。

提供劳务收入，是指企业从事建筑安装、修理修配、交通运输、仓储租赁、金融保险、邮电通信、咨询经纪、文化体育、科学研究、技术服务、教育培训、餐饮住宿、中介代理、卫生保健、社区服务、旅游、娱乐、加工以及其他劳务服务活动取得的收入。

（2）提供劳务收入的确认时间。

企业提供劳务的，在各个纳税期末，如果提供劳务交易的结果能够可靠估计的，应采用完工进度（完工百分比法）确认收入的实现。

提供劳务的完工进度，可以选用已完工作的测量、已提供劳务占劳务总量的比例、发生成本占总成本的比例等方法来确定。

企业应按照从接受劳务方已收或应收的合同或协议价款确定劳务收入总额，根据纳税期末提供劳务收入总额乘以完工进度扣除以前纳税年度累计已确认提供劳务收入后的金额，确认为当期劳务收入；同时，按照提供劳务估计总成本乘以完工进度扣除以前纳税期间累计已确认劳务成本后的金额，结转为当期劳务成本。

3. 转让财产收入

（1）转让财产收入的界定。

转让财产收入，是指企业转让固定资产、生物资产、无形资产、股权、债权等财产取得的收入。

（2）转让股权收入的确认时间。

转让股权收入，应于转让协议生效且完成股权变更手续时，确认收入的实现。

4. 股息、红利等权益性投资收益

（1）股息、红利等权益性投资收益的界定。

股息、红利等权益性投资收益，是指企业因权益性投资从被投资方取得的收入。

（2）股息、红利等权益性投资收益的确认时间。

股息、红利等权益性投资收益，除国务院财政、税务主管部门另有规定外，按照被投资方作出利润分配决定的日期确认收入的实现。

5. 利息收入

（1）利息收入的界定。

利息收入，是指企业将资金提供他人使用但不构成权益性投资，或者因他人占用本企业资金取得的收入，包括存款利息、贷款利息、债券利息、欠款利息等收入。

（2）利息收入的确认时间。

利息收入，按照合同约定的债务人应付利息的日期确认收入的实现。

6. 租金收入

（1）租金收入的界定。

租金收入，是指企业提供固定资产、包装物或者其他有形资产的使用权取得的收入。

（2）租金收入的确认时间。

租金收入，按照合同约定的承租人应付租金的日期确认收入的实现。

企业提供固定资产、包装物或者其他有形资产的使用权取得的租金收入，应按交易合同或协议规定的承租人应付租金的日期确认收入的实现。其中，如果交易合同或协议中规定租赁期限跨年度，且租金提前一次性支付的，根据收入与费用配比原则，出租人可对上述已确认的收入，在租赁期内分期均匀计入相关年度收入。

7. 特许权使用费收入

（1）特许权使用费收入的界定。

特许权使用费收入，是指企业提供专利权、非专利技术、商标权、著作权以及其他特许权的使用权取得的收入。

（2）特许权使用费收入的确认时间。

特许权使用费收入，按照合同约定的特许权使用人应付特许权使用费的日期确认收入的实现。

8. 接受捐赠收入

（1）接受捐赠收入的界定。

接受捐赠收入，是指企业接受的来自其他企业、组织或者个人无偿给予的货币性资产、非货币性资产。

（2）接受捐赠收入的确认时间。

接受捐赠收入，按照实际收到捐赠资产的日期确认收入的实现。

9. 其他收入

其他收入，是指企业取得的除上述收入外的其他收入，包括企业资产溢余收入、逾期未退包装物押金收入、确实无法偿付的应付款项、已作坏账损失处理后又收回的应收款项、债务重组收入、补贴收入、违约金收入、汇兑收益等。

（二）特殊收入

1. 企业发生非货币性资产交换，以及将货物、财产、劳务用于捐赠、偿债、赞助、集资、广告、样品、职工福利或者利润分配等用途的，应当视同销售货物、转让财产或者提供劳务，但国务院财政、税务主管部门另有规定的除外。

2. 企业发生下列情形的处置资产，除将资产转移至境外以外，由于资产所有权属在形式和实质上均不发生改变，可作为内部处置资产，不视同销售确认收入，相关资产的计税基础延续计算。

（1）将资产用于生产、制造、加工另一产品；

（2）改变资产形状、结构或性能；

（3）改变资产用途（如自建商品房转为自用或经营）；

（4）将资产在总机构及其分支机构之间转移；

（5）上述两种或两种以上情形的混合；

（6）其他不改变资产所有权属的用途。

企业将资产移送他人的下列情形，因资产所有权属已发生改变而不属于内部处置资产，应按规定视同销售确定收入。

（1）用于市场推广或销售；

（2）用于交际应酬；

（3）用于职工奖励或福利；

（4）用于股息分配；

（5）用于对外捐赠；

（6）其他改变资产所有权属的用途。

企业发生上述视同销售情形时，除另有规定外，应按照被移送资产的公允价值确定销售收入。

3. 企业以买一赠一等方式组合销售本企业商品的，不属于捐赠，应将总的销售金额按各项商品公允价值的比例来分摊确认各项的销售收入。

【例 4-1】甲公司是一家服装生产企业，系增值税一般纳税人，主要生产衬衫、领带。衬衫成本 100 元/件、不含税售价 150 元/件，领带成本 10 元/条、不含税售价 20 元/条。为了更好地占领市场，2021 年甲公司将自产衬衫 100 件用于赞助某志愿者活动；采用买一件衬衫赠一条领带的方式销售，共计销售 500 套，不含税售价 150 元/套。无其他纳税调整事项。

要求：依据企业所得税相关规定，分别计算上述两项业务应确认的收入金额。

【解析】（1）甲公司将自产衬衫 100 件用于赞助某志愿者活动，由于资产的所有权发生变化，所以应当视同销售确定收入。

视同销售收入 = 100×150 = 15000（元）

在计算应纳税所得额时应扣除视同销售成本 = 100×100 = 10000（元）

（2）甲公司采用买一件衬衫赠一条领带的方式销售，共计销售 500 套，每套不含税售价 150 元。应将总的销售金额 75000 元（500×150）按衬衫和领带的公允价值的比例来分摊确认各项的销售收入。

衬衫应确认的收入 = 75000×75000÷（75000+10000） = 66176. 47（元）

领带应确认的收入 = 75000×10000÷（75000+10000） = 8823. 53（元）

（三）不征税收入

不征税收入，是指不应列入企业所得税征税范围的收入，具体包括：

1. 财政拨款

财政拨款，是指各级人民政府对纳入预算管理的事业单位、社会团体等组织拨付的财政资金，但国务院和国务院财政、税务主管部门另有规定的除外。

2. 依法收取并纳入财政管理的行政事业性收费、政府性基金

行政事业性收费，是指依照法律法规等有关规定，按照国务院规定程序批准，在实施社会公共管理，以及在向公民、法人或者其他组织提供特定公共服务过程中，向特定对象收取并纳入财政管理的费用。

政府性基金，是指企业依照法律、行政法规等有关规定，代政府收取的具有专项用途的财政资金。

3. 国务院规定的其他不征税收入

国务院规定的其他不征税收入，是指企业取得的，由国务院财政、税务主管部门规定专项用途并经国务院批准的财政性资金。没有规定专项用途的财政性资金应作为应税收入缴纳企业所得税。

企业的不征税收入用于支出所形成的费用或者财产，不得扣除或者计算对应的折旧、摊销扣除。

企业将财政性资金作不征税收入处理后，在 5 年（60 个月）内未发生支出且未缴回财政部门或其他拨付资金的政府部门的部分，应计入取得该资金第 6 年的应税收入总额；计入应税收入总额的财政性资金发生的支出，允许在计算

应纳税所得额时扣除。

三、税前扣除的范围及原则

税前扣除项目是纳税人每一纳税年度发生的与取得应纳税收入有关的所有必要和正常的成本、费用、税金、损失和其他支出。

（一）税前扣除的一般规定

1. 税前扣除的基本原则

企业实际发生的与经营活动有关的、合理的支出，包括成本、费用、税金、损失和其他支出，可以在计算应纳税所得额时扣除。真实、相关和合理是纳税人经营活动中发生支出可以税前扣除的主要条件和基本原则。除税收法规另有规定外，税前扣除一般应遵循下列原则：

（1）真实性原则，是指在企业所得税税前扣除的支出必须是实际发生的。企业所得税税前扣除的成本、费用、税金、损失和其他支出应当提供形式和内容都为真实的凭证。真实性原则并不是要求纳税人扣除的支出是当期支付的，符合权责发生制即可。

（2）相关性原则，是指在企业所得税税前扣除的支出必须是与取得收入有关、应当计入当期损益或者有关资产成本的必要与正常的支出。相关性的具体判断应当从支出发生的根源和性质方面进行分析，而不是从费用支出的结果分析。

（3）合法性原则，是指在企业所得税税前扣除的支出必须符合法律、法规的规定。如果属于非法支出，即使财务核算上已经作为成本、费用列支，在计算企业所得税应纳税所得额时也不得扣除。

（4）合理性原则，是指在企业所得税税前扣除的支出必须符合生产经营活动常规。合理性原则是建立在税前扣除真实性和合法性原则基础上的要求。

（5）划分收益性支出和资本性支出原则，是指企业发生的支出应当区分收益性支出和资本性支出。收益性支出在发生当期直接扣除；资本性支出应当分期扣除或者计入有关资产成本，不得在发生当期直接扣除。

2. 税前扣除的范围

（1）成本，是指企业在生产经营活动中发生的销售成本、销货成本、业务支出以及其他耗费。销售成本主要是针对以制造业为主的生产性企业而言的成本概念，销货成本主要是针对以商业企业为主的流通性企业而言的成本概念，业务支出主要是针对服务业而言的成本概念，其他耗费是保证企业发生的与取得收入有关的、合理的支出得以税前扣除的兜底规定。

(2) 费用，是指企业在生产经营活动中发生的销售费用、管理费用和财务费用，已经计入成本的有关费用除外。销售费用是指企业在销售商品和材料、提供劳务过程中发生的各种费用，管理费用是指企业为组织和管理企业生产经营所发生的各种费用，财务费用是指企业为筹集生产经营所需资金等而发生的筹资费用。

(3) 税金，是指企业发生的除企业所得税和允许抵扣的增值税以外的各项税金及其附加。对于企业未实际抵扣，由企业最终负担的增值税税款，按规定允许计入资产的成本，在当期或以后期间扣除。

(4) 损失，是指企业在生产经营活动中发生的固定资产和存货的盘亏、毁损、报废损失，转让财产损失，呆账损失，坏账损失，自然灾害等不可抗力因素造成的损失以及其他损失。企业发生的允许税前扣除的损失，限于企业在生产经营活动过程中所发生的损失；在非生产经营活动过程中所发生的损失，不得作为企业的生产经营损失予以认定。

企业发生的损失，减除责任人赔偿和保险赔款后的余额，依照国务院财政、税务主管部门的规定扣除。

企业已经作为损失处理的资产，在以后纳税年度又全部收回或者部分收回时，应当计入当期收入。

(5) 其他支出，是指除成本、费用、税金、损失外，企业在生产经营活动中发生的与生产经营活动有关的、合理的支出。

3. 税前扣除凭证管理

(1) 税前扣除凭证的定义。

税前扣除凭证，是指企业在计算企业所得税应纳税所得额时，证明与取得收入有关的、合理的支出实际发生，并据以税前扣除的各类凭证。

(2) 税前扣除凭证的管理原则。

税前扣除凭证在管理中遵循真实性、合法性、关联性原则。真实性，是指税前扣除凭证反映的经济业务真实，且支出已经实际发生；合法性，是指税前扣除凭证的形式、来源符合国家法律、法规等相关规定；关联性，是指税前扣除凭证与其反映的支出相关联且有证明力。

企业应将与税前扣除凭证相关的资料，包括合同协议、支出依据、付款凭证等留存备查，以证实税前扣除凭证的真实性。

（3）税前扣除凭证的分类。

税前扣除凭证按照来源分为内部凭证和外部凭证。

①内部凭证，是指企业自制用于成本、费用、损失和其他支出核算的会计原始凭证。内部凭证的填制和使用应当符合国家会计法律、法规等相关规定。

②外部凭证，是指企业发生经营活动和其他事项时，从其他单位、个人取得的用于证明其支出发生的凭证，包括但不限于发票（包括纸质发票和电子发票）、财政票据、完税凭证、收款凭证、分割单等。

企业在境内发生的支出项目属于增值税应税项目的，对方为已办理税务登记的增值税纳税人，其支出应以发票（包括按照规定由税务机关代开的发票）作为税前扣除凭证；对方为依法无须办理税务登记的单位或者从事小额零星经营业务的个人，其支出以税务机关代开的发票或者收款凭证及内部凭证作为税前扣除凭证。

企业在境内发生的支出项目不属于应税项目的，对方为单位的，以对方开具的发票以外的其他外部凭证作为税前扣除凭证；对方为个人的，以内部凭证作为税前扣除凭证。企业在境内发生的支出项目虽不属于应税项目，但按税务总局规定可以开具发票的，可以发票作为税前扣除凭证。

企业从境外购进货物或者劳务发生的支出，以对方开具的发票或者具有发票性质的收款凭证、相关税费缴纳凭证作为税前扣除凭证。

（4）取得合法税前扣除凭证的时间。

①企业应在当年度《企业所得税法》规定的汇算清缴期结束前取得税前扣除凭证。企业在规定的期限未取得合法的税前扣除凭证，并且未能按照规定提供相关资料证实其支出真实性的，相应支出不得在发生年度税前扣除。

②汇算清缴期结束后，税务机关发现企业应当取得而未取得发票、其他外部凭证或者取得不合规发票、不合规其他外部凭证并且告知企业的，企业应当自被告知之日起60日内补开、换开符合规定的发票、其他外部凭证。因对方注销、撤销、依法被吊销营业执照、被税务机关认定为非正常户等特殊原因无法补开、换开发票、其他外部凭证的，自被告知之日起60日内提供可以证实其支出真实性的相关资料。

③除上述第②种情形外，企业以前年度应当取得而未取得发票、其他外部

凭证，且相应支出在该年度没有税前扣除的，在以后年度取得符合规定的发票、其他外部凭证或者按规定提供可以证实其支出真实性的相关资料，相应支出可以追补至该支出发生年度税前扣除，但追补年限不得超过5年。

（二）具体扣除项目及标准

1. 工资、薪金支出

企业发生的合理的工资、薪金支出，准予扣除。

工资、薪金，是指企业每一纳税年度支付给在本企业任职或者受雇的员工的所有现金形式或者非现金形式的劳动报酬，包括基本工资、奖金、津贴、补贴、年终加薪、加班工资，以及与员工任职或者受雇有关的其他支出。

2. 职工福利费支出

企业发生的职工福利费支出，不超过工资、薪金总额14%的部分，准予扣除。

3. 工会经费

企业拨缴的工会经费，不超过工资、薪金总额2%的部分，准予扣除。

4. 职工教育经费支出

企业发生的职工教育经费支出，不超过工资、薪金总额8%的部分，准予扣除；超过部分，准予在以后纳税年度结转扣除。

5. 保险费和住房公积金

（1）企业依照国务院有关主管部门或者省级人民政府规定的范围和标准为职工缴纳的基本养老保险费、基本医疗保险费、失业保险费、工伤保险费、生育保险费等基本社会保险费和住房公积金，准予扣除。

（2）企业根据国家有关政策规定，为在本企业任职或者受雇的全体员工支付的补充养老保险费、补充医疗保险费，分别在不超过职工工资总额5%标准内的部分，在计算应纳税所得额时准予扣除；超过的部分，不予扣除。

（3）企业依照国家有关规定为特殊工种职工支付的人身安全保险费和国务院财政、税务主管部门规定可以扣除的其他商业保险费准予税前扣除。如企业为职工因公出差乘坐交通工具而发生的人身意外保险费支出，准予企业在计算应纳税所得额时扣除。

（4）企业参加财产保险，按照规定缴纳的保险费，准予税前扣除。

（5）企业参加雇主责任险、公众责任险等责任保险，按照规定缴纳的保险费，准予税前扣除。

6. 借款费用、利息支出

（1）企业在生产经营活动中发生的合理的不需要资本化的借款费用，准予扣除。

企业为购置、建造固定资产、无形资产和经过12个月以上的建造才能达到预定可销售状态的存货发生借款的，在有关资产购置、建造期间发生的合理的借款费用，应当作为资本性支出计入有关资产的成本，在相应资产折旧、摊销或销售时按税法规定税前扣除。

【例4-2】2019年2月1日，甲公司为建造一栋厂房向银行取得一笔专门借款。因征地拆迁发生纠纷，该厂房延迟至2019年7月1日才开工兴建，并开始支付工程款，2021年2月28日，该厂房建造完成（竣工结算）。

请问：甲公司该笔借款费用如何确定资本化期间，如何进行税务处理？

【解析】2019年7月1日工程开工兴建，因此2019年7月1日为开始资本化日；2021年2月28日，工程建造完成，因此2021年2月28日为停止资本化日。2019年7月1日至2021年2月28日期间的借款费用应资本化计入该固定资产（厂房）的计税基础，在该固定资产折旧摊销时税前扣除。

（2）企业在生产经营活动中发生的下列利息支出，准予扣除：

非金融企业向金融企业借款的利息支出、金融企业的各项存款利息支出和同业拆借利息支出、企业经批准发行债券的利息支出；

非金融企业向非金融企业借款的利息支出，不超过按照金融企业同期同类贷款利率计算的数额的部分。

【例4-3】某生产企业2021年7月1日发生以下两笔借款：向某银行借款2000万元，期限一年，年利率6%，已支付6个月利息；向境内某非金融企业借款3200万元，期限一年，已支付6个月利息费用130万元。上述两笔借款均用于日常生产经营活动。

要求：计算2021年度上述两笔借款利息支出税前扣除金额。

【解析】企业向某银行借款2000万元，支付的利息据实扣除。

税前扣除利息支出 $=2000\times6\%\times6\div12=60$（万元）

向境内某非金融企业借款3200万元，可扣除按照金融企业同期同类贷款利率计算的部分，即 $3200\times6\%\times6\div12=96$（万元），超过部分不得税前扣除。

7. 汇兑损失

企业在货币交易中，以及纳税年度终了时将人民币以外的货币性资产、负债按照期末即期人民币汇率中间价折算为人民币时产生的汇兑损失，除已经计入有关资产成本以及与向所有者进行利润分配相关的部分外，准予扣除。

8. 业务招待费

企业发生的与生产经营活动有关的业务招待费支出，按照发生额的60%扣除，但最高不得超过当年销售（营业）收入的5‰。

销售（营业）收入包括会计科目“主营业务收入”“其他业务收入”和《企业所得税法》规定的视同销售收入。

9. 广告费和业务宣传费

企业发生的符合条件的广告费和业务宣传费支出，除国务院财政、税务主管部门另有规定外，不超过当年销售（营业）收入15%的部分，准予扣除；超过部分，准予在以后纳税年度结转扣除。

自2021年1月1日起至2025年12月31日，对化妆品制造或销售、医药制造和饮料制造（不含酒类制造）企业发生的广告费和业务宣传费支出，不超过当年销售（营业）收入30%的部分，准予扣除；超过部分，准予在以后纳税年度结转扣除。

烟草企业的烟草广告费和业务宣传费支出，一律不得在计算应纳税所得额时扣除。

10. 环境保护、生态恢复专项资金

企业依照法律、行政法规有关规定提取的用于环境保护、生态恢复等方面的专项资金，准予扣除。上述专项资金提取后改变用途的，不得扣除。

11. 固定资产租赁费

企业根据生产经营活动的需要租入固定资产支付的租赁费，按照以下方法扣除：

（1）以经营租赁方式租入固定资产发生的租赁费支出，按照租赁期限均匀扣除；

（2）以融资租赁方式租入固定资产发生的租赁费支出，按照规定构成融资租入固定资产价值的部分应当提取折旧费用，分期扣除。

12. 劳动保护支出

企业发生的合理的劳动保护支出，准予扣除。

13. 公益性捐赠支出

（1）企业发生的公益性捐赠支出，在年度利润总额12%以内的部分，准予在计算应纳税所得额时扣除；超过年度利润总额12%的部分，准予结转以后3年内在计算应纳税所得额时扣除。企业当年发生及以前年度结转的公益性捐赠支出，准予在当年税前扣除的部分，不能超过企业当年年度利润总额的12%。

公益性捐赠，是指企业通过公益性社会组织或者县级以上人民政府及其部门，用于符合法律规定的慈善活动、公益事业的捐赠。

年度利润总额，是指企业依照国家统一会计制度的规定计算的年度会计利润。

（2）企业通过公益性社会组织或者县级（含县级）以上人民政府及其组成部门和直属机构，用于目标脱贫地区的扶贫捐赠支出，准予在计算企业所得税应纳税所得额时据实扣除。在政策执行期限内，目标脱贫地区实现脱贫的，可继续适用上述政策。①

“目标脱贫地区”包括832个国家扶贫开发工作重点县、集中连片特困地区县（新疆阿克苏地区6县1市享受片区政策）和建档立卡贫困村。

企业同时发生扶贫捐赠支出和其他公益性捐赠支出，在计算公益性捐赠支出年度扣除限额时，符合上述条件的扶贫捐赠支出不计算在内。

（3）捐赠金额的计算。

接受捐赠的货币性资产，应当按照实际收到的金额确认捐赠金额。

接受捐赠的非货币性资产，除另有规定外，应当以其公允价值计算。捐赠方在向公益性社会团体和县级以上人民政府及其组成部门和直属机构捐赠时，应当提供注明捐赠非货币性资产公允价值的证明，如果不能提供上述证明，公益性社会团体和县级以上人民政府及其组成部门和直属机构不得向其开具公益性捐赠票据。

14. 总机构分摊的管理费

非居民企业在中国境内设立的机构、场所，就其中国境外总机构发生的与该机构、场所生产经营有关的费用，能够提供总机构出具的费用汇集范围、定额、分配依据和方法等证明文件，并合理分摊的，准予扣除。

（三）不得扣除项目

在计算应纳税所得额时，企业发生的下列支出不得税前扣除：

1. 向投资者支付的股息、红利等权益性投资收益款项。

---

① 该政策目前规定的执行截止日为2025年12月31日。

2. 企业所得税税款。

3. 税收滞纳金。

4. 罚金、罚款和被没收财物的损失。

5. 准予在计算应纳税所得额时扣除的公益性捐赠以外的捐赠支出。

6. 赞助支出，是指企业发生的与生产经营活动无关的各种非广告性质支出。

7. 未经核定的准备金支出，是指不符合国务院财政、税务主管部门规定的各项资产减值准备、风险准备等准备金支出。

8. 企业之间支付的管理费、企业内营业机构之间支付的租金和特许权使用费，以及非银行企业内营业机构之间支付的利息。

9. 与取得收入无关的其他支出。

四、资产的税务处理

企业的各项资产以历史成本为计税基础。历史成本，是指企业取得该项资产时实际发生的支出。

企业持有各项资产期间资产增值或者减值，除国务院财政、税务主管部门规定可以确认损益外，不得调整该资产的计税基础。

（一）固定资产的税务处理

固定资产，是指企业为生产产品、提供劳务、出租或者经营管理而持有的、使用时间超过 12 个月的非货币性资产，包括房屋、建筑物、机器、机械、运输工具以及其他与生产经营活动有关的设备、器具、工具等。

1. 固定资产的计税基础

（1）外购的固定资产，以购买价款和支付的相关税费以及直接归属于使该资产达到预定用途发生的其他支出为计税基础；

（2）自行建造的固定资产，以竣工结算前发生的支出为计税基础；

（3）融资租入的固定资产，以租赁合同约定的付款总额和承租人在签订租赁合同过程中发生的相关费用为计税基础，租赁合同未约定付款总额的，以该资产的公允价值和承租人在签订租赁合同过程中发生的相关费用为计税基础；

（4）盘盈的固定资产，以同类固定资产的重置完全价值为计税基础；

（5）通过捐赠、投资、非货币性资产交换、债务重组等方式取得的固定资产，以该资产的公允价值和支付的相关税费为计税基础；

（6）改建的固定资产，除已提足折旧的固定资产和租入固定资产的改建支出外，以改建过程中发生的改建支出增加计税基础。

2. 固定资产的折旧范围

在计算应纳税所得额时，企业按照规定计算的固定资产折旧，准予扣除。下列固定资产折旧不得扣除：

（1）房屋、建筑物以外未投入使用的固定资产；

（2）以经营租赁方式租入的固定资产；

（3）以融资租赁方式租出的固定资产；

（4）已足额提取折旧仍继续使用的固定资产；

（5）与经营活动无关的固定资产；

（6）单独估价作为固定资产入账的土地；

（7）其他不得计算折旧扣除的固定资产。

3. 固定资产的折旧方法及残值

企业固定资产按照直线法计算的折旧，准予扣除。

企业应当自固定资产投入使用月份的次月起计算折旧；停止使用的固定资产，应当自停止使用月份的次月起停止计算折旧。

企业应当根据固定资产的性质和使用情况，合理确定固定资产的预计净残值。固定资产的预计净残值一经确定，不得变更。

4. 固定资产的最低折旧年限

（1）房屋、建筑物，为20年；

（2）飞机、火车、轮船、机器、机械和其他生产设备，为10年；

（3）与生产经营活动有关的器具、工具、家具等，为5年；

（4）飞机、火车、轮船以外的运输工具，为4年；

（5）电子设备，为3年。

从事开采石油、天然气等矿产资源的企业，在开始商业性生产前发生的费用和有关固定资产的折耗、折旧方法，由国务院财政、税务主管部门另行规定。

（二）生产性生物资产

生产性生物资产，是指企业为生产农产品、提供劳务或出租等目的而持有的生物资产，包括经济林、薪炭林、产畜和役畜等。

1. 生产性生物资产的计税基础

（1）外购的生产性生物资产，以购买价款和支付的相关税费为计税基础；

（2）通过捐赠、投资、非货币性资产交换、债务重组等方式取得的生产性生物资产，以该资产的公允价值和支付的相关税费为计税基础。

2. 生产性生物资产的折旧方法

生产性生物资产按照直线法计算的折旧，准予扣除。

企业应当自生产性生物资产投入使用月份的次月起计算折旧；停止使用的生产性生物资产，应当自停止使用月份的次月起停止计算折旧。

企业应当根据生产性生物资产的性质和使用情况，合理确定生产性生物资产的预计净残值。生产性生物资产的预计净残值一经确定，不得变更。

3. 生产性生物资产的折旧年限

生产性生物资产计算折旧的最低年限如下：

（1）林木类生产性生物资产，为10年；

（2）畜类生产性生物资产，为3年。

（三）无形资产的税务处理

无形资产，是指企业为生产产品、提供劳务、出租或者经营管理而持有的、没有实物形态的非货币性长期资产，包括专利权、商标权、著作权、土地使用权、非专利技术、商誉等。

1. 无形资产的计税基础

（1）外购的无形资产，以购买价款和支付的相关税费以及直接归属于使该资产达到预定用途发生的其他支出为计税基础；

（2）自行开发的无形资产，以开发过程中该资产符合资本化条件后至达到预定用途前发生的支出为计税基础；

（3）通过捐赠、投资、非货币性资产交换、债务重组等方式取得的无形资产，以该资产的公允价值和支付的相关税费为计税基础。

2. 无形资产的摊销方法及年限

无形资产按照直线法计算的摊销费用，准予扣除。

无形资产的摊销年限不得低于10年。

作为投资或者受让的无形资产，有关法律规定或者合同约定了使用年限的，可以按照规定或者约定的使用年限分期摊销。

外购商誉的支出，在企业整体转让或者清算时，准予扣除。

3. 无形资产的摊销范围

在计算应纳税所得额时，企业按照规定计算的无形资产摊销费用，准予扣除。

下列无形资产不得计算摊销费用扣除：

（1）自行开发的支出已在计算应纳税所得额时扣除的无形资产；

（2）自创商誉；

（3）与经营活动无关的无形资产；

（4）其他不得计算摊销费用扣除的无形资产。

（四）长期待摊费用的税务处理

1. 长期待摊费用的摊销范围

在计算应纳税所得额时，企业发生的下列支出作为长期待摊费用，按照规定摊销的，准予扣除：

（1）已足额提取折旧的固定资产的改建支出；

（2）租入固定资产的改建支出；

（3）固定资产的大修理支出；

（4）其他应当作为长期待摊费用的支出。

2. 长期待摊费用的摊销期限

（1）已足额提取折旧的固定资产的改建支出，按照固定资产预计尚可使用年限分期摊销。

（2）经营租入固定资产的改建支出，按照合同约定的剩余租赁期限分期摊销。

（3）固定资产的大修理支出，同时符合下列条件的，按照固定资产尚可使用年限分期摊销：①修理支出达到取得固定资产时的计税基础50%以上；②修理后固定资产的使用年限延长2年以上。

（4）其他长期待摊费用，自支出发生月份的次月起分期摊销，摊销年限不得低于3年。

（五）投资资产的税务处理

投资资产，是指企业对外进行权益性投资和债权性投资形成的资产。

1. 投资资产的成本

（1）通过支付现金方式取得的投资资产，以购买价款为成本。

（2）通过支付现金以外的方式取得的投资资产，以该资产的公允价值和支付的相关税费为成本。

2. 投资资产成本的扣除方法

企业持有投资期间，投资资产的成本在计算应纳税所得额时不得扣除。企业在转让或者处置投资资产时，投资资产的成本，准予扣除。

(六) 存货的税务处理

存货，是指企业持有以备出售的产品或者商品、处在生产过程中的在产品、在生产或者提供劳务过程中耗用的材料和物料等。企业使用或者销售存货，按照规定计算的存货成本，准予在计算应纳税所得额时扣除。

1. 存货的计税基础

(1) 通过支付现金方式取得的存货，以购买价款和支付的相关税费为成本。

(2) 通过支付现金以外的方式取得的存货，以该存货的公允价值和支付的相关税费为成本。

(3) 生产性生物资产收获的农产品，以产出或者采收过程中发生的材料费、人工费和分摊的间接费用等必要支出为成本。

2. 存货的成本计算方法

企业使用或者销售的存货的成本计算方法，可以在先进先出法、加权平均法、个别计价法中选用一种。计价方法一经选用，不得随意变更。

企业转让资产，该项资产的净值，准予在计算应纳税所得额时扣除。资产的净值和财产净值，是指有关资产、财产的计税基础减除已经按照规定扣除的折旧、折耗、摊销、准备金等后的余额。

五、亏损弥补

税法中的亏损，是指纳税人根据《企业所得税法》和《企业所得税法实施条例》的规定将每一纳税年度的收入总额减除不征税收入、免税收入和各项扣除以后小于零的数额。

(一) 基本政策

企业纳税年度发生的亏损，准予向以后年度结转，用以后年度的所得弥补，但结转年限最长不得超过 5 年。

企业在汇总计算缴纳企业所得税时，其境外营业机构的亏损不得抵减境内营业机构的盈利。

(二) 特殊政策

1. 自 2018 年 1 月 1 日起，当年具备高新技术企业或科技型中小企业资格的企业，其具备资格年度之前 5 个年度发生的尚未弥补完的亏损，准予结转以后年度弥补，最长结转年限由 5 年延长至 10 年。

2. 受疫情影响较大的交通运输、餐饮、住宿、旅游（指旅行社及相关服务、游览景区管理两类）行业企业2020年度发生的亏损，最长结转年限由5年延长至8年。

3. 对电影行业企业2020年度、2021年度发生的亏损，最长结转年限由5年延长至8年。电影放映服务，是指持有《电影放映经营许可证》的单位利用专业的电影院放映设备，为观众提供的电影视听服务。

【例4-4】甲公司于2014年成立，2020年8月取得高新技术企业证书。2014—2021年的应纳税所得额情况如表4-1所示。

表4-1 2014—2021年甲公司的应纳税所得额 单位：万元

项目	2014年	2015年	2016年	2017年	2018年	2019年	2020年	2021年
应纳税所得额（亏损弥补前）	-400	-100	-100	0	150	100	50	300

请问：该公司2021年度汇算清缴时应如何计算和填报亏损弥补事项？

【解析】甲公司2020年8月取得高新技术企业资格，所以2015—2019年发生的尚未弥补完的亏损，准予结转以后年度弥补，最长结转年限由5年延长至10年。但是2014年的亏损弥补年限为5年，应在2015--2019年弥补。

2014年的亏损400万元，用2015—2019年的所得弥补后，仍剩余150万元亏损未得到弥补，以后年度不得再弥补。弥补以前年度亏损后，2018年、2019年的应纳税所得额均为0。

2020年应纳税所得额为50万元，全部用于弥补2015年度的亏损。弥补以前年度亏损后，2020年应纳税所得额为0。2015年剩余未弥补亏损50万元结转以后年度弥补。

2021年应纳税所得额为300万元，可用于弥补2015年的亏损50万元、2016年的亏损100万元，弥补以前年度亏损后，2021年应纳税所得额为150万元。

六、特别纳税调整

企业与其关联方之间的业务往来，不符合独立交易原则而减少企业或者其关联方应纳税收入或者所得额的，税务机关有权按照合理方法调整，这种调整就是特别纳税调整。特别纳税调整涉及的是企业与关联方之间的业务，影响着应纳税所得额的计算。

关联方，是指与企业有下列关联关系之一的企业、其他组织或者个人：

（1）在资金、经营、购销等方面存在直接或者间接的控制关系；

（2）直接或者间接地同为第三者控制；

（3）在利益上具有相关联的其他关系。

独立交易原则，是指没有关联关系的交易各方，按照公平成交价格和营业常规进行业务往来遵循的原则。

特别纳税调整事项的管理包括转让定价、预约定价安排、成本分摊协议、受控外国企业、资本弱化、一般反避税及法律责任等。

（一）转让定价管理

转让定价管理，是指税务机关按照规定对企业与其关联方之间的业务往来是否符合独立交易原则进行审核评估和调查调整等工作的总称。

税务机关实施转让定价调查时，应当进行可比性分析，并在可比性分析的基础上，选择合理的转让定价方法，对企业关联交易进行分析评估。转让定价方法包括可比非受控价格法、再销售价格法、成本加成法、交易净利润法、利润分割法及其他符合独立交易原则的方法。

（二）预约定价安排管理

预约定价安排管理，是指税务机关按照规定，对企业提出的未来年度关联交易的定价原则和计算方法进行审核评估，并与企业协商达成预约定价安排等工作的总称。

预约定价安排的谈签与执行通常经过预备会谈、正式申请、审核评估、磋商、签订安排和监控执行六个阶段。

（三）成本分摊协议管理

企业与其关联方共同开发、受让无形资产，或者共同提供、接受劳务，应签订成本分摊协议，协议应符合成本分摊协议管理规定。企业也可以采取预约定价安排的方式达成成本分摊协议。

对于符合独立交易原则的成本分摊协议，企业按照协议分摊的成本，应在协议规定的各年度税前扣除；涉及补偿调整的，应在补偿调整的年度计入应纳税所得额；涉及无形资产的成本分摊协议，加入支付、退出补偿或终止协议时对协议成果分配的，应按资产购置或处置的有关规定处理。

（四）受控外国企业管理

由居民企业，或者由居民企业和中国居民控制的设立在实际税负明显低于25%的国家（地区）的企业，并非由于合理的经营需要而对利润不作分配或者减少分配的，上述利润中应归属于该居民企业的部分，应当计入该居民企业的当期收入，这种调整称为受控外国企业管理。

上述控制包括：居民企业或者中国居民直接或者间接单一持有外国企业10%以上有表决权股份，且由其共同持有该外国企业50%以上股份；居民企业，或者居民企业和中国居民持股比例没有达到上述规定的标准，但在股份、资金、经营、购销等方面对该外国企业构成实质控制。

实际税负明显低于法定税率（25%）水平，是指低于法定税率（即25%）的50%。

（五）资本弱化管理

企业实际支付给关联方的利息支出，不超过规定比例并同时不超过按照金融企业同期同类贷款利率计算的部分，准予扣除，超过的部分不得在发生当期和以后年度扣除。这种调整称为资本弱化管理。

企业如果能够按照《企业所得税法》和《企业所得税法实施条例》的有关规定提供相关资料，并证明相关交易活动符合独立交易原则的；或者该企业的实际税负不高于境内关联方的，其实际支付给境内关联方的利息支出，在计算应纳税所得额时准予扣除。

企业实际支付给关联方的利息支出，其接受关联方债权性投资与其权益性投资不得超过的比例为：金融企业，为5∶1；其他企业，为2∶1。

（六）一般反避税管理

企业实施其他不具有合理商业目的的安排而减少其应纳税收入或者所得额的，税务机关有权按照合理方法调整，这种调整称为一般反避税管理。

（七）法律责任

税务机关根据税收法律、行政法规的规定对企业作出特别纳税调整的，应当对补征的税款，自税款所属纳税年度的次年6月1日起至补缴税款之日止的期间，按日加收利息。

上述所称利息，应当按照税款所属纳税年度中国人民银行公布的与补税期间同期的人民币贷款基准利率加5个百分点计算。

企业依照《企业所得税法》和《企业所得税法实施条例》的规定提供有关

资料的，可以只按规定的人民币贷款基准利率计算利息。

加收的利息，不得在计算应纳税所得额时扣除。

第四节 企业所得税税收优惠

一、税收优惠概述

企业所得税税收优惠形式包括税基式优惠、税率式优惠、税额式优惠。

（一）优惠的特点

1. 以产业优惠为主、区域优惠为辅

企业所得税实行鼓励节约资源能源、保护环境以及发展高新技术等以产业优惠为主的税收优惠政策，有利于引导中国经济增长方式向集约型转变，推动中国产业结构的优化升级。同时对在西部地区、民族区域自治地区进行投资实施优惠政策，有利于推动西部地区和民族区域自治地区加快发展，逐步缩小地区发展差距。

2. 优惠方式多样化

现行企业所得税税收优惠的方式主要包括免税收入、减计收入、加计扣除、所得减免、抵扣应纳税所得额、减免所得税额、抵免所得税额、加速折旧等方式。多样化的税收优惠作用于企业所得税税基、税率、税额，能够更好地发挥税收的调控职能，更准确地体现国家的社会、经济政策导向。

（二）优惠管理

企业所得税优惠事项采取“自行判别、申报享受、相关资料留存备查”的办理方式。纳税人应当根据经营情况以及相关税收规定自行判断是否符合优惠事项规定的条件，符合条件的可以按照规定时间自行计算减免税额，通过填报企业所得税纳税申报表享受税收优惠，并按照规定归集和留存相关资料备查。

企业同时从事适用不同企业所得税待遇的项目的，其优惠项目应当单独计算所得，并合理分摊企业的期间费用；没有单独计算的，不得享受企业所得税优惠。

二、税基式优惠

企业所得税的税基式优惠，是指通过缩小应纳税所得额的方式来实现的税收减免，具体形式包括规定免税收入、减计收入、加计扣除、加速折旧、免征减征所得及创业投资企业优惠等。理论上讲，弥补以前年度亏损也属于税基式优惠。

（一）免税收入优惠

1. 国债利息收入，是指企业持有国务院财政部门发行的国债取得的利息收入。

2. 符合条件的居民企业之间的股息、红利等权益性投资收益，是指居民企业直接投资于其他居民企业取得的投资收益。不包括连续持有居民企业公开发行并上市流通的股票不足 12 个月取得的投资收益。

3. 在中国境内设立机构、场所的非居民企业从居民企业取得与该机构、场所有实际联系的股息、红利等权益性投资收益。不包括连续持有居民企业公开发行并上市流通的股票不足 12 个月取得的投资收益。

4. 符合条件的非营利组织的收入，不包括非营利组织从事营利性活动取得的收入，但国务院财政、税务主管部门另有规定的除外。

（二）减计收入优惠

企业以《资源综合利用企业所得税优惠目录（2021 年版）》规定的资源作为主要原材料，生产国家非限制和禁止并符合国家和行业相关标准的产品取得的收入，减按 90%计入收入总额。原材料占生产产品材料的比例不得低于《资源综合利用企业所得税优惠目录》规定的标准。

（三）加计扣除优惠

1. 开发新技术、新产品、新工艺发生的研究开发费用

（1）除烟草制造业、住宿和餐饮业、批发和零售业、房地产业、租赁和商务服务业、娱乐业外，为开发新技术、新产品、新工艺发生的研究开发费用，未形成无形资产计入当期损益的，在按照规定据实扣除的基础上，按照研究开发费用的 75%加计扣除；形成无形资产的，按照无形资产成本的 175%在税前摊销。①

制造业企业和科技型中小企业开展研发活动中实际发生的研发费用，未形成无形资产计入当期损益的，在按规定据实扣除的基础上，按照实际发生额的 100%在税前加计扣除；形成无形资产的，按照无形资产成本的 200%在税前

① 税法规定的加计扣除比例为 50%，2018—2023 年执行该比例。

摊销。[①]

（2）企业的研究开发费用包括人员人工费用，直接投入费用，折旧费用，无形资产摊销费用，新产品设计费、新工艺规程制定费、新药研制的临床试验费、勘探开发技术的现场试验费，其他相关费用等六项。其中其他相关费用总额不得超过可加计扣除研发费用总额的 10%。

其他相关费用限额＝（研究开发费用总额－其他相关费用）×10%÷(1－10%)

当其他相关费用实际发生数小于限额时，按实际发生数计算税前加计扣除数额；当其他相关费用实际发生数大于限额时，按限额计算税前加计扣除数额。

2. 安置残疾人员及国家鼓励安置的其他就业人员所支付的工资

企业安置残疾人员的，在按照支付给残疾职工工资据实扣除的基础上，按照支付给残疾职工工资的 100%加计扣除。残疾人员的范围适用《中华人民共和国残疾人保障法》的有关规定。

（四）加速折旧优惠

加速折旧，是指允许纳税人在固定资产使用年限的初期计提扣除较多的折旧，以后年度相应减少折旧额，从而使纳税人的所得税税负得以递延的一种优惠方式。

1. 法定优惠

企业的固定资产由于技术进步，产品更新换代较快或常年处于强震动、高腐蚀状态等原因确需加速折旧的，可以缩短折旧年限或者采取加速折旧的方法。

采取缩短折旧年限方法的，最低折旧年限不得低于《企业所得税法实施条例》规定折旧年限的 60%；采取加速折旧方法的，可以采取双倍余额递减法或者年数总和法。

2. 特定优惠

企业新购进的设备、器具，单位价值不超过 500 万元的，允许一次性计入当期成本费用在计算应纳税所得额时扣除，不再分年度计算折旧；单位价值超过 500 万元的，按其他有关固定资产加速折旧的企业所得税优惠政策执行。享

① 制造业企业自 2021 年起、科技型中小企业自 2020 年起执行该比例。

受该优惠的设备、器具，是指除房屋、建筑物以外的固定资产。[①]

中小微企业新购置的设备、器具，单位价值在500万元以上的，按照单位价值的一定比例自愿选择在企业所得税税前扣除。其中，《企业所得税法实施条例》规定最低折旧年限为3年的设备器具，单位价值的100%可在当年一次性税前扣除；最低折旧年限为4年、5年、10年的，单位价值的50%可在当年一次性税前扣除，其余50%按规定在剩余年度计算折旧进行税前扣除。[②]

（五）免征、减征所得优惠

1. 从事农、林、牧、渔业项目的所得

（1）企业从事下列项目的所得，免征企业所得税：

①蔬菜、谷物、薯类、油料、豆类、棉花、麻类、糖料、水果、坚果的种植；

②农作物新品种的选育；

③中药材的种植；

④林木的培育和种植；

⑤牲畜、家禽的饲养；

⑥林产品的采集；

⑦灌溉、农产品初加工、兽医、农技推广、农机作业和维修等农、林、牧、渔服务业项目；

⑧远洋捕捞。

（2）企业从事下列项目的所得，减半征收企业所得税：

①花卉、茶以及其他饮料作物和香料作物的种植；

②海水养殖、内陆养殖。

2. 从事国家重点扶持的公共基础设施项目投资经营的所得

国家重点扶持的公共基础设施项目，是指《公共基础设施项目企业所得税优惠目录（2008年版）》规定的港口码头、机场、铁路、公路、城市公共交通、电力、水利等项目。

企业从事国家重点扶持的公共基础设施项目的投资经营的所得，自项目取得第一笔生产经营收入所属纳税年度起，第一年至第三年免征企业所得税，第

① 该政策目前规定的执行期间是2018—2023年。

② 该政策目前规定的执行期间是2022年全年。

四年至第六年减半征收企业所得税。企业承包经营、承包建设和内部自建自用的上述项目，不得享受上述规定的企业所得税优惠。

3. 从事符合条件的环境保护、节能节水项目的所得

企业从事符合条件的环境保护、节能节水项目的所得，自项目取得第一笔生产经营收入所属纳税年度起，第一年至第三年免征企业所得税，第四年至第六年减半征收企业所得税。

依照上述第 2、3 项规定享受减免税优惠的项目，在减免税期限内转让的，受让方自受让之日起，可以在剩余期限内享受规定的减免税优惠；减免税期限届满后转让的，受让方不得就该项目重复享受减免税优惠。

4. 符合条件的技术转让所得

一个纳税年度内，居民企业技术转让所得不超过 500 万元的部分，免征企业所得税；超过 500 万元的部分，减半征收企业所得税。

5. 非居民企业的下列所得可以免征企业所得税

(1) 外国政府向中国政府提供贷款取得的利息所得；

(2) 国际金融组织向中国政府和居民企业提供优惠贷款取得的利息所得；

(3) 经国务院批准的其他所得。

(六) 创业投资企业优惠

创业投资企业采取股权投资方式投资于未上市的中小高新技术企业 2 年（24 个月，下同）以上的，可以按照其投资额的 70%在股权持有满 2 年的当年抵扣该创业投资企业的应纳税所得额；当年不足抵扣的，可以在以后纳税年度结转抵扣。

公司制创业投资企业采取股权投资方式直接投资于种子期、初创期科技型企业满 2 年的，同样可以享受上述优惠政策。

三、税率式优惠

目前，企业所得税税率式优惠主要包括：小型微利企业优惠、高新技术企业优惠、非居民企业优惠等。

(一) 小型微利企业优惠

1. 优惠政策

(1) 符合条件的小型微利企业，减按 20%的税率征收企业所得税。

(2) 对小型微利企业年应纳税所得额不超过 100 万元的部分，减按 12.5%

计入应纳税所得额[①]；对年应纳税所得额超过 100 万元但不超过 300 万元的部分，减按 25%计入应纳税所得额[②]。

2. 小型微利企业的条件

小型微利企业，是指从事国家非禁止和限制的行业，且满足以下三个条件的企业：

（1）年度应纳税所得额不得超过 300 万元；

（2）从业人员不超过 300 人；

（3）资产总额不超过 5000 万元。[③]

（二）高新技术企业优惠

国家需要重点扶持的高新技术企业，减按 15%的税率征收企业所得税。

国家需要重点扶持的高新技术企业，是指拥有核心自主知识产权，并同时符合下列条件的企业：

（1）产品（服务）属于《国家重点支持的高新技术领域》规定的范围；

（2）研究开发费用占销售收入的比例不低于规定比例；

（3）高新技术产品（服务）收入占企业总收入的比例不低于规定比例；

（4）科技人员占企业职工总数的比例不低于规定比例；

（5）高新技术企业认定管理办法规定的其他条件。

（三）非居民企业优惠

非居民企业在中国境内未设立机构、场所的，或者虽设立机构、场所但取得的所得与其所设机构、场所没有实际联系的，来源于中国境内的所得，减按 10%的税率征收企业所得税。

四、税额式优惠

税额式优惠，是指通过直接减少应纳税额的方式实现的减税免税。企业所得税中税额式优惠主要包括购置用于环境保护、节能节水、安全生产等专用设备的优惠和民族自治地方减免税优惠。

（一）企业购置用于环境保护、节能节水、安全生产等专用设备的优惠

企业购置并实际使用《环境保护专用设备企业所得税优惠目录（2021 年

① 该政策目前规定的执行截止日是 2022 年 12 月 31 日。

② 该政策目前规定的执行截止日是 2024 年 12 月 31 日。

③ 该政策目前规定的执行截止日是 2024 年 12 月 31 日。

版）》《节能节水专用设备企业所得税优惠目录（2021 年版）》和《安全生产专用设备企业所得税优惠目录（2008 年版）》规定的环境保护、节能节水、安全生产等专用设备的，该专用设备的投资额的 10%可以从企业当年的应纳税额中抵免；当年不足抵免的，可以在以后 5 个纳税年度结转抵免。

享受上述企业所得税优惠的企业，应当实际购置并自身实际投入使用规定的专用设备；企业购置上述专用设备在 5 年内转让、出租的，应当停止享受企业所得税优惠，并补缴已经抵免的企业所得税税款。

在进行税额抵免时，如增值税进项税额允许抵扣，其专用设备投资额不再包括增值税进项税额；如增值税进项税额不允许抵扣，其专用设备投资额应为增值税专用发票上注明的价税合计金额。企业购买专用设备取得普通发票的，其专用设备投资额为普通发票上注明的价税合计金额。

（二）民族自治地方企业优惠

民族自治地方的自治机关对本民族自治地方的企业应缴纳的企业所得税中属于地方分享的部分，可以决定减征或者免征。自治州、自治县决定减征或者免征的，须报省、自治区、直辖市人民政府批准。民族自治地方，是指依照《中华人民共和国民族区域自治法》的规定，实行民族区域自治的自治区、自治州、自治县。对民族自治地方内国家限制和禁止行业的企业，不得减征或者免征企业所得税。

第五节　企业所得税应纳税额计算

一、居民企业应纳税额的计算

企业所得税的征收方式分为查账征收和核定征收两种。企业财务核算健全，能按规定设置、保管账簿、记账凭证，能准确计算收入、成本、费用，并据此按照税法规定正确计算应纳税所得额，实行查账征收的方式。企业因会计账簿不健全，资料残缺难以查账，或者其他原因不能准确计算并据实申报其应纳税所得额的，实行核定征收的方式。本书仅介绍查账征收居民企业应纳税额的计算方法。

（一）无境外所得情形下应纳税额的计算方法

依据《企业所得税法》和《企业所得税法实施条例》规定，企业的应纳税所得额乘以适用税率，减除依照《企业所得税法》关于税收优惠的规定减免和抵免的税额后的余额，为应纳税额。基本公式为：

应纳税额＝应纳税所得额×税率－减免税额－抵免税额

公式中的减免税额和抵免税额，是指依照《企业所得税法》和国务院的税收优惠规定减征、免征和抵免的应纳税额。

【例4-5】某居民企业，主要从事环保产品制造，2021年有关经营情况如下：

（1）产品销售收入3000万元，其中：属于符合条件的综合利用资源生产产品的收入为100万元，购买国债取得利息收入60万元，接受现金捐赠收入80万元。

（2）销售成本1600万元。

（3）销售费用200万元，其中：广告费180万元。

（4）管理费用300万元，其中：业务招待费50万元，符合条件的新技术研究开发费100万元。

（5）财务费用80万元，其中：向分支机构支付融资利息45万元。

（6）营业外支出60万元，其中：通过公益性社会团体向灾区捐款10万元。

（7）11月购置并投入使用安全生产专用设备一台，取得增值税专用发票，注明不含税价600万元，增值税税额78万元。

要求：计算该企业2021年应缴纳的企业所得税。

【解析】利润总额＝3000+60+80－1600－200－300－80－60＝900（万元）

符合条件的综合利用资源生产产品的收入减按90%计入收入总额，纳税调减10万元。

取得国债利息收入免税，纳税调减60万元。

广告费扣除限额＝3000×15%＝450（万元），当年实际发生广告费180万元，可全额扣除，无须调整。

业务招待费扣除限额：

业务招待费支出×60%＝50×60%＝30（万元）

当年销售（营业）收入×5‰＝3000×5‰＝15（万元）

根据孰低原则，扣除限额为15万元，纳税调增35万元。

向分支机构支付融资利息45万元不得扣除，纳税调增45万元。

符合条件的新技术研究开发费，加计扣除100%，纳税调减100万元。

通过公益性社会团体向灾区捐款，扣除限额=900×12%=108（万元），未超过扣除限额，可全额扣除，无须调整。

购入安全生产专用设备，该专用设备的投资额的10%可以从企业当年的应纳税额中抵免；当年不足抵免的，可以在以后5个纳税年度结转抵免。抵免额=600×10%=60（万元）。

应纳税所得额=900-10-60+35+45-100=810（万元）

应纳税额=810×25%-60=142.5（万元）

（二）有境外所得情形下应纳税额的计算方法

$$\text{应纳税额}=\frac{\text{境内所得}}{\text{应纳税额}}+\frac{\text{境外所得}}{\text{应纳税额}}-\frac{\text{境外所得抵免}}{\text{税额（应抵税额）}}$$

二、非居民企业应纳税额的计算

1. 非居民企业在中国境内设立机构、场所的，应当就其所设机构、场所取得的来源于中国境内的所得，以及发生在中国境外但与其所设机构、场所有实际联系的所得，缴纳企业所得税。

此类非居民企业应当按照《税收征管法》及有关法律法规设置账簿，根据合法、有效凭证记账，进行核算，并应按照其实际履行的功能与承担的风险相匹配的原则，准确计算应纳税所得额，据实申报缴纳企业所得税。其计税方法与居民企业应纳税额的计算一致，并适用于境外所得税额抵免的政策（仅涉及直接缴纳境外所得税的抵免，不涉及间接负担境外税额的抵免）。

若此类非居民企业会计账簿不健全，资料残缺难以查账，或者因其他原因不能准确计算并据实申报其应纳税所得额的，税务机关有权采取核定计税方法计算其应纳税所得额。

2. 非居民企业在中国境内未设立机构、场所的，或者虽设立机构、场所但取得的所得与其所设机构、场所没有实际联系的，应当就其来源于中国境内的所得缴纳企业所得税。

（1）股息、红利等权益性投资收益和利息、租金、特许权使用费所得，以收入全额为应纳税所得额；

（2）转让财产所得，以收入全额减除财产净值后的余额为应纳税所得额；

（3）其他所得，参照上述（1）和（2）规定的方法计算应纳税所得额。

三、境外所得抵免税额的计算

居民企业来源于中国境外的应税所得和在中国境内设立机构、场所的非居民企业取得的发生在中国境外但与该机构、场所有实际联系的应税所得，已在境外缴纳所得税的，根据企业在境外实际缴纳的所得税额和抵免限额孰小的原则确定应抵税额，从其当期应纳税额中抵免。

企业在境外实际缴纳的所得税额超过抵免限额的部分，可以在次年起连续5个纳税年度内，用每年度抵免限额抵免当年应抵税额后的余额进行抵补。抵免企业所得税税额时，应当提供中国境外税务机关出具的税款所属年度的有关纳税凭证。

（一）抵免限额的计算方式

抵免限额指的是企业来源于我国境外的所得，依照《企业所得税法》和《企业所得税法实施条例》的规定计算的应纳税额。企业可能有来源于不同国家的不同的所得项目，计算抵免限额时可以采用两种方法：一是按国别（地区）分别计算抵免限额，即分国不分项计算；二是不按国别（地区）汇总计算抵免限额，即不分国不分项计算。

计算抵免限额的方法由企业自行选择，一经选择，5年内不得改变。

企业选择采用不同于以前年度的方式计算可抵免境外所得税税额和抵免限额时，对该企业以前年度按照有关规定没有抵免完的余额，可在税法规定结转的剩余年限内，按新方式计算的抵免限额中继续结转抵免。

抵免限额＝中国境内、境外所得按国内税法的规定计算的应纳税总额×来源于某国（地区）的应税所得额÷中国境内、境外应纳税所得总额

该公式可以简化为：

抵免限额＝来源于某国的应纳税所得额×我国法定税率

（二）境外所得税抵免的方法

境外所得税抵免的方法分为直接抵免和间接抵免。

1. 直接抵免

直接抵免，指企业直接作为纳税人就其境外所得在境外缴纳的所得税额在我国应纳税额中抵免。主要适用于企业就来源于境外的营业利润所得在境外所缴纳的企业所得税，以及就来源于或发生于境外的股息、红利等权益性投资所得、利息、租金、特许权使用费、财产转让等所得在境外被源泉扣缴的所得税。

2. 间接抵免

居民企业从其直接或者间接控制的外国企业分得的来源于中国境外的股息、红利等权益性投资收益，外国企业在境外实际缴纳的所得税税额中属于该项所得负担的部分，可以作为该居民企业的可抵免境外所得税税额，在《企业所得税法》规定的抵免限额内抵免。

直接控制，是指居民企业直接持有外国企业20%以上股份。间接控制，是指居民企业以间接持股方式持有外国企业20%以上股份。

四、企业清算应纳税额的计算

企业清算的所得税处理，是指企业在不再持续经营，发生结束自身业务、处置资产、偿还债务以及向所有者分配剩余财产等经济行为时，对清算所得、清算所得税、股息分配等事项的处理。

清算所得，是指企业的全部资产可变现价值或交易价格，减除资产的计税基础、清算费用、相关税费，加上债务清偿损益等后的余额。

计算公式：

清算所得=(资产可变现价值或交易价格-资产计税基础)-清算费用-相关税费+债务清偿损益±其他所得或支出

应纳税所得额=清算所得-免税收入-不征税收入-其他免税所得-弥补以前年度亏损

企业应将整个清算期作为一个独立的纳税年度计算清算所得。

第六节　企业所得税征收管理

一、纳税地点

（一）居民企业纳税地点

1. 除税收法律、行政法规另有规定外，居民企业以企业登记注册地为纳税地点；但登记注册地在境外的，以实际管理机构所在地为纳税地点。

2. 居民企业在中国境内设立不具有法人资格的营业机构的，应当汇总计算并缴纳企业所得税。

跨地区经营汇总纳税企业实行“统一计算、分级管理、就地预缴、汇总清算、财政调库”的企业所得税征收管理办法。

（二）非居民企业纳税地点

1. 非居民企业在中国境内设立机构、场所的，以机构、场所所在地为纳税地点。非居民企业在中国境内设立两个或者两个以上机构、场所，可以选择由其主要机构、场所汇总缴纳企业所得税。

主要机构、场所，应当同时符合下列条件：

（1）对其他各机构、场所的生产经营活动负有监督管理责任；

（2）设有完整的账簿、凭证，能够准确反映各机构、场所的收入、成本、费用和盈亏情况。

2. 非居民企业在中国境内未设立机构、场所的，或者虽设立机构、场所但取得的所得与其所设机构、场所没有实际联系的，其来源于中国境内的所得，以扣缴义务人所在地为纳税地点。

二、纳税期限

企业所得税按年计征，分月或者分季预缴，年终汇算清缴，多退少补。

企业所得税按纳税年度计算。纳税年度自公历1月1日起至12月31日止。企业在一个纳税年度中间开业，或者终止经营活动，使该纳税年度的实际经营期不足12个月的，应当以其实际经营期为一个纳税年度。企业依法清算时，应当以清算期间作为一个纳税年度。

企业应当自年度终了之日起5个月内，向税务机关报送年度企业所得税纳税申报表，并汇算清缴，结清应缴应退税款。

企业在年度中间终止经营活动的，应当自实际经营终止之日起60日内，向税务机关办理当期企业所得税汇算清缴。

三、纳税申报

（一）预缴申报

企业按月或者按季预缴的，应当自月份或者季度终了之日起15日内，向税务机关报送预缴企业所得税纳税申报表，预缴税款。

企业分月或者分季预缴企业所得税时，应当按照月度或者季度的实际利润额预缴；按照月度或者季度的实际利润额预缴有困难的，可以按照上一纳税年度应纳税所得额的月度或者季度平均额预缴，或者按照经税务机关认可的其他方法预缴。预缴方法一经确定，该纳税年度内不得随意变更。

（二）汇算清缴申报

企业在报送企业所得税纳税申报表时，应当按照规定附送财务会计报告和其他有关资料。

企业应当在办理注销登记前，就其清算所得向税务机关申报并依法缴纳企业所得税。

企业在纳税年度内无论盈利或者亏损，都应当依照上述规定的期限，向税务机关报送预缴企业所得税纳税申报表、年度企业所得税纳税申报表、财务会计报告和税务机关规定应当报送的其他有关资料。

企业应当自年度终了之日起5个月内，向税务机关报送年度企业所得税纳税申报表，并汇算清缴，结清应缴应退税款。

（三）外币计量

依照《企业所得税法》缴纳的企业所得税，以人民币计算。所得以人民币以外的货币计算的，应当折合成人民币计算并缴纳税款。

企业所得以人民币以外的货币计算的，预缴企业所得税时，应当按照月度或者季度最后一日的人民币汇率中间价，折合成人民币计算应纳税所得额。年度终了汇算清缴时，对已经按照月度或者季度预缴税款的，不再重新折合计算，只就该纳税年度内未缴纳企业所得税的部分，按照纳税年度最后一日的人民币汇率中间价，折合成人民币计算应纳税所得额。

经税务机关检查确认，企业少计或者多计规定所得，应当按照检查确认补税或者退税时的上一个月最后一日的人民币汇率中间价，将少计或者多计的所得折合成人民币计算应纳税所得额，再计算应补缴或者应退的税款。

四、源泉扣缴

源泉扣缴，是指以所得支付者为扣缴义务人，在每次向纳税人支付有关所得款项时，代为扣缴税款的做法。

（一）法定扣缴

在中国境内未设立机构、场所的非居民企业，或者虽设立机构、场所但取得的所得与其所设机构、场所没有实际联系的非居民企业，其来源于中国境内的所得应缴纳的所得税，实行源泉扣缴，以支付人为扣缴义务人。税款由扣缴义务人在每次支付或者到期应支付时，从支付或者到期应支付的款项中扣缴。

上述所称支付人，是指依照有关法律规定或者合同约定对非居民企业直接负有支付相关款项义务的单位或者个人。

上述所称支付，包括现金支付、汇拨支付、转账支付和权益兑价支付等货币支付和非货币支付。

上述所称到期应支付的款项，是指支付人按照权责发生制原则应当计入相关成本、费用的应付款项。

（二）指定扣缴

对非居民企业在中国境内取得工程作业和劳务所得应缴纳的所得税，税务机关可以指定工程价款或者劳务费的支付人为扣缴义务人。

可以指定扣缴义务人的情形，包括：

（1）预计工程作业或者提供劳务期限不足一个纳税年度，且有证据表明不履行纳税义务的；

（2）没有办理税务登记或者临时税务登记，且未委托中国境内的代理人履行纳税义务的；

（3）未按照规定期限办理企业所得税纳税申报或者预缴申报的。

上述扣缴义务人，由县级以上税务机关指定，并同时告知扣缴义务人所扣税款的计算依据、计算方法、扣缴期限和扣缴方式。

（三）特定追缴

应当扣缴的所得税，扣缴义务人未依法扣缴或者无法履行扣缴义务的，由纳税人在所得发生地缴纳。纳税人未依法缴纳的，税务机关可以从该纳税人在中国境内其他收入项目的支付人应付的款项中，追缴该纳税人的应纳税款。

上述所称所得发生地，是指《企业所得税法》和《企业所得税法实施条例》规定的原则确定的所得发生地。在中国境内存在多处所得发生地的，由纳税人选择其中之一申报缴纳企业所得税。

上述所称该纳税人在中国境内其他收入，是指该纳税人在中国境内取得的其他各种来源的收入。

税务机关在追缴该纳税人应纳税款时，应当将追缴理由、追缴数额、缴纳期限和缴纳方式等告知该纳税人。

（四）扣缴申报

扣缴义务人每次代扣的税款，应当自代扣之日起 7 日内缴入国库，并向所在地的税务机关报送扣缴企业所得税报告表。

本章小结

知识点		主要内容
概述	概念	企业所得税，是指对我国境内的企业和其他取得收入的组织就其生产经营所得和其他所得征收的一种所得税
	特点	征税范围广、税负相对公平、纳税人与负税人一致
基本税制要素	纳税人	纳税人的概念、分类
	征税对象	居民企业、非居民企业的征税对象，所得来源地的判断标准
	税率	基本税率、低税率
应纳税所得额确定	应纳税所得额的计算原理	应纳税所得额的确定原则、应纳税所得额的计算原理
	收入总额	收入形式、一般收入的界定与确认时间、特殊收入、不征税收入
	税前扣除的范围及原则	税前扣除的原则、税前扣除凭证、具体准予扣除项目的标准、不得扣除项目
	资产的税务处理	资产的范围、计税基础，固定资产的计税基础、折旧范围、折旧方法、年限，生物资产的计税基础、折旧方法、年限，无形资产的计税基础、摊销范围、摊销方法、年限，长期待摊费用的范围、摊销年限，投资资产的成本、扣除方法，存货的计税基础、成本的计算方法
	亏损弥补	基本政策、延长亏损弥补年限的特殊政策
	特别纳税调整	特别纳税调整事项的管理包括转让定价、预约定价安排、成本分摊协议、受控外国企业、资本弱化、一般反避税及法律责任等
税收优惠	税基式优惠	免税收入，减计收入，加计扣除，加速折旧，免征、减征所得，创业投资企业投资抵扣
	税率式优惠	小型微利企业优惠、高新技术企业15%低税率优惠、非居民企业10%低税率优惠
	税额式优惠	企业购置用于环境保护、节能节水、安全生产等专用设备投资额抵免优惠，民族自治地方的减免税优惠
应纳税额的计算	居民企业应纳税额的计算	无境外所得情形下应纳税额的计算、有境外所得情形下应纳税额的计算
	非居民企业应纳税额的计算	非居民企业在中国境内设立机构、场所的，其机构、场所来源于中国境内的所得，以及发生在境外但与其境内机构、场所有实际联系的所得应纳税额计算。 非居民企业在中国境内未设立机构、场所的，或者虽设立机构、场所但取得的所得与其所设机构、场所没有实际联系的，其来源于中国境内的所得应纳税额计算
	境外所得抵免税额的计算	分国不分项抵免法、不分国不分项抵免法，直接抵免、间接抵免
	清算所得应纳税额的计算	清算所得的计算、股东分得剩余财产应纳税额计算

续表

知识点		主要内容
征收管理	纳税地点	居民企业纳税地点：注册地、实际管理机构所在地。 非居民企业纳税地点：机构、场所所在地或扣缴义务人所在地
	纳税期限	企业所得税按年计征，分月或者分季预缴，年终汇算清缴。 纳税年度自公历 1 月 1 日起至 12 月 31 日止。 企业依法清算时，应当以清算期间作为一个纳税年度
	纳税申报	企业按月或者按季预缴的，应当自月份或者季度终了之日起 15 日内，向税务机关报送预缴企业所得税纳税申报表，预缴税款。 企业应当自年度终了之日起 5 个月内，向税务机关报送年度企业所得税纳税申报表，并汇算清缴，结清应缴应退税款。 企业应当在办理注销登记前，就其清算所得向税务机关申报并依法缴纳企业所得税
	源泉扣缴	法定扣缴、指定扣缴、特定追缴、扣缴申报

本章练习题请通过学习兴税 App 扫描左侧二维码阅览

第五章　个人所得税

本章导读：本章依据《中华人民共和国个人所得税法》（以下简称《个人所得税法》）及其实施条例和部分规范性文件，详细介绍个人所得税的纳税人、征税对象、税率、应纳税所得额、税收优惠、应纳税额计算、征收管理等具体规定。通过本章学习，了解个人所得税的概念、立法原则、特点，熟悉个人所得税的纳税人、征税范围、税率和申报缴纳，掌握各项所得的应纳税所得额和应纳税额的基本计算方法以及居民综合所得预扣预缴、汇算清缴的相关内容。

第一节　个人所得税概述

一、概念

个人所得税是以个人（含个体工商户、个人独资企业的投资人、合伙企业的个人合伙人）取得的各项应税所得为征税对象而征收的一种税。随着社会经济的发展，个人所得税的地位和作用越来越重要，目前已成为国际上普遍开征的一个税种，而且在许多国家尤其是发达国家已确立了主体税种的地位，成为财政收入的主要来源。

二、沿革

1950 年 1 月，政务院发布的《全国税政实施要则》中涉及对个人所得征税的主要是薪给报酬所得税和存款利息所得税，由于我国人均收入水平低，一直没有实施。

改革开放后，在我国取得收入的外籍人员日益增加，为维护国家的税收权益，第五届全国人民代表大会第三次会议于 1980 年 9 月 10 日通过了《个人所得税法》，并于同日颁布实施。同年 12 月 14 日，经国务院批准，财政部公布《中华人民共和国个人所得税法施行细则》，我国的个人所得税制度至此建立。

为适应个体经济迅速发展的情况，有效调节部分社会成员的较高收入，缓解分配不公的矛盾，国务院于1986年先后颁布了《中华人民共和国城乡个体工商户所得税暂行条例》和《中华人民共和国个人收入调节税暂行条例》。按国籍不同分设两套个人所得税的格局基本形成。

1993年10月31日，第八届全国人民代表大会常务委员会第四次会议通过了《个人所得税法》修正案，自1994年1月1日起实行，规定不分中、外籍纳税人和个体工商户及其他人员，所有中国居民和有来源于中国所得的非居民，均应依法缴纳个人所得税。1994年1月28日，国务院颁布了《中华人民共和国个人所得税法实施条例》(以下简称《个人所得税法实施条例》)。2018年8月31日，第十三届全国人民代表大会常务委员会第五次会议通过关于修改《个人所得税法》的决定，这是《个人所得税法》的第七次修正，初步建立了综合与分类相结合的税制模式。同年12月18日，国务院将修订通过后的《个人所得税法实施条例》对外公布，自2019年1月1日起施行。

个人所得税属于共享税，中央政府分享60%，地方政府分享40%。2020年，我国实现个人所得税收入11568亿元，占当年全部税收收入的7.50%。

三、特点

我国个人所得税主要有以下特点：

(一) 实行综合与分类相结合的税制

从国际上看，个人所得税的税制模式主要分为综合税制、分类税制以及综合与分类相结合的税制三种类型。综合税制实行按年计税，要求纳税人就其全年全部所得，在减除了法定的生计扣除额和可扣除费用后，统一进行征税。综合税制具有税基宽、税负公平合理的特点，但其操作复杂、管理水平要求高、工作量较大。分类税制是将个人各种来源不同、性质各异的所得进行分类，分别扣除不同的费用，适用不同的税率，按月或按次缴纳税款。这种税制计算简便、利于源泉扣缴，因未适当考虑收入结构差异，难以充分体现税收公平原则。综合与分类相结合的税制模式兼有综合税制与分类税制的特征，可以更好地兼顾纳税人的收入水平和负担能力。目前世界上大多数国家都采用综合与分类相结合的税制模式。

(二) 累进税率与比例税率并用

累进税率可以合理调节收入分配，体现公平；比例税率计算简便，便于实行源泉扣缴。现行《个人所得税法》根据纳税人取得的各类所得，将上述两种形式的税率综合运用于个人所得税制。

（三）费用扣除额范围宽

各国个人所得税扣除的方法及额度不尽相同。我国个人所得税本着费用扣除从宽、从简的原则，规定了定额扣除、定率扣除和核算扣除等多种方法。

（四）源泉扣缴与自行申报相结合

因纳税人数量众多且个人情况差异较大，税务机关直接对个人征收个人所得税的成本巨大且难以管控，我国采用了源泉扣缴和纳税人自行申报纳税两种征收方式。这样做有利于降低税收成本，也有利于保证征管质量。

第二节　个人所得税的纳税人和征税对象

一、纳税人

《个人所得税法》采用住所和居住时间两个标准将个人所得税纳税人区分为居民个人和非居民个人两类，两类纳税人在纳税义务和征税方式上均有所区别。

（一）居民个人及其纳税义务

1. 居民个人

在中国境内有住所，或者无住所而一个纳税年度内在中国境内居住累计满183天的个人，为居民个人。

在中国境内有住所，是指因户籍、家庭、经济利益关系而在中国境内习惯性居住。习惯性居住是判定纳税人是居民或非居民的一个法律意义上的标准，不是指实际居住或在某一个特定时期内的居住地。

纳税年度，是指自公历1月1日起至12月31日止的期间。

自2019年1月1日起，无住所个人一个纳税年度内在中国境内累计居住天数，按照个人在中国境内累计停留的天数计算。在中国境内停留的当天满24小时的，计入中国境内居住天数，在中国境内停留的当天不足24小时的，不计入中国境内居住天数。

2. 纳税义务

居民个人承担无限纳税义务，即居民个人来源于中国境内的所得和来源于中国境外的所得，都要在中国依法缴纳个人所得税。

在中国境内无住所的个人，在中国境内居住累计满 183 天的年度连续不满 6 年的，经向主管税务机关备案，其来源于中国境外且由境外单位或者个人支付的所得，免予缴纳个人所得税；在中国境内居住累计满 183 天的任一年度中有一次离境超过 30 天的，其在中国境内居住累计满 183 天的年度的连续年限重新起算。

（二）非居民个人及其纳税义务

1. 非居民个人

非居民个人，是指不符合居民个人判定标准（条件）的纳税人，即在中国境内无住所又不居住，或者无住所而一个纳税年度内在中国境内居住累计不满 183 天的个人，为非居民个人。

2. 纳税义务

非居民个人承担有限纳税义务，即仅就其来源于中国境内的所得缴纳个人所得税。

在中国境内无住所的个人，在一个纳税年度内在中国境内居住累计不超过 90 天的，其来源于中国境内的所得，由境外雇主支付并且不由该雇主在中国境内的机构、场所负担的部分，免予缴纳个人所得税。

二、征税对象

按应纳税所得来源的不同，现行《个人所得税法》列举了九项应税所得，《个人所得税法实施条例》及相关法规具体确定了各项所得的征税范围。

（一）工资、薪金所得

工资、薪金所得，是指个人因任职或者受雇取得的工资、薪金、奖金、年终加薪、劳动分红、津贴、补贴以及与任职或者受雇有关的其他所得。

（二）劳务报酬所得

劳务报酬所得，是指个人从事劳务取得的所得，包括从事设计、装潢、安装、制图、化验、测试、医疗、法律、会计、咨询、讲学、翻译、审稿、书画、雕刻、影视、录音、录像、演出、表演、广告、展览、技术服务、介绍服务、经纪服务、代办服务以及其他劳务取得的所得。

（三）稿酬所得

稿酬所得，是指个人因其作品以图书、报刊等形式出版、发表而取得的所得。

（四）特许权使用费所得

特许权使用费所得，是指个人提供专利权、商标权、著作权、非专利技术以及其他特许权的使用权取得的所得；提供著作权的使用权取得的所得，不包括稿酬所得。

注：居民个人取得上述第（一）项至第（四）项劳动性所得属于《个人所得税法》规定的综合所得。

（五）经营所得

1. 个体工商户从事生产、经营活动取得的所得，个人独资企业投资人、合伙企业的个人合伙人来源于境内注册的个人独资企业、合伙企业生产、经营的所得；

2. 个人依法从事办学、医疗、咨询以及其他有偿服务活动取得的所得；

3. 个人对企业、事业单位承包经营、承租经营以及转包、转租取得的所得；

4. 个人从事其他生产、经营活动取得的所得。

（六）利息、股息、红利所得

利息、股息、红利所得，是指个人拥有债权、股权等而取得的利息、股息、红利所得。

（七）财产租赁所得

财产租赁所得，是指个人出租不动产、机器设备、车船以及其他财产取得的所得。

（八）财产转让所得

财产转让所得，是指个人转让有价证券、股权、合伙企业中的财产份额、不动产、机器设备、车船以及其他财产取得的所得。

（九）偶然所得

偶然所得，是指个人得奖、中奖、中彩以及其他偶然性质的所得。

三、所得来源地的确定

除国务院财政、税务主管部门另有规定外，下列所得，不论支付地点是否在中国境内，均为来源于中国境内的所得：

1. 因任职、受雇、履约等在中国境内提供劳务取得的所得。

2. 将财产出租给承租人在中国境内使用而取得的所得。

3. 许可各种特许权在中国境内使用而取得的所得。

4. 转让中国境内的不动产等财产或者在中国境内转让其他财产取得的所得。

5. 从中国境内企业、事业单位、其他组织以及居民个人取得的利息、股息、红利所得。

第三节　个人所得税应纳税所得额确定

一、基本规定

个人所得税的计税依据是纳税人取得的应纳税所得额。应纳税所得额是个人取得的各项应税收入减去税法规定的扣除项目金额后的余额。《个人所得税法》针对不同的应税项目，规定了不同的费用减除标准，因此，在计算应纳税所得额时，需要按照不同应税项目分项计算。

（一）居民个人综合所得应纳税所得额的确定

居民个人的综合所得，以每一纳税年度的收入额减除费用 60000 元以及专项扣除、专项附加扣除和依法确定的其他扣除后的余额，为应纳税所得额。其计算公式为：

综合所得应纳税所得额=综合所得收入额-60000 元-专项扣除-专项附加扣除-依法确定的其他扣除

1. 综合所得收入额

每一纳税年度的收入额等于工资、薪金所得，劳务报酬所得，稿酬所得和特许权使用费所得等四项综合所得的收入额之和。其中：工资、薪金所得以收入全额为收入额，劳务报酬所得、稿酬所得、特许权使用费所得以收入减除 20%的费用后的余额为收入额，稿酬所得的收入额减按 70%计算。

2. 基本减除费用

基本减除费用，是最为基础的一项生计扣除，对全员适用。此项费用考虑了个人基本生活支出情况，设置定额扣除标准，即每年 60000 元，相当于每月 5000 元的基本费用扣除。

3. 专项扣除

专项扣除，包括居民个人按照国家规定的范围和标准缴纳的基本养老保险、基本医疗保险、失业保险等社会保险费和住房公积金等“三险一金”。

4. 专项附加扣除

专项附加扣除，包括子女教育、继续教育、大病医疗、住房贷款利息或者住房租金、赡养老人、3 岁以下婴幼儿照护等支出，具体范围、标准和实施步骤由国务院确定，并报全国人民代表大会常务委员会备案。

遵循公平合理、利于民生、简便易行的原则，目前对专项附加扣除采取了限额或定额扣除的办法，既要保障纳税人方便纳税，相关支出得到合理扣除，又要体现政策公平，能够使广大纳税人实实在在地享受到减税的红利。

（1）子女教育。

①纳税人的子女接受全日制学历教育的相关支出，按照每个子女每月 1000 元的标准定额扣除。

学历教育包括义务教育（小学、初中教育）、高中阶段教育（普通高中、中等职业、技工教育）、高等教育（大学专科、大学本科、硕士研究生、博士研究生教育）。

年满 3 岁至小学入学前处于学前教育阶段的子女，按上述规定执行。

②父母可以选择由其中一方按扣除标准的 100%扣除，也可以选择由双方分别按扣除标准的 50%扣除，具体扣除方式在一个纳税年度内不能变更。

③纳税人子女在中国境外接受教育的，纳税人应当留存境外学校录取通知书、留学签证等相关教育的证明资料备查。

（2）继续教育。

①纳税人在中国境内接受学历（学位）继续教育的支出，在学历（学位）教育期间按照每月 400 元定额扣除。同一学历（学位）继续教育的扣除期限不能超过 48 个月。纳税人接受技能人员职业资格继续教育、专业技术人员职业资格继续教育的支出，在取得相关证书的当年，按照 3600 元定额扣除。

②个人接受本科及以下学历（学位）继续教育，符合规定扣除条件的，可以选择由其父母扣除，也可以选择由本人扣除。

③纳税人接受技能人员职业资格继续教育、专业技术人员职业资格继续教育的，应当留存相关证书等资料备查。

（3）大病医疗。

①在一个纳税年度内，纳税人发生的与基本医保相关的医药费用支出，扣除医保报销后个人负担（指医保目录范围内的自付部分）累计超过15000元的部分，由纳税人在办理年度汇算清缴时，在80000元限额内据实扣除。

②纳税人发生的医药费用支出可以选择由本人或者其配偶扣除，未成年子女发生的医药费用支出可以选择由其父母一方扣除。

纳税人及其配偶、未成年子女发生的医药费用支出，按上述“（3）大病医疗”中的①分别计算扣除额。

③纳税人应当留存医药服务收费及医保报销相关票据原件（或者复印件）等资料备查。医疗保障部门应当向患者提供在医疗保障信息系统记录的本人年度医药费用信息查询服务。

（4）住房贷款利息。

①纳税人本人或者配偶单独或者共同使用商业银行或者住房公积金个人住房贷款为本人或者其配偶购买中国境内住房，发生的首套住房贷款利息支出，在实际发生贷款利息的年度，按照每月1000元的标准定额扣除，扣除期限最长不超过240个月。纳税人只能享受一次首套住房贷款的利息扣除。

首套住房贷款，是指购买住房享受首套住房贷款利率的住房贷款。

②经夫妻双方约定，可以选择由其中一方扣除，具体扣除方式在一个纳税年度内不能变更。

夫妻双方婚前分别购买住房发生的首套住房贷款，其贷款利息支出，婚后可以选择其中一套购买的住房，由购买方按扣除标准的100%扣除，也可以由夫妻双方对各自购买的住房分别按扣除标准的50%扣除，具体扣除方式在一个纳税年度内不能变更。

③纳税人应当留存住房贷款合同、贷款还款支出凭证备查。

（5）住房租金。

①纳税人在主要工作城市没有自有住房而发生的住房租金支出，可以按照以下标准定额扣除：

其一，直辖市、省会（首府）城市、计划单列市以及国务院确定的其他城市，扣除标准为每月1500元；

其二，除上述所列城市以外，市辖区户籍人口超过100万的城市，扣除标准为每月1100元；市辖区户籍人口不超过100万的城市，扣除标准为每月800

元。(市辖区户籍人口，以国家统计局公布的数据为准。)

纳税人的配偶在纳税人的主要工作城市有自有住房的，视同纳税人在主要工作城市有自有住房。

主要工作城市，是指纳税人任职受雇的直辖市、计划单列市、副省级城市、地级市（地区、州、盟）全部行政区域范围；纳税人无任职受雇单位的，为受理其综合所得汇算清缴的税务机关所在城市。

②住房租金支出由签订租赁住房合同的承租人扣除。夫妻双方主要工作城市相同的，只能由一方扣除住房租金支出。

纳税人及其配偶在一个纳税年度内不能同时分别享受住房贷款利息和住房租金专项附加扣除。

③纳税人应当留存住房租赁合同、协议等有关资料备查。

（6）赡养老人。

①纳税人赡养一位及以上被赡养人的赡养支出，统一按照以下标准定额扣除：

其一，纳税人为独生子女的，按照每月 2000 元的标准定额扣除。

其二，纳税人为非独生子女的，由其与兄弟姐妹分摊每月 2000 元的扣除额度，每人分摊的额度不能超过每月 1000 元。可以由赡养人均摊或者约定分摊，也可以由被赡养人指定分摊。约定或者指定分摊的须签订书面分摊协议，指定分摊优先于约定分摊。具体分摊方式和额度在一个纳税年度内不能变更。

②被赡养人，是指年满 60 岁的父母，以及子女均已去世的年满 60 岁的祖父母、外祖父母。

（7）3 岁以下婴幼儿照护①。

纳税人照护 3 岁以下婴幼儿子女的相关支出，按照每个婴幼儿每月 1000 元的标准定额扣除。从婴幼儿出生的当月至年满 3 周岁的前一个月，纳税人可以享受该项专项附加扣除。

父母可以选择由其中一方按扣除标准的 100% 扣除，也可以选择由双方分别按扣除标准的 50% 扣除，具体扣除方式在一个纳税年度内不能变更。

上述专项附加扣除规定中所称父母，是指生父母、继父母、养父母。所称子女，是指婚生子女、非婚生子女、继子女、养子女。父母之外的其他人担任

---

① 该政策自 2022 年 1 月 1 日起执行。

未成年人的监护人的，比照规定执行。

5. 依法确定的其他扣除

依法确定的其他扣除，是指除上述基本减除费用、专项扣除、专项附加扣除之外，由国务院决定以扣除方式减少纳税的其他优惠政策规定。包括个人缴付符合国家规定的企业年金、职业年金，个人购买符合国家规定的商业健康保险、税收递延型商业养老保险的支出，以及国务院规定可以扣除的其他项目。

上述专项扣除、专项附加扣除和依法确定的其他扣除，以居民个人一个纳税年度的应纳税所得额为限额。一个纳税年度扣除不完的，不结转以后年度扣除。

（二）非居民个人工资、薪金所得，劳务报酬所得，稿酬所得，特许权使用费所得应纳税所得额的确定

非居民个人取得上述四项所得，按月或者按次分项计算个人所得税。其中，非居民个人的工资、薪金所得，以每月收入额减除费用5000元后的余额为应纳税所得额。计算公式为：

应纳税所得额=月收入额-5000元

劳务报酬所得、稿酬所得、特许权使用费所得，以每次收入额为应纳税所得额。每次收入额为每次收入减除20%的费用后的余额。稿酬所得的收入额减按70%计算。计算公式为：

劳务报酬所得、特许权使用费所得应纳税所得额=每次收入额

=每次收入×（1-20%）

稿酬所得应纳税所得额=每次收入额=每次收入×（1-20%）×70%

（三）纳税人经营所得应纳税所得额的确定

经营所得，以每一纳税年度的收入总额减除成本、费用以及损失后的余额，为应纳税所得额。

所称成本、费用，是指生产、经营活动中发生的各项直接支出和分配计入成本的间接费用以及销售费用、管理费用、财务费用；所称损失，是指生产、经营活动中发生的固定资产和存货的盘亏、毁损、报废损失，转让财产损失，坏账损失，自然灾害等不可抗力因素造成的损失以及其他损失。

取得经营所得的个人，没有综合所得的，计算其每一纳税年度的应纳税所得额时，应当减除费用6万元、专项扣除、专项附加扣除以及依法确定的其他扣除。专项附加扣除在办理汇算清缴时减除。

从事生产、经营活动，未提供完整、准确的纳税资料，不能正确计算应纳税所得额的，由主管税务机关核定应纳税所得额或者应纳税额。

（四）纳税人财产租赁所得应纳税所得额的确定

财产租赁所得，每次收入不超过4000元的，减除费用800元；4000元以上的，减除20%的费用，其余额为应纳税所得额。计算公式为：

1. 每次收入不超过4000元的：

$$应纳税所得额=每次收入-800$$

2. 每次收入超过4000元的：

$$应纳税所得额=每次收入\times(1-20\%)$$

（五）纳税人财产转让所得应纳税所得额的确定

财产转让所得，以转让财产的收入额减除财产原值和合理费用后的余额，为应纳税所得额。计算公式为：

$$应纳税所得额=收入总额-财产原值-合理费用$$

财产原值，按照下列方法确定：

1. 有价证券，为买入价以及买入时按照规定交纳的有关费用。

2. 建筑物，为建造费或者购进价格以及其他有关费用。

3. 土地使用权，为取得土地使用权所支付的金额、开发土地的费用以及其他有关费用。

4. 机器设备、车船，为购进价格、运输费、安装费以及其他有关费用。

其他财产，参照上述规定的方法确定财产原值。

纳税人未提供完整、准确的财产原值凭证，不能按照上述规定的方法确定财产原值的，由主管税务机关核定财产原值。

合理费用，是指卖出财产时按照规定支付的有关税费。

（六）利息、股息、红利所得和偶然所得应纳税所得额的确定

利息、股息、红利所得和偶然所得，以每次收入额为应纳税所得额。

二、其他规定

（一）不同形式个人所得的计量

个人所得的形式，包括现金、实物、有价证券和其他形式的经济利益。所得为实物的，应当按照取得的凭证上所注明的价格计算应纳税所得额，无凭证的实物或者凭证上所注明的价格明显偏低的，参照市场价格核定应纳税所得

额；所得为有价证券的，根据票面价格和市场价格核定应纳税所得额；所得为其他形式的经济利益的，参照市场价格核定应纳税所得额。

（二）外币折算

各项所得的计算，以人民币为单位。所得为人民币以外的货币的，按照办理纳税申报或者扣缴申报的上一月最后一日人民币汇率中间价，折合成人民币计算应纳税所得额。年度终了后办理汇算清缴的，对已经按月、按季或者按次预缴税款的人民币以外货币所得，不再重新折算；对应当补缴税款的所得部分，按照上一纳税年度最后一日人民币汇率中间价，折合成人民币计算应纳税所得额。

（三）个人所得中“每次”的规定

《个人所得税法》对纳税人的征税方法有 3 种规定：一是按年计征，如居民个人取得的综合所得，经营所得；二是按月计征，如非居民个人取得的工资、薪金所得；三是按次计征，如利息、股息、红利所得，财产租赁所得，偶然所得，非居民个人取得的劳务报酬所得，稿酬所得，特许权使用费所得等。在按次征收的情况下，如何准确划分“次”，对于费用扣除多少和应纳税所得额以及适用税率的确定都十分重要。因此，为了正确贯彻税法的立法精神、维护纳税人的合法权益、堵塞税收漏洞，《个人所得税法实施条例》对“次”作出了明确规定。具体是：

1. 劳务报酬所得、稿酬所得、特许权使用费所得，属于一次性收入的，以取得该项收入为一次；属于同一项目连续性收入的，以一个月内取得的收入为一次。

2. 财产租赁所得，以一个月内取得的收入为一次。

3. 利息、股息、红利所得，以支付利息、股息、红利时取得的收入为一次。

4. 偶然所得，以每次取得该项收入为一次。

（四）共同收入处理

两个以上的个人共同取得同一项目收入的，应当对每个人取得的收入分别按照《个人所得税法》的规定计算纳税。

（五）捐赠扣除

个人将其所得对教育、扶贫、济困等公益慈善事业进行捐赠，捐赠额未超过纳税人申报的应纳税所得额 30%的部分，可以从其应纳税所得额中扣除；国务院规定对公益慈善事业捐赠实行全额税前扣除的，从其规定。其中，个人将其所得对教育、扶贫、济困等公益慈善事业进行捐赠，是指个人将其所得通过中国境内的公益性社会组织、国家机关向教育、扶贫、济困等公益慈善事业的捐赠；所称应纳税所得额，是指计算扣除捐赠额之前的应纳税所得额。

第四节　个人所得税税率和应纳税额计算

一、税率

《个人所得税法》根据所得项目规定了以下 3 种税率：

（一）综合所得适用税率

综合所得，适用 3%~45%的超额累进税率。

1. 居民个人取得综合所得适用七级超额累进税率，税率为 3%~45%，具体如表 5-1 所示。

表 5-1　个人所得税税率表

（综合所得适用）

级数	全年应纳税所得额	税率（%）	速算扣除数
1	不超过 36000 元	3	0
2	超过 36000 元至 144000 元的部分	10	2520
3	超过 144000 元至 300000 元的部分	20	16920
4	超过 300000 元至 420000 元的部分	25	31920
5	超过 420000 元至 660000 元的部分	30	52920
6	超过 660000 元至 960000 元的部分	35	85920
7	超过 960000 元的部分	45	181920

注：1. 本表所称全年应纳税所得额，是指依照《个人所得税法》第六条的规定，居民个人取得综合所得以每一纳税年度收入额减除费用 60000 元以及专项扣除、专项附加扣除和依法确定的其他扣除后的余额。

2. 非居民个人取得工资、薪金所得，劳务报酬所得，稿酬所得和特许权使用费所得，依照本表按月换算后计算应纳税额。

2. 非居民个人取得工资、薪金所得，劳务报酬所得，稿酬所得，特许权使用费所得适用七级超额累进税率，税率为 3%~45%，具体如表 5-2 所示。

表 5-2　个人所得税税率表

（非居民个人工资、薪金所得，劳务报酬所得，稿酬所得，特许权使用费所得适用）

级数	应纳税所得额	税率（%）	速算扣除数
1	不超过 3000 元的	3	0
2	超过 3000 元至 12000 元的部分	10	210
3	超过 12000 元至 25000 元的部分	20	1410
4	超过 25000 元至 35000 元的部分	25	2660
5	超过 35000 元至 55000 元的部分	30	4410
6	超过 55000 元至 80000 元的部分	35	7160
7	超过 80000 元的部分	45	15160

注：相对于综合所得税率表，本表也称为月度税率表。

（二）经营所得适用税率

经营所得，适用 5%～35%的五级超额累进税率，具体如表 5-3 所示。

表 5-3　个人所得税税率表

（经营所得适用）

级数	全年应纳税所得额	税率（%）	速算扣除数
1	不超过 30000 元的	5	0
2	超过 30000 元至 90000 元的部分	10	1500
3	超过 90000 元至 300000 元的部分	20	10500
4	超过 300000 元至 500000 元的部分	30	40500
5	超过 500000 元的部分	35	65500

注：本表所称全年应纳税所得额，是指依照《个人所得税法》第六条的规定，以每一纳税年度的收入总额减除成本、费用以及损失后的余额。

（三）分类所得适用税率

利息、股息、红利所得，财产租赁所得，财产转让所得和偶然所得，适用比例税率，税率为 20%。

二、应纳税额计算

我国个人所得税的应纳税额按照应纳税所得额乘以适用税率计算。不同所得项目应纳税额的具体计算方法如下。

（一）居民个人综合所得应纳税额的计算

居民个人综合所得应纳税额的计算公式为：

应纳税额=综合所得应纳税所得额×适用税率-速算扣除数

居民个人取得综合所得，按年计算个人所得税；有扣缴义务人的，由扣缴义务人按月或者按次预扣预缴税款；符合相关规定的，还应当办理汇算清缴。因此，居民个人综合所得应纳税额的计算方法，包括预扣预缴税款的计算方法和综合所得汇算清缴的计算方法。

1. 居民个人综合所得预扣预缴税款的计算

（1）居民个人工资、薪金所得预扣预缴税款的方法。

扣缴义务人向居民个人支付工资、薪金所得时，应当按照累计预扣法计算预扣税款，并按月办理扣缴申报。

累计预扣法，是指扣缴义务人在一个纳税年度内预扣预缴税款时，以纳税人在本单位截至当前月份工资、薪金所得累计收入减除累计免税收入、累计减除费用、累计专项扣除、累计专项附加扣除和累计依法确定的其他扣除后的余额为累计预扣预缴应纳税所得额，适用个人所得税预扣率表一（见表 5-4），计算累计应预扣预缴税额，再减除累计减免税额和累计已预扣预缴税额，其余额为本期应预扣预缴税额。余额为负值时，暂不退税。纳税年度终了后余额仍为负值时，由纳税人通过办理综合所得年度汇算清缴，予以退税。计算公式如下：

本期应预扣预缴税额=（累计预扣预缴应纳税所得额×预扣率-速算扣除数）-累计减免税额-累计已预扣预缴税额

累计预扣预缴应纳税所得额=累计收入-累计免税收入-累计减除费用-累计专项扣除-累计专项附加扣除-累计依法确定的其他扣除

其中：累计减除费用，按照 5000 元/月乘以纳税人当年截至本月在本单位的任职受雇月份数计算。即纳税人如果 1 月入职，则扣缴义务人发放 1 月工资扣缴税款时，减除费用按 5000 元计算；2 月发放工资扣缴税款时，减除费用按 10000 元计算，以此类推。

表 5-4 个人所得税预扣率表一

级数	累计预扣预缴应纳税所得额	预扣率（%）	速算扣除数
1	不超过 36000 元的	3	0
2	超过 36000 元至 144000 元的部分	10	2520
3	超过 144000 元至 300000 元的部分	20	16920

续表

级数	累计预扣预缴应纳税所得额	预扣率（%）	速算扣除数
4	超过 300000 元至 420000 元的部分	25	31920
5	超过 420000 元至 660000 元的部分	30	52920
6	超过 660000 元至 960000 元的部分	35	85920
7	超过 960000 元的部分	45	181920

纳税人同时从两处以上取得工资、薪金所得，并由扣缴义务人减除专项附加扣除的，对同一专项附加扣除项目，在一个纳税年度内只能选择从一处取得的所得中减除。

年度预扣预缴税额与年度应纳税额不一致的，由居民个人在办理综合所得年度汇算清缴时多退少补。

【例 5-1】某居民个人任职于甲公司，2021 年度每月税前应发工资为 32000 元，甲公司按照规定标准每月为其代扣代缴“三险一金”5200 元。该纳税人为独生子女，父母健在且均已年满 60 周岁，有两个子女正在上高中，均由其扣除子女教育专项附加，没有减免收入及减免税额等情况。

要求：分别计算甲公司在支付其 2021 年度工资时，每月预扣预缴的个人所得税税额。

【解析】1 月：（32000−5000−5200−2000−1000×2）×3%＝534（元）

2 月：（32000×2−5000×2−5200×2−2000×2−1000×2×2）×3%−534＝534（元）

3 月：（32000×3−5000×3−5200×3−2000×3−1000×2×3）×10%−2520−534−534＝1752（元）

4 月：（32000×4−5000×4−5200×4−2000×4−1000×2×4）×10%−2520−534−534−1752＝1780（元）

5 月：（32000×5−5000×5−5200×5−2000×5−1000×2×5）×10%−2520−534−534−1752−1780＝1780（元）

6—11 月（略）。

1—11 月工资、薪金所得累计预扣预缴税额＝（32000×11−5000×11−5200×11−2000×11−1000×2×11）×20%−16920＝22240（元）

12 月：（32000×12−5000×12−5200×12−2000×12−1000×2×12）×20%−16920−22240＝3560（元）

全年工资、薪金所得累计预扣预缴税额=（32000×12-5000×12-5200×12-2000×12-1000×2×12）×20%-16920=25800（元）

（2）居民个人劳务报酬所得、稿酬所得、特许权使用费所得预扣预缴税款的计算。

扣缴义务人向居民个人支付劳务报酬所得、稿酬所得和特许权使用费所得的，按以下方法按次或者按月预扣预缴个人所得税。

①预扣预缴税额计算公式为：

$$\frac{\text{劳务报酬所得}}{\text{应预扣预缴税额}}=\frac{\text{预扣预缴}}{\text{应纳税所得额}}\times\text{预扣率}-\frac{\text{速算}}{\text{扣除数}}$$

稿酬所得、特许权使用费所得应预扣预缴税额=预扣预缴应纳税所得额×20%

②预扣预缴应纳税所得额。劳务报酬所得、稿酬所得、特许权使用费所得，以每次收入额为预扣预缴应纳税所得额，计算应预扣预缴税额。

③收入额。劳务报酬所得、稿酬所得、特许权使用费所得以每次收入减除费用后的余额为收入额，其中，稿酬所得的收入额减按70%计算。

④减除费用。预扣预缴税款时，劳务报酬所得、稿酬所得、特许权使用费所得每次收入不超过4000元的，减除费用按800元计算；每次收入4000元以上的，减除费用按收入的20%计算。

居民个人取得劳务报酬所得、稿酬所得、特许权使用费所得，应当在汇算清缴时向税务机关提供有关信息，减除专项附加扣除。

⑤预扣率。劳务报酬所得适用个人所得税预扣率表二（见表5-5），稿酬所得、特许权使用费所得适用20%的比例预扣率。

表5-5 个人所得税预扣率表二

（居民个人劳务报酬所得预扣预缴适用）

级数	预扣预缴应纳税所得额	预扣率（%）	速算扣除数
1	不超过20000元的	20	0
2	超过20000元至50000元的部分	30	2000
3	超过50000元的部分	40	7000

【例5-2】承【例5-1】，任职于甲公司的某居民个人，除上述工资所得外，2021年度还取得以下收入：3月从乙单位取得劳务报酬收入30000元，

5 月从丙杂志社取得稿酬收入 2000 元，8 月从丁单位取得特许权使用费收入 20000 元。

要求：计算乙、丙、丁单位支付上述所得时应预扣预缴的个人所得税。

【解析】 3 月乙单位应预扣预缴的个人所得税＝［30000×（1－20%）］×30%－2000＝5200（元）

5 月丙单位应预扣预缴的个人所得税＝（2000－800）×70%×20%＝168（元）

8 月丁单位应预扣预缴的个人所得税＝20000×（1－20%）×20%＝3200（元）

2. 居民个人综合所得汇算清缴的计算

纳税年度终了后，居民个人需要汇总纳税年度全年取得的综合所得收入额，减除费用 6 万元以及专项扣除、专项附加扣除、依法确定的其他扣除和符合条件的公益慈善事业捐赠后，适用综合所得个人所得税税率并减去速算扣除数，计算本年度最终应纳税额，再减去纳税年度已预缴税额，得出应退或应补税额，向税务机关申报并办理退税或补税。计算公式如下：

应退或应补税额＝纳税年度综合所得应纳税额－纳税年度已预缴税额
＝综合所得应纳税所得额×适用税率－速算扣除数－已预缴税额
＝［（综合所得收入额－60000 元－专项扣除－专项附加扣除－依法确定的其他扣除－允许扣除的公益慈善事业捐赠）×适用税率－速算扣除数］－已预缴税额

其中，适用税率为居民综合所得税率（见表 5-1）。

【例 5-3】 承【例 5-1】和【例 5-2】，要求：对该居民个人 2021 纳税年度的综合所得进行汇算清缴。

【解析】 2021 纳税年度综合所得应纳税所得额＝32000×12＋30000×（1－20%）＋2000×（1－20%）×70%＋20000×（1－20%）－5000×12－5200×12－2000×12－1000×2×12＝254720（元）

2021 纳税年度综合所得应纳税额＝254720×20%－16920＝34024（元）

2021 纳税年度已预缴税额＝25800＋5200＋168＋3200＝34368（元）

2021 纳税年度应退税额＝34368－34024＝344（元）

注意劳务报酬所得、稿酬所得和特许权使用费所得预扣预缴与汇算清缴的差异性：

①收入额的计算方法不同。预扣预缴时，收入额为每次收入减除费用后的

余额，其中收入不超过4000元的，费用按800元计算；每次收入4000元以上的，费用按20%计算。年度汇算清缴时，收入额统一为收入减除20%的费用后的余额。

②适用税率/预扣率不同。预扣预缴时，劳务报酬所得适用个人所得税预扣率表二（见表5-5），稿酬所得、特许权使用费所得适用20%的比例预扣率。年度汇算清缴时，均并入综合所得适用3%~45%的累进税率。

（二）非居民个人工资、薪金所得，劳务报酬所得，稿酬所得和特许权使用费所得应纳税额的计算

非居民个人取得上述四项所得，按月或者按次分项计算个人所得税，计算公式为：

应纳税额=应纳税所得额×适用税率-速算扣除数

其中，适用税率为按月换算后的非居民个人月度税率（见表5-2）。

（三）纳税人经营所得应纳税额的计算

纳税人取得经营所得，按年计算个人所得税，计算公式为：

应纳税额=全年应纳税所得额×适用税率-速算扣除数

=（全年收入总额-成本-费用-损失）×适用税率-速算扣除数

其中，适用税率为经营所得税率（见表5-3）。

（四）纳税人分类所得应纳税额的计算

纳税人取得利息、股息、红利所得，财产租赁所得，财产转让所得和偶然所得，采用分类征税方式，按月或者按次分别计算个人所得税，有扣缴义务人的，由扣缴义务人按月或者按次代扣代缴税款。计算公式为：

应纳税额=应纳税所得额×适用税率20%

【例5-4】2021年度，钱某有以下来源于中国境内的收入：3月将其位于市区的住房租给甲公司使用，每月租金收入3000元；6月买进某公司债券10000份，每份买价8元，共支付手续费800元，11月将其全部卖出，每份卖价8.3元，共支付手续费415元；持有某非上市公司30%股权，年末取得该公司20000元分红；12月参加商场有奖销售取得奖金10000元。

要求：计算钱某应缴纳的个人所得税。（假定不考虑增值税等相关税费）

【解析】对个人出租住房取得的所得减按10%的税率征收个人所得税。

财产租赁所得应缴纳的个人所得税=（3000-800）×10%=220（元）

财产转让所得应缴纳的个人所得税=（10000×8.3-10000×8-800-415）×

20% = 357（元）

股息红利所得应缴纳的个人所得税 = 20000×20% = 4000（元）

偶然所得应缴纳的个人所得税 = 10000×20% = 2000（元）

（五）居民取得境外所得应纳税额的计算

为避免双重征税，遵循国际惯例，我国在对纳税人的境外所得征税时，采取税收抵免的办法，允许对该所得在境外的已纳税额从应纳税额中抵免。

1. 计算方法

居民个人从中国境内和境外取得的综合所得、经营所得，应当分别合并计算应纳税额；从中国境内和境外取得的其他所得，应当分别单独计算应纳税额。即：

（1）居民个人来源于中国境外的综合所得，应当与境内综合所得合并计算应纳税额。

（2）居民个人来源于中国境外的经营所得，应当与境内经营所得合并计算应纳税额。居民个人来源于境外的经营所得，按照《个人所得税法》及其实施条例的有关规定计算的亏损，不得抵减其境内或他国（地区）的应纳税所得额，但可以用来源于同一国家（地区）以后年度的经营所得按中国税法规定弥补。

（3）居民个人来源于中国境外的利息、股息、红利所得，财产租赁所得，财产转让所得和偶然所得，不与境内所得合并，应当分别单独计算应纳税额。

2. 税收抵免

居民个人从中国境外取得的所得，可以从其应纳税额中抵免已在境外缴纳的个人所得税税额，但抵免额不得超过该纳税人境外所得依照我国税法规定计算的应纳税额。

（1）已在境外缴纳的个人所得税税额，是指居民个人来源于中国境外的所得，依照该所得来源国家（地区）的法律应当缴纳并且实际已经缴纳的所得税税额。

（2）纳税人境外所得依照我国税法规定计算的应纳税额，是居民个人抵免已在境外缴纳的综合所得、经营所得以及其他所得的所得税税额的限额（简称抵免限额）。除国务院财政、税务主管部门另有规定外，来源于中国境外一个国家（地区）的综合所得抵免限额、经营所得抵免限额以及其他所得抵免限额之和，为来源于该国家（地区）所得的抵免限额。

居民个人在中国境外一个国家（地区）实际已经缴纳的个人所得税税额，低于依照上述（2）规定计算出的来源于该国家（地区）所得的抵免限额的，应当在中国缴纳差额部分的税款；超过来源于该国家（地区）所得的抵免限额的，其超过部分不得在本纳税年度的应纳税额中抵免，但是可以在以后纳税年度来源于该国家（地区）所得的抵免限额的余额中补扣。补扣期限最长不得超过5年。

（3）居民个人申请抵免已在境外缴纳的个人所得税税额，除另有规定外，应当提供境外税务机关出具的税款所属年度的有关纳税凭证。

第五节　个人所得税税收优惠

一、免税项目

下列各项个人所得，免征个人所得税：

1. 省级人民政府、国务院部委和中国人民解放军军以上单位，以及外国组织、国际组织颁发的科学、教育、技术、文化、卫生、体育、环境保护等方面的奖金。

2. 国债和国家发行的金融债券利息。其中：国债利息，是指个人持有中华人民共和国财政部发行的债券而取得的利息；国家发行的金融债券利息，是指个人持有经国务院批准发行的金融债券而取得的利息。

3. 按照国家统一规定发给的补贴、津贴。这是指按照国务院规定发给的政府特殊津贴、院士津贴，以及国务院规定免予缴纳个人所得税的其他补贴、津贴。

4. 福利费、抚恤金、救济金。其中，福利费，是指根据国家有关规定，从企业、事业单位、国家机关、社会组织提留的福利费或者工会经费中支付给个人的生活补助费；救济金，是指各级人民政府民政部门支付给个人的生活困难补助费。

5. 保险赔款。

6. 军人的转业费、复员费、退役金。

7. 按照国家统一规定发给干部、职工的安家费、退职费、基本养老金或者退休费、离休费、离休生活补助费。

8. 依照有关法律规定应予免税的各国驻华使馆、领事馆的外交代表、领事官员和其他人员的所得。这是指依照《中华人民共和国外交特权与豁免条例》和《中华人民共和国领事特权与豁免条例》规定免税的所得。

9. 中国政府参加的国际公约、签订的协议中规定免税的所得。

10. 国务院规定的其他免税所得。该项免税规定，由国务院报全国人民代表大会常务委员会备案。

二、减征项目

有下列情形之一的，可以减征个人所得税，具体幅度和期限，由省、自治区、直辖市人民政府规定，并报同级人民代表大会常务委员会备案：

1. 残疾、孤老人员和烈属的所得。

2. 因自然灾害遭受重大损失的。

国务院可以规定其他减税情形，报全国人民代表大会常务委员会备案。例如，经国务院批准，对个人出租住房取得的所得减按 10%的税率征收个人所得税。

另外，对储蓄存款利息所得开征、减征、停征个人所得税及其具体办法，由国务院规定，并报全国人民代表大会常务委员会备案。目前，对储蓄存款利息所得暂免征收个人所得税。

第六节　个人所得税征收管理

我国个人所得税实行源泉扣缴和纳税人自行申报纳税两种征税方式。对分类所得采取代扣代缴，实行按月、按次计税。对综合所得采取预扣预缴和自行申报相结合的方式，按年计税，按月、按次预扣预缴税款，年度终了后汇算清缴。经营所得实行按季度或者按月份预缴，年度终了后汇算清缴。

一、扣缴申报纳税

（一）扣税时间

扣缴义务人向个人支付应税款项时，应当依照《个人所得税法》规定预扣或者代扣税款，按时缴库，并专项记载备查。

1. 扣缴义务人，是指向个人支付所得的单位或者个人。个人所得税以所得人为纳税人，以支付所得的单位或者个人为扣缴义务人。

2. 支付，包括现金支付、汇拨支付、转账支付和以有价证券、实物以及其他形式的支付。

（二）申报缴库时间

扣缴义务人应当按照国家规定办理全员全额扣缴申报，并向纳税人提供其个人所得和已扣缴税款等信息。扣缴义务人每月或者每次预扣、代扣的税款，应当在次月 15 日内缴入国库，并向税务机关报送扣缴个人所得税申报表。

全员全额扣缴申报，是指扣缴义务人在代扣税款的次月 15 日内，向主管税务机关报送其支付所得的所有个人的有关信息、支付所得数额、扣除事项和数额、扣缴税款的具体数额和总额以及其他相关涉税信息资料。

（三）所得的扣缴办法

1. 居民个人取得综合所得，有扣缴义务人的，由扣缴义务人按月或者按次预扣预缴税款。预扣预缴办法由国务院税务主管部门制定。

（1）扣缴义务人向居民个人支付工资、薪金所得时，应当按照累计预扣法计算预扣税款，并按月办理扣缴申报。居民个人向扣缴义务人提供专项附加扣除信息的，扣缴义务人按月预扣预缴税款时应当按照规定予以扣除，不得拒绝。

（2）扣缴义务人向居民个人支付劳务报酬所得、稿酬所得、特许权使用费所得时，应当按照规定方法按次或者按月预扣预缴税款。

2. 非居民个人取得工资、薪金所得，劳务报酬所得，稿酬所得和特许权使用费所得，有扣缴义务人的，由扣缴义务人按月或者按次代扣代缴税款。

3. 纳税人取得利息、股息、红利所得，财产租赁所得，财产转让所得和偶然所得，有扣缴义务人的，由扣缴义务人按月或者按次代扣代缴税款。

（四）扣缴保障

1. 扣缴义务人扣缴税款时，纳税人应当向扣缴义务人提供纳税人识别号。

纳税人识别号，是税务机关根据税法规定的编码规则，编制并且赋予纳税人用来确认其身份的数字代码标识。赋予自然人纳税人全国唯一的纳税人识别号，相当于赋予了“税务登记证号”。

税法规定，纳税人有中国公民身份号码的，以中国公民身份号码为纳税人识别号；纳税人没有中国公民身份号码的，由税务机关赋予其纳税人识别号。

2. 对扣缴义务人按照所扣缴的税款，付给 2%的手续费。税务机关按照规定付给扣缴义务人手续费，应当填开退还书；扣缴义务人凭退还书，按照国库管理有关规定办理退库手续。扣缴义务人领取的扣缴手续费可用于提升办税能力、奖励办税人员。

3. 扣缴义务人应当按照纳税人提供的信息计算办理扣缴申报，不得擅自更改纳税人提供的信息。纳税人发现扣缴义务人提供或者扣缴申报的个人信息、所得、扣缴税款等与实际情况不符的，有权要求扣缴义务人修改。扣缴义务人拒绝修改的，纳税人应当报告税务机关，税务机关应当及时处理。

4. 纳税人、扣缴义务人应当按照规定保存与专项附加扣除相关的资料。税务机关可以对纳税人提供的专项附加扣除信息进行抽查，具体办法由国务院税务主管部门另行规定。税务机关发现纳税人提供虚假信息的，应当责令改正并通知扣缴义务人；情节严重的，有关部门应当依法予以处理，纳入信用信息系统并实施联合惩戒。

5. 个人所得税的征收管理，依照《个人所得税法》和《税收征管法》的规定执行。纳税人、扣缴义务人和税务机关及其工作人员违反《个人所得税法》规定的，依照《税收征管法》和有关法律法规的规定追究法律责任。

二、自行申报纳税

自行申报纳税，是由纳税人自行在税法规定的纳税期限内，向税务机关申报取得的应税所得项目和数额，如实填写个人所得税纳税申报表，并按照税法规定计算应纳税额，据此缴纳个人所得税的一种方法。

（一）自行申报纳税的情形

有下列情形之一的，纳税人应当依法办理纳税申报：

1. 取得综合所得需要办理汇算清缴；
2. 取得应税所得没有扣缴义务人；
3. 取得应税所得，扣缴义务人未扣缴税款；
4. 取得境外所得；
5. 因移居境外注销中国户籍；
6. 非居民个人在中国境内从两处以上取得工资、薪金所得；
7. 国务院规定的其他情形。

（二）综合所得汇算清缴

1. 居民个人取得综合所得，按年计算个人所得税；有扣缴义务人的，由扣缴义务人按月或者按次预扣预缴税款；需要办理汇算清缴的，应当在取得所得的次年3月1日至6月30日内办理汇算清缴。需要办理汇算清缴的情形包括：

（1）从两处以上取得综合所得，且综合所得年收入额减除专项扣除的余额超过6万元；

（2）取得劳务报酬所得、稿酬所得、特许权使用费所得中一项或者多项所得，且综合所得年收入额减除专项扣除的余额超过 6 万元；

（3）纳税年度内预缴税额低于应纳税额；

（4）纳税人申请退税。

具体到每一纳税年度需要办理汇算清缴的情形，需要参照国家税务总局当年发布的有关政策。

2. 非居民个人取得工资、薪金所得，劳务报酬所得，稿酬所得和特许权使用费所得，有扣缴义务人的，由扣缴义务人按月或者按次代扣代缴税款，不办理汇算清缴。

3. 年度汇算不涉及财产租赁等分类所得，以及纳税人按规定选择不并入综合所得计算纳税的所得。纳税人取得综合所得办理汇算清缴的具体办法，由国务院税务主管部门制定。

（三）其他情形的纳税申报

1. 纳税人取得经营所得，按年计算个人所得税，由纳税人在月度或者季度终了后 15 日内向税务机关报送纳税申报表，并预缴税款；在取得所得的次年 3 月 31 日前办理汇算清缴。

2. 纳税人取得应税所得没有扣缴义务人的，应当在取得所得的次月 15 日内向税务机关报送纳税申报表，并缴纳税款。

3. 纳税人取得应税所得，扣缴义务人未扣缴税款的，纳税人应当在取得所得的次年 6 月 30 日前，缴纳税款；税务机关通知限期缴纳的，纳税人应当按照期限缴纳税款。注意，如果是居民个人取得综合所得，扣缴义务人未扣缴税款的，应当按照上述第 2 项有关汇算清缴的规定办理。

4. 居民个人从中国境外取得所得的，应当在取得所得的次年 3 月 1 日至 6 月 30 日内申报纳税。

5. 纳税人因移居境外注销中国户籍的，应当在注销中国户籍前办理税款清算。

6. 非居民个人在中国境内从两处以上取得工资、薪金所得的，应当在取得所得的次月 15 日内申报纳税。

纳税人办理纳税申报的地点以及其他有关事项的具体办法，由国务院税务主管部门制定。

三、反避税规定

为维护国家税收权益，根据自然人避税的特点，参照《企业所得税法》有关反避税规定，税法明确针对个人有下列情形之一的，税务机关有权按照合理方法进行纳税调整：

1. 个人与其关联方之间的业务往来不符合独立交易原则而减少本人或者其关联方应纳税额，且无正当理由。

2. 居民个人控制的，或者居民个人和居民企业共同控制的设立在实际税负明显偏低的国家（地区）的企业，无合理经营需要，对应当归属于居民个人的利润不作分配或者减少分配。

3. 个人实施其他不具有合理商业目的的安排而获取不当税收利益。

税务机关依法作出纳税调整，需要补征税款的，应当补征税款，并依法加收利息。利息，应当按照税款所属纳税申报期最后一日中国人民银行公布的与补税期间同期的人民币贷款基准利率计算，自税款纳税申报期满次日起至补缴税款期限届满之日止按日加收。纳税人在补缴税款期限届满前补缴税款的，利息加收至补缴税款之日。

四、部门协作

（一）部门信息共享

公安、人民银行、金融监督管理等相关部门应当协助税务机关确认纳税人的身份、金融账户信息。教育、卫生、医疗保障、民政、人力资源社会保障、住房和城乡建设、公安、人民银行、金融监督管理等相关部门应当向税务机关提供纳税人子女教育、继续教育、大病医疗、住房贷款利息、住房租金、赡养老人、3 岁以下婴幼儿照护等专项附加扣除信息。

（二）部门协同管理

个人转让不动产的，税务机关应当根据不动产登记等相关信息核验应缴的个人所得税，登记机构办理转移登记时，应当查验与该不动产转让相关的个人所得税的完税凭证。个人转让股权办理变更登记的，市场主体登记机关应当查验与该股权交易相关的个人所得税的完税凭证。

（三）纳税信用运用

有关部门依法将纳税人、扣缴义务人遵守《个人所得税法》的情况纳入信用信息系统，并实施联合激励或者惩戒。

本章小结

<table>
<tr><th colspan="2">知识点</th><th colspan="3">主要内容</th></tr>
<tr><td rowspan="2">概述</td><td>概念</td><td colspan="3">以个人取得的各项应税所得为征税对象而征收的一种税</td></tr>
<tr><td>特点</td><td colspan="3">实行综合与分类相结合的税制、累进税率与比例税率并用、费用扣除额范围较宽、源泉扣缴与自行申报相结合</td></tr>
<tr><td rowspan="4">纳税人</td><td>居民个人</td><td colspan="3">在中国境内有住所，或者无住所而一个纳税年度内在中国境内居住累计满183天的个人，承担无限纳税义务</td></tr>
<tr><td>非居民个人</td><td colspan="3">在中国境内无住所又不居住，或者无住所而一个纳税年度内在中国境内居住累计不满183天的个人，承担有限纳税义务</td></tr>
<tr><td>纳税年度</td><td colspan="3">公历1月1日至12月31日</td></tr>
<tr><td>所得来源地</td><td colspan="3">注意所得支付地点与来源地点的区别</td></tr>
<tr><td rowspan="4">征税对象</td><td>居民综合所得</td><td colspan="3" rowspan="2">工资、薪金所得，劳务报酬所得，稿酬所得，特许权使用费所得</td></tr>
<tr><td>非居民四项所得</td></tr>
<tr><td>经营所得</td><td colspan="3">经营所得</td></tr>
<tr><td>其他分类所得</td><td colspan="3">利息、股息、红利所得，财产租赁所得，财产转让所得，偶然所得</td></tr>
<tr><td rowspan="3">税率</td><td rowspan="2">超额累进税率</td><td>七级</td><td colspan="2">工资、薪金所得，劳务报酬所得，稿酬所得，特许权使用费所得适用</td></tr>
<tr><td>五级</td><td colspan="2">经营所得适用</td></tr>
<tr><td>比例税率</td><td colspan="3">分类所得适用</td></tr>
<tr><td rowspan="13">应纳税额计算</td><td>计算公式</td><td colspan="3">应纳税额=应纳税所得额×适用税率</td></tr>
<tr><td rowspan="12">应纳税所得额</td><td>居民</td><td>综合所得</td><td>=综合所得收入额-60000元-专项扣除-专项附加扣除-依法确定的其他扣除</td></tr>
<tr><td rowspan="4">非居民</td><td>工资、薪金</td><td>=每月收入额-5000元</td></tr>
<tr><td>劳务报酬</td><td>=每次收入×（1-20%）</td></tr>
<tr><td>稿酬所得</td><td>=每次收入×（1-20%）×70%</td></tr>
<tr><td>特许权使用费所得</td><td>=每次收入×（1-20%）</td></tr>
<tr><td colspan="2" rowspan="2">经营所得</td><td>=全年收入总额-成本-费用-损失</td></tr>
<tr><td>取得经营所得的个人，没有综合所得的，计算其每一纳税年度的应纳税所得额时，应当减除费用6万元、专项扣除、专项附加扣除以及依法确定的其他扣除</td></tr>
<tr><td colspan="2" rowspan="2">财产租赁所得</td><td>每次收入不超过4000元的，减除费用800元后的余额</td></tr>
<tr><td>每次收入4000元以上的，减除20%的费用后的余额</td></tr>
<tr><td colspan="2">财产转让所得</td><td>=收入总额-财产原值-合理费用</td></tr>
<tr><td colspan="2">利息、股息、红利所得</td><td rowspan="2">=每次收入额</td></tr>
<tr><td colspan="2">偶然所得</td></tr>
</table>

续表

知识点		主要内容
税收优惠	免税项目	国债和国家发行的金融债券利息等十项免税所得
	减税项目	残疾、孤老人员和烈属的所得和因自然灾害遭受重大损失的等两种情形
征收管理	扣缴申报纳税	居民个人取得综合所得，由扣缴义务人按月或者按次预扣预缴税款
		非居民个人取得工资、薪金所得，劳务报酬所得，稿酬所得和特许权使用费所得，由扣缴义务人按月或者按次代扣代缴税款，不办理汇算清缴
		纳税人取得利息、股息、红利所得，财产租赁所得，财产转让所得和偶然所得，由扣缴义务人按月或者按次代扣代缴税款
		扣缴义务人每月或者每次预扣、代扣的税款，应当在次月15日内缴入国库，并向税务机关报送扣缴个人所得税申报表
	自行申报纳税	取得综合所得需要办理汇算清缴等七种情形
		居民个人取得综合所得，需要办理汇算清缴的，应当在取得所得的次年3月1日至6月30日内办理汇算清缴
		纳税人取得经营所得，按年计算个人所得税，由纳税人在月度或者季度终了后15日内向税务机关报送纳税申报表，并预缴税款；在取得所得的次年3月31日前办理汇算清缴
		其他情形
	反避税	针对税法规定的具体情形，税务机关有权按照合理的方法进行调整
	部门协作	部门信息共享、部门协同管理、纳税信用运用

本章练习题请通过学习兴税App扫描左侧二维码阅览

第六章　资源和环境税相关税种

本章导读：推动绿色发展，助力“美丽中国”建设是税收政策的重要目标。“十三五”时期，我国构建形成了以环境保护税、资源税、耕地占用税“多税共治”，以系统性税收优惠政策“多策组合”的绿色税收体系框架。本章涉及的五个税种即资源税、环境保护税、耕地占用税、烟叶税和车船税，均已完成立法，并且是我国绿色税收体系的重要组成部分。学习本章，一是要站在生态文明建设的高度，充分认识税收在促进资源合理开发利用和环境保护方面的特殊作用；二是要站在税收法定的角度，深刻理解依法治税对于绿色发展的积极意义；三是要站在税制全局的广度，系统把握相关税种在绿色税收体系中的重要地位。

第一节　资源税

一、概述

资源税是以应税自然资源为征税对象，为体现国有资源有偿使用并调节资源级差收入而征收的一种税。资源税的征收原则是“普遍征收、级差调节”，即开发所有应税资源都应缴纳资源税，资源税税负应与应税资源的品位和开采利用条件相关。

我国在20世纪80年代中期正式建立资源税制度。1984年国务院颁布了《中华人民共和国资源税条例（草案）》，根据企业销售利润率实行超率累进征收，后改为从量定额征收。1986年全国人民代表大会常务委员会通过的《中华人民共和国矿产资源法》规定：“开采矿产资源，必须按照国家有关规定缴纳资源税和资源补偿费。”1993年国务院颁布《中华人民共和国资源税暂行条例》，将盐税并入资源税。1994年国务院颁布《矿产资源补偿费征收管理规定》，形成了资源税和矿产资源补偿费并存的格局。2010年开始，我国分步实施了资源税从价计征改革，随后又陆续将矿产资源补偿费费率降为零，2016 年财政部、国家税务总局发布《关于全面推进资源税改革的通知》，全面推开资源税从价计征改革，并开始试点征收水资源税。在此基础上，2019 年 8 月 26 日，全国人民代表大会常务委员会通过了《中华人民共和国资源税法》（以下简称《资源税法》），于 2020 年 9 月 1 日起施行。

资源税属于共享税，除海洋石油资源税收入归中央政府外，其余全部归地方政府。2020 年，我国实现资源税收入 1755 亿元，占当年全部税收收入的 1.14%。

二、纳税人和税目、税率

（一）纳税人

资源税的纳税人，是指在我国领域及管辖的其他海域开发应税资源产品（以下简称应税产品）的单位和个人。单位包括企业和事业单位、社会团体、国家机关、部队以及其他单位，个人包括个体工商户以及其他个人。构成资源税的纳税人需要同时具备以下两个条件：

1. 纳税人是应税产品的开发者。开发应税产品具体是指开采矿产品和生产盐，在水资源税试点地区还包括取用地下水和地表水。资源税只对应税产品的开采者或生产者征收，已经缴纳资源税的应税产品发生的后续交易不再征收资源税。

自用应税产品，包括用于非货币性资产交换、捐赠、偿债、赞助、集资、投资、广告、样品、职工福利、利润分配等，应当缴纳资源税；此外，将应税产品用于连续生产非应税产品的，应当在移送时缴纳资源税，用于连续生产应税产品的，在移送时不缴纳资源税。

2. 开发的应税产品来源于我国领域及管辖的其他海域。境外进口的资源产品不缴纳资源税，出口应税产品不退还已经缴纳的资源税。

（二）税目

1. 资源税税目的基本规定

资源税的征税对象是在我国领域及管辖的其他海域开发的应税产品。应税产品的具体范围，由《资源税法》所附《资源税税目税率表》（以下简称《税目税率表》）采用正列举方式规定，详见表 6-1。

表 6-1 税目税率表

税目			征税对象	税率
能源矿产		原油	原矿	6%
		天然气、页岩气、天然气水合物	原矿	6%
		煤	原矿或者选矿	2%~10%
		煤成（层）气	原矿	1%~2%
		铀、钍	原矿	4%
		油页岩、油砂、天然沥青、石煤	原矿或者选矿	1%~4%
		地热	原矿	1%~20%或者每立方米 1~30 元
金属矿产	黑色金属	铁、锰、铬、钒、钛	原矿或者选矿	1%~9%
	有色金属	铜、铅、锌、锡、镍、锑、镁、钴、铋、汞	原矿或者选矿	2%~10%
		铝土矿	原矿或者选矿	2%~9%
		钨	选矿	6.5%
		钼	选矿	8%
		金、银	原矿或者选矿	2%~6%
		铂、钯、钌、锇、铱、铑	原矿或者选矿	5%~10%
		轻稀土	选矿	7%~12%
		中重稀土	选矿	20%
		铍、锂、锆等 17 个税目	原矿或者选矿	2%~10%
非金属矿产	矿物类	高岭土	原矿或者选矿	1%~6%
		石灰岩	原矿或者选矿	1%~6%或者每吨（或者每立方米）1~10 元
		磷	原矿或者选矿	3%~8%
		石墨	原矿或者选矿	3%~12%
		萤石、硫铁矿、自然硫	原矿或者选矿	1%~8%
		水晶、颜料矿物、耐火粘土等 30 个税目	原矿或者选矿	1%~12%
		云母、石棉、石膏等 18 个税目	原矿或者选矿	2%~12%
		其他粘土	原矿或者选矿	1%~5%或者每吨（或者每立方米）0.1~5 元
	岩石类	大理岩、花岗岩、火山灰等 32 个税目	原矿或者选矿	1%~10%
		砂石	原矿或者选矿	1%~5%或者每吨（或者每立方米）0.1~5 元
	宝玉石类	宝石、玉石、宝石级金刚石、玛瑙、黄玉、碧玺	原矿或者选矿	4%~20%

续表

税目		征税对象	税率
水气矿产	二氧化碳气、硫化氢气、氦气、氡气	原矿	2%~5%
	矿泉水	原矿	1%~20%或者每立方米 1~30 元
盐	钠盐、钾盐、镁盐、锂盐	选矿	3%~15%
	天然卤水	原矿	3%~15%或者每吨（或者每立方米）1~10 元
	海盐		2%~5%

2. 原矿和选矿产品的区分

除海盐外，《税目税率表》将应税矿产品分为原矿和选矿产品，以明确征税对象的具体形态。原矿，是指经过采矿过程采出后未进行选矿或者加工的矿石，原油、天然气、煤成（层）气等 14 个税目征税对象形态明确只能是原矿；选矿产品，是指通过破碎、切割、洗选、筛分、磨矿、分级、提纯、脱水、干燥等过程形成的产品，包括富集的精矿和研磨成粉、粒级成型、切割成型的原矿加工品，钨、轻稀土、钠盐等 8 个税目征税对象形态明确只能是选矿；其他税目征税对象形态按下列方法分别确定为原矿或者选矿产品：

（1）纳税人以自采原矿直接销售，或者自用于应当缴纳资源税情形的，按照原矿计征资源税。

（2）纳税人以自采原矿洗选加工为选矿产品销售，或者将选矿产品自用于应当缴纳资源税情形的，按照选矿产品计征资源税。

（3）对于无法区分原生岩石矿种的粒级成型砂石颗粒，按照砂石税目征收资源税。

（三）税率

《税目税率表》规定的资源税税率形式有固定比例税率和幅度税率。

1. 固定比例税率。原油、天然气、中重稀土等 9 个税目适用固定比例税率。

2. 幅度税率。对除实行固定税率外的矿产品实行幅度税率。幅度税率分为幅度比例税率和幅度定额税率。

此外，对于地热、石灰岩、其他粘土、砂石、矿泉水和天然卤水等 6 个税目，既可实行从价计征，又可实行从量计征，具体计税方式由其所在省级人民代表大会常务委员会决定。

《税目税率表》中规定应税产品实行幅度税率的，省级人民代表大会常务委员会决定所属纳税人具体的适用税率。征税对象为原矿或者选矿产品的，应当在规定的税率幅度内分别确定具体适用税率。

纳税人开采或者生产不同税目应税产品以及同一税目下适用不同税率应税产品的，均应当分别核算其销售额或者销售数量，未分别核算或者不能准确提供不同应税产品的销售额或者销售数量的，从高适用税率。

三、计税依据和税额计算

（一）计税依据

资源税的计税依据包括两种形式，从价计征的计税依据是应税产品的销售额，从量计征的计税依据是应税产品的销售数量。

1. 应税产品的销售额，是指纳税人销售应税产品向购买方收取的全部价款，不包括增值税税款。

纳税人申报的应税产品销售额明显偏低且无正当理由的，或者有自用应税产品行为而无销售额的，主管税务机关可以按下列方法和顺序确定其应税产品销售额：

（1）按纳税人最近时期同类产品的平均销售价格确定。

（2）按其他纳税人最近时期同类产品的平均销售价格确定。

（3）按后续加工非应税产品销售价格，减去后续加工环节的成本利润后确定。

（4）按应税产品组成计税价格确定，组成计税价格公式为：

组成计税价格=成本×（1+成本利润率）÷（1−资源税税率）

成本利润率由省、自治区、直辖市税务机关确定。

（5）按其他合理方法确定。

2. 应税产品的销售数量，包括纳税人开采或者生产应税产品的实际销售数量和自用于应当缴纳资源税情形的应税产品数量。

3. 计税依据扣减项目。

（1）取得增值税发票或者其他合法有效凭据的相关运杂费用。

这里的相关运杂费用，是指应税产品从坑口或者洗选（加工）地到车站、码头或者购买方指定地点的运输费用、建设基金以及随运销产生的装卸、仓储、港杂费用。计入销售额中的相关运杂费用，凡取得增值税发票或者其他合法有效凭据的，准予从销售额中扣除。

（2）外购应税产品。

外购应税产品是根据生产、经营需要而外购的已经缴纳资源税的应税产品。纳税人将外购应税产品与自采应税产品混合销售或者混合加工为应税产品销售的，在计算应税产品销售额或者销售数量时，准予扣减外购应税产品的购进金额或者购进数量；当期不足扣减的，可结转下期扣减。具体扣减的方法是：

①应税产品混合销售，是指以外购原矿与自采原矿混合为原矿销售，或者以外购选矿产品与自产选矿产品混合为选矿产品销售。这种情况下，在计算应税产品销售额或者销售数量时，直接扣减外购原矿或者外购选矿产品的购进金额或者购进数量。

$$\text{准予扣减的外购应税产品购进金额（数量）}=\text{外购原矿或者选矿产品的购进金额（数量）}$$

②混合加工为应税产品销售，是指以外购原矿与自采原矿混合洗选加工为选矿产品销售。在计算应税产品销售额或者销售数量时，按照下列方法进行扣减：

$$\text{准予扣减的外购应税产品购进金额（数量）}=\text{外购原矿购进金额（数量）}\times\left(\text{本地区原矿适用税率}\div\text{本地区选矿产品适用税率}\right)$$

③不能按照上述方法计算扣减的，按照主管税务机关确定的其他合理方法进行扣减。

纳税人扣减当期外购应税产品购进金额、购进数量的依据是外购应税产品取得的增值税发票、海关进口增值税专用缴款书或者其他合法有效凭据；未依据上述凭据准确核算的，不得扣减，按收取的全部价款计算缴纳资源税。

（二）应纳税额计算

资源税应纳税额计算实行从价定率计征或者从量定额计征。实行从价定率计征的，应纳税额按照应税产品的销售额乘以具体适用税率计算；实行从量定额计征的，应纳税额按照应税产品的销售数量乘以具体适用税率计算。计算公式是：

$$\text{从价计征的应纳税额}=\text{应税产品的销售额}\times\text{适用税率}$$

$$\text{从量计征的应纳税额}=\text{应税产品的销售数量}\times\text{适用税率}$$

四、税收优惠

（一）免税项目

1. 开采原油以及在油田范围内运输原油过程中用于加热的原油、天然气。

2. 煤炭开采企业因安全生产需要抽采的煤成（层）气。

（二）减税项目

1. 从低丰度油气田开采的原油、天然气，减征 20%资源税。

2. 高含硫天然气、三次采油和从深水油气田开采的原油、天然气，减征 30%资源税。

3. 稠油、高凝油减征 40%资源税。

4. 从衰竭期矿山开采的矿产品，减征 30%资源税。衰竭期矿山，是指设计开采年限超过 15 年，且剩余可开采储量下降到原设计可开采储量的 20%以下或者剩余开采年限不超过 5 年的矿山。衰竭期矿山以开采企业下属的单个矿山为单位确定。

根据国民经济和社会发展需要，国务院对有利于促进资源节约集约利用、保护环境等情形可以规定免征或者减征资源税，报全国人民代表大会常务委员会备案。

（三）优惠政策适用

1. 纳税人享受资源税优惠政策，实行“自行判别、申报享受、有关资料留存备查”的办理方式，另有规定的除外。纳税人对资源税优惠事项留存材料的真实性和合法性承担法律责任。

2. 纳税人的免税、减税项目，应当单独核算销售额或者销售数量；未单独核算或者不能准确提供销售额或者销售数量的，不予免税或者减税。

3. 纳税人开采或者生产同一应税产品，其中既有享受减免税政策的，又有不享受减免税政策的，按照免税、减税项目的产量占比等方法分别核算确定免税、减税项目的销售额或者销售数量。

4. 纳税人开采或者生产同一应税产品同时符合两项或者两项以上减征资源税优惠政策的，除另有规定外，只能选择其中一项执行。

五、征收管理

（一）征管职责

资源税由税务机关依法征收管理。税务机关与自然资源等相关部门应当建立工作配合机制，加强资源税征收管理。

（二）纳税环节和纳税地点

资源税的纳税环节分两种情况：一是生产环节，开采或者生产应税产品对外销售的，由开采或者生产者于销售时纳税；二是移送环节，开采或者生产应税产品自用于应当缴纳资源税情形的，由开采或者生产者于移送使用时纳税。

纳税人应当向应税产品开采地或者生产地的税务机关申报缴纳资源税。海上开采的原油和天然气资源税由专设的海洋石油税务管理局征收管理。

（三）纳税义务发生时间和纳税期限

资源税纳税人销售应税产品，纳税义务发生时间为收讫销售款或者取得索取销售款凭据的当日；自用应税产品的，纳税义务发生时间为移送应税产品的当日。

资源税按月或者按季申报缴纳；不能按固定期限计算缴纳的，可以按次申报缴纳。

纳税人按月或者按季申报缴纳的，应当自月度或者季度终了之日起 15 日内，向税务机关办理纳税申报并缴纳税款；按次申报缴纳的，应当自纳税义务发生之日起 15 日内，向税务机关办理纳税申报并缴纳税款。

（四）《资源税法》明确的地方税权

下列事项由省、自治区、直辖市人民政府根据《资源税法》提出，报同级人民代表大会常务委员会决定，并报全国人民代表大会常务委员会和国务院备案。

1. 具体适用税率确定权

《税目税率表》中规定实行幅度税率的，应统筹考虑该应税资源的品位、开采条件以及对生态环境的影响等情况，在《税目税率表》规定的税率幅度内确定其具体适用税率。

《税目税率表》中规定征税对象为原矿或者选矿的，在规定的税率幅度内分别确定具体适用税率。

2. 特定资源计税方法决定权

对地热、石灰岩、其他粘土、砂石、矿泉水和天然卤水等 6 个税目的应税产品，决定采用从价计征或从量计征的计税方法。

3. 特定情形减免税决定权

对纳税人开采或者生产应税产品过程中，因意外事故或者自然灾害等原因遭受的重大损失，或者纳税人开采共伴生矿、低品位矿、尾矿的情形，制定免征或者减征资源税的具体办法。

六、水资源税概况

水资源税是为加强水资源管理和保护，促进水资源节约与合理开发利用，对直接取用地表水、地下水的单位和个人征收的一种资源税。水资源税具有资源税特有的性质与特征，是我国资源税的重要构成部分。

我国于1979年开始征收水资源费，主要目的是节约水资源、提高水资源的综合利用率。2016年首先在河北省开展水资源税改革试点，2017年北京、天津、山西等九个省（自治区、直辖市）纳入试点范围。2019年出台的《资源税法》授权国务院制定水资源税试点实施办法，对取用地表水或者地下水的单位和个人试点征收水资源税。试点征收水资源税的，停止征收水资源费。

目前，税务机关征收水资源税的主要依据是《资源税法》和财政部、国家税务总局、水利部共同印发的《水资源税改革试点暂行办法》《扩大水资源税改革试点实施办法》。

水资源税的征收对象为地表水和地下水；纳税人是试点省份直接取用地表水、地下水的单位和个人；实行从量计征，计税依据为实际取用水量，适用税额为省级人民政府在规定的最低平均税额基础上分类确定的取水口所在地的适用税额；税额确定要统筹考虑水资源状况、取用水类型和经济发展等情况，实行差别税额，对过量开采地下水、特种行业取用水、超计划（定额）取用水等从高确定税额，对农业生产取用水、主要供农村人口生活用水的集中式饮水工程取用水、回收利用的疏干排水和地源热泵取用水等从低确定税额；纳税义务发生时间为纳税人取用水资源的当日，除农业生产取用水外按季或者按月征收（对超过规定限额的农业生产取用水可按年征收），不能按固定期限计算纳税的可以按次申报纳税，自纳税期满或者纳税义务发生之日起15日内向税务机关申报纳税。

水资源税改革试点期间，水资源税收入全部归属试点省份。水资源税由税务机关依法进行征收管理，税务机关要建立与水行政主管部门协作征税机制，形成“税务征管、水利核量、自主申报、信息共享”的水资源税共治模式。

国务院自《资源税法》施行之日起的5年内，就征收水资源税试点情况向全国人民代表大会常务委员会报告，并及时提出修改法律的建议。

第二节　环境保护税

一、概述

环境保护税是对在我国领域和我国管辖的其他海域，直接向环境排放应税污染物的企业事业单位和其他生产经营者征收的一种特定行为税。征收环境保护税的主要目的是保护和改善环境，减少污染物排放，推进生态文明建设。

我国于1979年开始确立排污费制度，对于减轻环境污染发挥了重要作用；为规范减排责任、转变发展方式、强化执法刚性、提高环保意识，国家"十二五"规划提出要推进环保收费制度改革，"十三五"规划明确提出要开征环境保护税；2016年12月25日，全国人民代表大会常务委员会通过了《中华人民共和国环境保护税法》（以下简称《环境保护税法》），自2018年1月1日起施行；2017年12月25日，国务院公布《中华人民共和国环境保护税法实施条例》，与《环境保护税法》同步施行。《环境保护税法》是党的十八届三中全会提出"落实税收法定原则"之后，全国人民代表大会常务委员会审议通过的第一部单行税法，也是第一部专门体现"绿色税制"、推动生态文明建设的税法。《环境保护税法》确立了"多排多缴、少排少缴、不排不缴"的正向减排激励机制，表明其直接目标不是取得财政收入，而是要加重排污单位污染治理与环境损害修复的成本，鼓励减少污染物排放，发挥税收杠杆的绿色调节作用。

环境保护税属于地方税，2020年，我国实现环境保护税收入207亿元，占当年全部税收收入的0.13%。

二、纳税人和征税对象

（一）纳税人

环境保护税的纳税人是在我国领域和我国管辖的其他海域，直接向环境排放应税污染物的企业事业单位和其他生产经营者。根据《环境保护税法》和相关法律规定，可以从排污主体和排污行为两个角度认识环境保护税的纳税人。

1. 排污主体应当是企业事业单位和其他生产经营者

从事生产经营活动的市场主体是最主要的排污者，所以环境保护税的纳税人与生产经营活动高度相关。这样规定的目的，一是鼓励生产经营者树立环保意识，减少污染物的产生；二是加重污染环境者的成本，抑制污染环境的行为。对于不从事生产经营活动的单位、团体和居民个人，其产生的垃圾和污水已经基本实现集中处理，对环境的污染已降至最低，不需要缴纳环境保护税。

2. 排污行为应当是直接向环境排放应税污染物

企业事业单位和其他生产经营者直接向环境排放应税污染物的，需要缴纳环境保护税；不直接向环境排放应税污染物的，包括间接排放和不排放的，不需要缴纳环境保护税。下列情形不属于直接向环境排放污染物：

（1）企业事业单位和其他生产经营者向依法设立的污水集中处理、生活垃圾集中处理场所排放应税污染物的；

（2）企业事业单位和其他生产经营者在符合国家和地方环境保护标准的设施、场所贮存或者处置固体废物的；

（3）畜禽养殖场依法对畜禽养殖废弃物进行综合利用和无害化处理的。

（二）征税对象

环境保护税的征税对象是在我国领域和我国管辖的其他海域，直接向环境排放应税污染物的行为。

应税污染物包括大气污染物、水污染物、固体废物和噪声等四大类。应税大气污染物，是指排入大气并对人和大气环境产生危害的物质；应税水污染物，是指向水体排放的能导致水体污染的物质；应税固体废物，是指向环境排放的特定固体废物；应税噪声，是指超过国家规定噪声排放标准的特定声音。

征收环境保护税，符合我国“损害担责”的环境保护基本原则。这一原则明确，“损害”是指发生了污染环境和破坏生态的行为，而非造成了实际损害的结果。根据这一原则和环境保护税的特点，可以明确环境保护税是一种特定行为税。下列情形应当缴纳环境保护税：

（1）依法设立的城乡污水集中处理、生活垃圾集中处理场所超过国家和地方规定的排放标准向环境排放应税污染物的。

（2）企业事业单位和其他生产经营者贮存或者处置固体废物不符合国家和地方环境保护标准的。

（3）达到省级人民政府确定的规模标准并且有污染物排放口的畜禽养殖场。

城乡污水集中处理场所，是指为社会公众提供生活污水处理服务的场所，不包括为工业园区、开发区等工业聚集区域内的企业事业单位和其他生产经营者提供污水处理服务的场所，以及企业事业单位和其他生产经营者自建自用的污水处理场所。

三、税目和税率

环境保护税的税目和税率根据《环境保护税法》所附《环境保护税税目税额表》（见表 6-2）和《应税污染物和当量值表》[①] 确定。

表 6-2　环境保护税税目税额表

税目		计税单位	税额
大气污染物		每污染当量	1.2 元至 12 元
水污染物		每污染当量	1.4 元至 14 元
固体废物	煤矸石	每吨	5 元
	尾矿	每吨	15 元
	危险废物	每吨	1000 元
	冶炼渣、粉煤灰、炉渣、其他固体废物（含半固态、液态废物）	每吨	25 元
噪声	工业噪声	超标 1~3 分贝	每月 350 元
		超标 4~6 分贝	每月 700 元
		超标 7~9 分贝	每月 1400 元
		超标 10~12 分贝	每月 2800 元
		超标 13~15 分贝	每月 5600 元
		超标 16 分贝以上	每月 11200 元

（一）税目

环境保护税的税目即应税污染物的具体项目，分为以下四大类：

1. 应税大气污染物，包括二氧化硫、氮氧化物、一氧化碳等 44 个税目。

2. 应税水污染物，包括总汞、总镉、总铬等 10 个第一类水污染物税目，悬浮物（SS）、生化需氧量（BOD_5）、化学需氧量（COD_{cr}）等 51 个第二类水污染物税目，pH 值、色度、大肠菌群数、余氯量等 4 个水污染物税目，禽畜养殖场、饮食娱乐服务业、医院等 6 个水污染物税目。

① 《环境保护税法》附表二对各类应税污染物及其污染当量值有明确规定，本书略。

3. 应税固体废物，包括煤矸石、尾矿、危险废物、冶炼渣、粉煤灰、炉渣以及其他固体废物等税目。

4. 应税噪声仅指工业噪声税目，即工厂在生产过程中由于机械振动、摩擦撞击及气流扰动产生的超过国家规定噪声排放标准的声音，不包括建筑噪声和交通工具噪声等。

环境保护税的征税项目应当随着社会经济的发展、产业政策的调整及生态环境发展的需要逐步调整完善。

（二）税率

环境保护税实行定额税率，计税单位根据应税污染物类型而有所不同。应税大气污染物和水污染物按污染当量实行幅度税额，具体适用税额由省级人民代表大会常务委员会决定；固体废物分不同税目按重量实行固定税额；噪声按超标分贝数实行分档固定税额。

四、计税依据和应纳税额计算

（一）计税依据

环境保护税的计税依据，按照应税污染物的类别确定：

1. 应税大气污染物和应税水污染物的计税依据是污染当量数。

污染当量数=应税大气（水）污染物的排放量÷该污染物的污染当量值

应税大气污染物和水污染物的污染当量值由《应税污染物和当量值表》明确规定。污染当量值以排放1千克的化学需氧量所造成的环境危害作为基准，设定为1个污染当量，将排放其他污染物造成的环境危害与其进行比较，设定相应的量值，用于衡量大气污染物和水污染物对环境造成的危害。例如，氨氮的污染当量值为0.8千克，表示排放0.8千克的氨氮与排放1千克的化学需氧量的环境危害基本相等；悬浮物的污染当量值为4千克，表示排放4千克的悬浮物与排放1千克的化学需氧量的环境危害基本相同。

2. 应税固体废物的计税依据按照固体废物的排放量确定。

3. 应税噪声的计税依据按照超过国家规定标准的分贝数确定。

（二）应税污染物排放量确认

1. 应税污染物排放量的监测和计算，一般按照下列方法和顺序确定：

（1）安装使用符合国家规定和监测规范的污染物自动监测设备的，按自动监测数据计算。

(2) 未安装自动监测设备的，按监测机构出具的符合国家有关规定和监测规范的监测数据计算。纳税人自行对污染物进行监测所获取的监测数据，符合国家有关规定和监测规范的，视同监测机构出具的监测数据。

(3) 因排放污染物种类多等原因不具备监测条件的，适用国务院生态环境主管部门规定的排污许可证申请与核发技术规范中规定的排（产）污系数、物料衡算方法或者排放源统计调查制度规定的排（产）污系数方法计算。

排（产）污系数，是指在正常技术经济和管理条件下，生产单位产品所应排放的污染物量的统计平均值。

物料衡算，是指根据物质质量守恒原理对生产过程中使用的原料、生产的产品和产生的废物等进行测算的一种方法。

(4) 不能按照以上三种方法计算的，按照省级人民政府生态环境主管部门规定的抽样测算的方法核定计算。

2. 应税污染物排放量的具体规定。

(1) 纳税人有下列情形之一的，以其当期应税大气污染物、水污染物的产生量作为污染物的排放量：

①未依法安装使用污染物自动监测设备或者未将污染物自动监测设备与生态环境主管部门的监控设备联网；

②损毁或者擅自移动、改变污染物自动监测设备；

③篡改、伪造污染物监测数据；

④通过暗管、渗井、渗坑、灌注或者稀释排放以及不正常运行防治污染设施等方式违法排放应税污染物；

⑤进行虚假纳税申报。

(2) 应税固体废物的排放量为当期应税固体废物的产生量减去当期应税固体废物的贮存量、处置量、综合利用量的余额。应税固体废物的贮存量、处置量，是指在符合国家和地方环境保护标准的设施、场所贮存或者处置的固体废物数量；固体废物的综合利用量，是指按照国务院发展改革、工业和信息化主管部门关于资源综合利用要求以及国家和地方环境保护标准进行综合利用的固体废物数量。纳税人应当准确计量应税固体废物的贮存量、处置量和综合利用量，未准确计量的，不得从其应税固体废物的产生量中减去。

纳税人非法倾倒应税固体废物或者进行虚假纳税申报的，以其当期应税固体废物的产生量作为固体废物的排放量。

（三）应纳税额计算

环境保护税应纳税额的计算方法根据排放的应税污染物类别有所不同：

1. 应税大气污染物的应纳税额=污染当量数×具体适用税额

纳税人排放应税大气污染物，每一排放口均应按照污染当量数从大到小排序，对前三项污染物计算环境保护税；没有排放口的，亦照此计算。

2. 应税水污染物的应纳税额=污染当量数×具体适用税额

纳税人排放应税水污染物，每一排放口均应区分第一类水污染物和其他类水污染物，按照污染当量数从大到小排序，对第一类水污染物按照前五项计算环境保护税，对其他类水污染物按照前三项计算环境保护税。

3. 应税固体废物的应纳税额=固体废物的排放量×具体适用税额

4. 应税噪声的应纳税额=超过国家规定标准的分贝数对应的具体适用税额

（1）一个单位边界上有多处噪声超标，根据最高一处超标声级计算应纳税额；当沿边界长度超过 100 米有两处以上噪声超标，按照两个单位计算应纳税额。

（2）一个单位有不同地点作业场所的，应当分别计算应纳税额，合并计征。

（3）昼、夜均超标的环境噪声，昼、夜分别计算应纳税额，累计计征。

（4）声源一个月内超标不足 15 天的，减半计算应纳税额。

（5）夜间频繁突发和夜间偶然突发厂界超标噪声，按等效声级和峰值噪声两种指标中超标分贝值高的一项计算应纳税额。

环境保护税应纳税额原则上以排放口为单位进行计算，纳税人从两个以上排放口排放应税污染物的，对每一排放口排放的应税污染物分别计算征收环境保护税；纳税人持有排污许可证的，其污染物排放口按照排污许可证载明的污染物排放口确定。

【例 6-1】2021 年 10 月，某企业向大气直接排放二氧化硫 114 千克、氟化物 87 千克、一氧化碳 1503 千克、氯化氢 860 千克，假设当地大气污染物每污染当量税额按《环境保护税税目税额表》最低标准 1. 2 元计算，该企业只有一个排放口。已知相关大气污染物污染当量值分别为二氧化硫 0. 95 千克、氟化物 0. 87 千克、一氧化碳 16. 7 千克、氯化氢 10. 75 千克。

要求：计算该企业当月大气污染物应缴纳的环境保护税。

【解析】 第一步，计算各污染物的污染当量数：

二氧化硫污染当量数=114÷0.95=120

氟化物污染当量数=87÷0.87=100

一氧化碳污染当量数=1503÷16.7=90

氯化氢污染当量数=860÷10.75=80

第二步，按污染物的污染当量数排序：

二氧化硫（120）>氟化物（100）>一氧化碳（90）>氯化氢（80）

第三步，计算应纳税额：

（该企业只有一个排放口，对前三项大气污染物征收环境保护税。）

二氧化硫应纳税额=120×1.2=144（元）

氟化物应纳税额=100×1.2=120（元）

一氧化碳应纳税额=90×1.2=108（元）

该企业当月大气污染物应缴纳的环境保护税=144+120+108=372（元）

五、税收优惠

（一）免税项目

1. 农业生产（不包括规模化养殖）排放应税污染物的。

2. 机动车、铁路机车、非道路移动机械、船舶和航空器等流动污染源排放应税污染物的。

3. 依法设立的城乡污水集中处理、生活垃圾集中处理场所排放相应应税污染物，不超过国家和地方规定的排放标准的。

4. 纳税人综合利用的固体废物，符合国家和地方环境保护标准的。

5. 国务院批准免税的其他情形，由国务院报全国人民代表大会常务委员会备案。

（二）减税项目

纳税人排放应税大气污染物或者水污染物的浓度值低于国家和地方规定的污染物排放标准30%的，减按75%征收环境保护税。纳税人排放应税大气污染物或者水污染物的浓度值低于国家和地方规定的污染物排放标准50%的，减按50%征收环境保护税。减征环境保护税的，应当对每一排放口排放的不同应税污染物分别计算。

六、征收管理

（一）征管职责

污染物排放具有瞬时性、隐蔽性、流动性的特点，征收环境保护税对污染物排放监测的专业技术要求较高，必须依靠生态环境部门的配合。《环境保护税法》通过科学设定各方责任，最大限度凝聚税收共治合力，形成了“税务征管、企业申报、环保监测、信息共享、协作共治”的全新征管机制。

1. 税务机关依法履行环境保护税纳税申报受理、涉税信息比对、组织税款入库等职责。

2. 生态环境主管部门依法负责应税污染物监测管理，制定和完善污染物监测规范。

3. 县级以上地方人民政府应当加强对环境保护税征收管理工作的领导，建立税务机关、生态环境主管部门和其他相关单位分工协作工作机制，及时协调、解决环境保护税征收管理工作中的重大问题。

4. 国务院税务、生态环境主管部门制定涉税信息共享平台技术标准以及数据采集、存储、传输、查询和使用规范。

生态环境主管部门应当将排污单位的排污许可、污染物排放数据、环境违法和受行政处罚情况等环境保护相关信息，定期交送税务机关。税务机关应当将纳税人的纳税申报、税款入库、减免税额、欠缴税款以及风险疑点等环境保护税涉税信息，定期交送生态环境主管部门。

5. 税务机关应当将纳税人的纳税申报数据资料与生态环境主管部门交送的相关数据资料进行比对。发现纳税人的纳税申报数据资料异常或者纳税人未按照规定期限办理纳税申报的，可以提请生态环境主管部门进行复核，生态环境主管部门应当自收到税务机关的数据资料之日起 15 日内向税务机关出具复核意见。税务机关应当按照生态环境主管部门复核的数据资料调整纳税人的应纳税额。

6. 纳税人从事海洋工程向我国管辖海域排放应税大气污染物、水污染物或者固体废物，申报缴纳环境保护税的具体办法，由国务院税务主管部门会同国务院生态环境主管部门规定。

（二）纳税期限

环境保护税的纳税义务发生时间为纳税人排放应税污染物的当日。

环境保护税按月计算，按季申报缴纳。不能按固定期限计算缴纳的，可以按次申报缴纳。纳税人申报缴纳时，应当向税务机关报送所排放应税污染物的种类、数量，大气污染物、水污染物的浓度值，以及税务机关根据实际需要要求纳税人报送的其他纳税资料。

纳税人按季申报缴纳的，应当自季度终了之日起 15 日内，向税务机关办理纳税申报并缴纳税款。纳税人按次申报缴纳的，应当自纳税义务发生之日起 15 日内，向税务机关办理纳税申报并缴纳税款。

（三）纳税地点

纳税人应当向应税污染物排放地的税务机关申报缴纳环境保护税。应税污染物排放地是指：

1. 应税大气污染物、水污染物排放口所在地；

2. 应税固体废物产生地；

3. 应税噪声产生地。

纳税人跨区域排放应税污染物，税务机关对税收征收管辖有争议的，由争议各方按照有利于征收管理的原则协商解决；不能协商一致的，报请共同的上级税务机关决定。

（四）《环境保护税法》明确的地方税权

下列事项由省、自治区、直辖市人民政府根据《环境保护税法》提出，报同级人民代表大会常务委员会决定，并报全国人民代表大会常务委员会和国务院备案：

1. 具体适用税额的确定和调整权

应税大气污染物和水污染物实行幅度税额，其具体适用税额的确定和调整，应统筹考虑本地区环境承载能力、污染物排放现状和经济社会生态发展目标要求，在《环境保护税税目税额表》规定的税额幅度内确定。

2. 其他固体废物的具体范围的确定权

明确固体废物税目大类所属其他固体废物税目的具体范围。

3. 增加计税污染物项目权

在《环境保护税法》规定的每一排放口计税污染物项目数的基础上，根据本地区污染物减排的特殊需要，可增加同一排放口征收环境保护税的计税污染物项目数。

第三节　耕地占用税

一、概述

耕地占用税是对占用耕地建设建筑物、构筑物或者从事非农业建设（以下简称占用应税耕地）的单位和个人，根据实际占用应税耕地面积，从量定额一次性征收的一种税。

1987 年 4 月，国务院发布《中华人民共和国耕地占用税暂行条例》，我国开始征收耕地占用税。2007 年 12 月，为进一步发挥税收保护耕地的作用，国务院对《中华人民共和国耕地占用税暂行条例》进行了修订。

为了合理利用土地资源，加强土地管理，保护耕地，2018 年 12 月 29 日，全国人民代表大会常务委员会通过了《中华人民共和国耕地占用税法》，自 2019 年 9 月 1 日起正式施行。这是一部完善我国“绿色税制”体系，落实“税收法定”，促进耕地资源合理利用的“绿色税法”。

耕地占用税属于地方税，2020 年，我国实现耕地占用税收入 1258 亿元，占当年全部税收收入的 0.81%。

二、征税对象和纳税人

（一）征税对象

耕地占用税属于行为税，征税对象是占用应税耕地的行为。构成这一行为，应当具备两个条件：一是占用耕地，耕地是指我国境内用于种植农作物的土地，包括国家所有和集体所有的耕地；二是发生建设行为，包括建设建筑物、构筑物的行为，也包括建设建筑物、构筑物以外的非农业建设行为。

1. 下列行为应当缴纳耕地占用税：

（1）占用耕地以外农用地的行为。耕地以外的农用地，包括园地、林地、草地、农田水利用地、养殖水面、渔业水域滩涂以及其他农用地。

（2）建设项目施工或者地质勘查临时占用耕地的行为。临时占用耕地，是指经自然资源主管部门批准，在一般不超过 2 年内临时使用耕地并且没有修建永久性建筑物的行为。

（3）挖损、采矿塌陷、压占、污染等损毁耕地的非农业建设行为。

2. 下列行为不缴纳耕地占用税：

（1）占用耕地建设农田水利设施的行为。

（2）占用耕地以外农用地建设直接为农业生产服务的生产设施的行为。

综上，耕地占用税的征税范围既包括耕地，也包括耕地以外的农用地。

（二）纳税人

耕地占用税的纳税人，是指在我国境内占用应税耕地的单位和个人。具体包括：

1. 经批准占用耕地的，纳税人为农用地转用审批文件中标明的建设用地人。

2. 农用地转用审批文件中未标明建设用地人的，纳税人为用地申请人，其中用地申请人为各级人民政府的，由同级土地储备中心、自然资源主管部门或政府委托的其他部门、单位履行耕地占用税申报纳税义务。

3. 未经批准占用耕地的，纳税人为实际用地人。

三、计税依据、税率和应纳税额计算

（一）计税依据

耕地占用税的计税依据是纳税人实际占用的耕地面积，即纳税人实际占用的属于耕地占用税征税范围的土地（以下简称应税土地）面积，包括经批准占用的耕地面积和未经批准占用的耕地面积。应税土地面积由自然资源主管部门认定，以平方米为单位。

（二）税率

耕地占用税采用地区差别定额税率。以县、自治县、不设区的市、市辖区为单位，按人均占有耕地面积的多少，参照经济发展情况，将全国划分为四类不同地区，按照每平方米土地设置幅度税额，如表 6-3 所示。

表 6-3　耕地占用税税额

县、自治县、不设区的市、市辖区的人均耕地面积	适用税额（每平方米）
1 亩（含）以下	10~50 元
1 亩（不含）~2 亩（含）	8~40 元
2 亩（不含）~3 亩（含）	6~30 元
3 亩（不含）以上	5~25 元

省、自治区、直辖市人民代表大会常务委员会决定所属县级行政区的耕地占

用税适用税额，决定程序是：省级人民政府根据人均耕地面积和经济发展等情况在税法规定的税额幅度内提出各县级行政区域适用税额的建议，由省级人民代表大会常务委员会决定，并报全国人民代表大会常务委员会和国务院备案。

人均耕地低于0.5亩的地区，可以根据当地经济发展情况，适当提高耕地占用税的适用税额；占用耕地以外农用地的，适用税额可以适当降低；提高或降低的部分均不得超过本省、自治区、直辖市同类地区适用税额的50%。各省级行政区域内耕地占用税适用税额的平均水平不得低于税法规定的平均税额，平均税额如表6-4所示。

表6-4 各省、自治区、直辖市耕地占用税平均税额表

省、自治区、直辖市	平均税额（元/平方米）
上海	45
北京	40
天津	35
江苏、浙江、福建、广东	30
辽宁、湖北、湖南	25
河北、安徽、江西、山东、河南、重庆、四川	22.5
广西、海南、贵州、云南、陕西	20
山西、吉林、黑龙江	17.5
内蒙古、西藏、甘肃、青海、宁夏、新疆	12.5

（三）应纳税额计算

耕地占用税对纳税人占用应税耕地的行为实行一次性征收，应纳税额为应税土地面积乘以适用税额，计算公式是：

应纳税额=应税土地面积×适用税额

适用税额，是指应税土地所在地县级行政区的现行适用税额。

占用基本农田的，应纳税额加按150%征收。基本农田，是指依据《基本农田保护条例》划定的基本农田保护区范围内的耕地。计算公式是：

应纳税额=应税土地面积×适用税额×150%

四、税收优惠

（一）免税项目

1. 军事设施、学校、幼儿园、社会福利机构、医疗机构占用耕地。

2. 农村居民经批准搬迁，新建自用住宅占用耕地不超过原宅基地面积的部分。

3. 农村烈士遗属、因公牺牲军人遗属、残疾军人以及符合农村最低生活保障条件的农村居民，在规定用地标准以内新建自用住宅。

（二）减税项目

1. 铁路线路、公路线路、飞机场跑道、停机坪、港口、航道、水利工程占用耕地，减按每平方米 2 元的税额征收耕地占用税。

2. 农村居民在规定用地标准以内占用耕地新建自用住宅，按照当地适用税额减半征收耕地占用税。

根据国民经济和社会发展的需要，国务院可以规定免征或者减征耕地占用税的其他情形，报全国人民代表大会常务委员会备案。

免征或者减征耕地占用税后，纳税人改变原占地用途，不再属于免征或者减征耕地占用税情形的，应当按照当地适用税额补缴耕地占用税。

（三）退税项目

下列情形可退还已经缴纳的耕地占用税：

1. 纳税人在批准临时占用耕地期满之日起 1 年内依法复垦，恢复种植条件的。

2. 挖损、采矿塌陷、压占、污染等损毁的耕地，从自然资源、农业农村等相关部门认定损毁耕地之日起 3 年内依法复垦或修复，恢复种植条件的。

3. 用地申请人在农用地转用环节已经缴纳耕地占用税，在供地环节，建设用地人使用耕地用途符合税法规定的免税情形的。

五、征收管理

（一）纳税环节和纳税地点

纳税人占用应税耕地，应当在农用地转用环节纳税。农用地转用，是指将农用地按照土地利用总体规划和国家规定的批准权限报批后转变为建设用地的行为。

未经批准占用耕地的，也应当在农用地转用环节纳税。

损毁耕地的，在农用地毁损认定后纳税。

纳税人占用应税耕地，应当在耕地所在地申报纳税。

（二）纳税义务发生时间和纳税期限

耕地占用税的纳税义务发生时间为纳税人收到自然资源主管部门办理占用耕地手续的书面通知的当日。

未经批准占用应税耕地的，纳税义务发生时间为自然资源主管部门认定的纳税人实际占地的当日。

因挖损、采矿塌陷、压占、污染等损毁耕地的，纳税义务发生时间为自然资源、农业农村等相关部门认定损毁耕地的当日。

纳税人应当自纳税义务发生之日起30日内申报缴纳耕地占用税。

（三）优惠办理

耕地占用税减免优惠实行“自行判别、申报享受、有关资料留存备查”办理方式。纳税人根据政策规定自行判断是否符合优惠条件，符合条件的，纳税人申报享受税收优惠，并将有关资料留存备查。纳税人对留存材料的真实性和合法性承担法律责任。

（四）部门协作

耕地占用税由税务机关负责征收。税务机关应当与相关部门建立耕地占用税涉税信息共享机制和工作配合机制。县级以上地方人民政府自然资源、农业农村、水利等相关部门应当定期向税务机关提供农用地转用、临时占地等信息，协助税务机关加强耕地占用税征收管理。

自然资源主管部门凭耕地占用税完税凭证或者免税凭证和其他有关文件发放建设用地批准书。

税务机关发现纳税人的纳税申报数据资料异常或者纳税人未按照规定期限申报纳税的，可以提请相关部门进行复核，相关部门应当自收到税务机关复核申请之日起30日内向税务机关出具复核意见。

第四节　烟叶税

一、概述

烟叶税是以烟叶为征税对象，对在我国境内收购烟叶的单位征收的一种税。

2006年4月28日，国务院公布了《中华人民共和国烟叶税暂行条例》，自公布之日起施行。2017年12月27日，全国人民代表大会常务委员会通过了《中华人民共和国烟叶税法》，自2018年7月1日起施行。

烟叶税属于地方税，2020年，我国实现烟叶税收入109亿元，占当年全部税收收入的 0.07%。

二、纳税人和征税范围

(一) 纳税人

在我国境内收购烟叶的单位为烟叶税的纳税人。收购烟叶的单位，是指依照《中华人民共和国烟草专卖法》的规定收购烟叶的单位。

(二) 征税范围

烟叶税的征税范围包括晾晒烟叶、烤烟叶。

三、税率、计税依据和计税方法

(一) 税率

烟叶税实行比例税率，税率为 20%。

(二) 计税依据

烟叶税的计税依据为纳税人收购烟叶实际支付的价款总额。

纳税人收购烟叶实际支付的价款总额包括纳税人支付给烟叶生产销售单位和个人的烟叶收购价款和价外补贴。其中，价外补贴统一按烟叶收购价款的 10%计算。计算公式是：

实际支付的价款总额 = 烟叶收购价款×（1+10%）

(三) 计税方法

烟叶税的应纳税额按照纳税人收购烟叶实际支付的价款总额乘以税率计算。计算公式是：

应纳税额 = 实际支付的价款总额×20%

【例 6-2】 某烟草公司收购烟叶，支付给烟叶销售者价款 600 万元。要求：计算该烟草公司应缴纳的烟叶税。

【解析】 应纳烟叶税 = 600×（1+10%）×20% = 132（万元）

四、征收管理

(一) 纳税义务发生时间

烟叶税的纳税义务发生时间为纳税人收购烟叶的当天。

(二) 纳税期限

烟叶税按月计征，纳税人应当于纳税义务发生月终了之日起 15 日内申报并缴纳税款。

（三）纳税地点

纳税人收购烟叶，应当向烟叶收购地的主管税务机关申报纳税。

第五节　车船税

一、概述

车船税是对在我国境内属于《中华人民共和国车船税法》（以下简称《车船税法》）所附《车船税税目税额表》规定的车辆、船舶的所有人或者管理人征收的一种税。

1951 年 9 月，政务院发布并施行《中华人民共和国车船使用牌照税暂行条例》；1986 年 9 月，国务院发布《中华人民共和国车船使用税暂行条例》，自同年 10 月 1 日起施行，对在我国境内拥有并且使用车船的单位和个人征收车船使用税，外商投资企业、外国企业和外籍个人的车船仍适用车船使用牌照税；2006 年 12 月，国务院发布《中华人民共和国车船税暂行条例》，自 2007 年 1 月 1 日起正式实施，实现了车船使用牌照税和车船使用税的统一；2011 年 2 月 25 日，全国人民代表大会常务委员会通过《车船税法》，2011 年 12 月 5 日，国务院发布《中华人民共和国车船税法实施条例》（以下简称《车船税法实施条例》），均自 2012 年 1 月 1 日起施行。

车船税属于地方税，2020 年，我国实现车船税收入 945 亿元，占当年全部税收收入的 0.61%。

二、纳税人和扣缴义务人

在我国境内属于《车船税法》所附《车船税税目税额表》规定的车辆、船舶的所有人或者管理人，为车船税的纳税人。

从事机动车第三者责任强制保险业务的保险机构为机动车车船税的扣缴义务人，应当在收取保险费时依法代收车船税，并出具代收税款凭证。

三、征税范围

车船税的征税范围由《车船税法》所附《车船税税目税额表》规定，具体包括：

1. 依法应当在车船登记管理部门登记的机动车辆和船舶。

2. 依法不需要在车船登记管理部门登记的在单位内部场所行驶或者作业的机动车辆和船舶。

上述机动车辆包括乘用车、商用车（包括客车、货车）、挂车、专用作业车、轮式专用机械车、摩托车。拖拉机不需要缴纳车船税。

船舶，是指各类机动、非机动船舶以及其他水上移动装置，但是船舶上装备的救生艇筏和长度小于5米的艇筏除外。其中：机动船舶是指用机器推进的船舶；拖船是指专门用于拖（推）动运输船舶的专业作业船舶；非机动驳船，是指在船舶登记管理部门登记为驳船的非机动船舶；游艇是指具备内置机械推进动力装置，长度在90米以下，主要用于游览观光、休闲娱乐、水上体育运动等活动，并应当具有船舶检验证书和适航证书的船舶。

四、税目、税率

车船税采用定额税率，车船税的适用税额，依照《车船税法》所附的《车船税税目税额表》（见表6-5）执行。

1. 车辆的具体适用税额由省、自治区、直辖市人民政府依照《车船税法》所附《车船税税目税额表》规定的税额幅度和国务院的规定确定。

2. 船舶的具体适用税额由国务院在《车船税法》所附《车船税税目税额表》规定的税额幅度内确定。

表6-5　车船税税目税额表

税目		计税单位	年基准税额	备注
乘用车[按发动机汽缸容量（排气量）分档]	1.0升（含）以下的	每辆	60~360元	核定载客人数9人（含）以下
	1.0升以上至1.6升（含）的		300~540元	
	1.6升以上至2.0升（含）的		360~660元	
	2.0升以上至2.5升（含）的		660~1200元	
	2.5升以上至3.0升（含）的		1200~2400元	
	3.0升以上至4.0升（含）的		2400~3600元	
	4.0升以上的		3600~5400元	

续表

税目		计税单位	年基准税额	备注
商用车	客车	每辆	480~1440 元	核定载客人数 9 人以上，包括电车
	货车	整备质量每吨	16~120 元	包括半挂牵引车、三轮汽车和低速载货汽车等。客货两用车依照货车的计税单位和年基准税额计征车船税
挂车		整备质量每吨	按照货车税额的 50%计算	
其他车辆	专用作业车	整备质量每吨	16~120 元	不包括拖拉机
	轮式专用机械车		16~120 元	
摩托车		每辆	36~180 元	
船舶	机动船舶	净吨位每吨	1. 净吨位不超过 200 吨的，每吨 3 元； 2. 净吨位超过 200 吨但不超过 2000 吨的，每吨 4 元； 3. 净吨位超过 2000 吨但不超过 10000 吨的，每吨 5 元； 4. 净吨位超过 10000 吨的，每吨 6 元	拖船、非机动驳船分别按照机动船舶税额的 50%计算，拖船的净吨位按照发动机功率每 1 千瓦折合净吨位 0.67 吨计算
	游艇	艇身长度每米	1. 不超过 10 米的，每米 600 元； 2. 超过 10 米但不超过 18 米的，每米 900 元； 3. 超过 18 米但不超过 30 米的，每米 1300 元； 4. 超过 30 米的，每米 2000 元； 5. 辅助动力帆艇，每米 600 元	

五、计税方法

车船税按年申报，分月计算。纳税人购置的新车船，购置当年的应纳税额自取得车船所有权或管理权的当月起按月计算。应纳税额为年应纳税额除以 12 再乘以应纳税月份数。计算公式是：

应纳税额 =（年应纳税额÷12）×应纳税月份数

车辆年应纳税额 = 应纳税车辆数量或者整备质量×年基准税额

船舶年应纳税额 = 应纳税船舶净吨位或者艇身长度×年基准税额

《车船税法》及《车船税法实施条例》所涉及的排气量、整备质量、核定载客人数、净吨位、千瓦、艇身长度，以车船登记管理部门核发的车船登记证书或者行驶证所载数据为准。

依法不需要办理登记的车船和依法应当登记而未办理登记或者不能提供车船登记证书、行驶证的车船，以车船出厂合格证明或者进口凭证标注的技术参数、数据为准；不能提供车船出厂合格证明或者进口凭证的，由主管税务机关参照国家相关标准核定，没有国家相关标准的参照同类车船核定。

【例 6-3】 2021 年，某运输公司有如下运输工具：运输卡车 10 辆，整备质量为 12.4 吨/辆；4 月购入乘用车 12 辆，当月办理登记取得车辆行驶证。当地政府规定的乘用车车船税年税额为 1000 元/辆，运输卡车车船税年税额为 80 元/吨。

要求：计算 2021 年度该公司应缴纳的车船税。

【解析】 2021 年度该公司应缴纳的车船税 = 12.4×10×80+12×1000×（12-3）÷12=18920（元）

在一个纳税年度内，已完税的车船被盗抢、报废、灭失的，纳税人可以凭有关管理机关出具的证明和完税凭证，向纳税所在地的主管税务机关申请退还自被盗抢、报废、灭失月份起至该纳税年度终了期间的税款。

已办理退税的被盗抢车船失而复得的，纳税人应当从公安机关出具相关证明的当月起计算缴纳车船税。

已缴纳车船税的车船在同一纳税年度内办理转让过户的，不另纳税，也不退税。

已经缴纳车船税的车船，因质量原因，车船被退回生产企业或者经销商的，纳税人可以向纳税所在地的主管税务机关申请退还自退货月份起至该纳税年度终了期间的税款。退货月份以退货发票所载日期的当月为准。

六、税收优惠

（一）《车船税法》规定的法定免税车船

1. 捕捞、养殖渔船，是指在渔业船舶登记管理部门登记为捕捞船或者养殖船的船舶。

2. 军队、武装警察部队专用的车船，是指按照规定在军队、武装警察部队车船登记管理部门登记，并领取军队、武警牌照的车船。

3. 警用车船，是指公安机关、国家安全机关、监狱、劳动教养管理机关和人民法院、人民检察院领取警用牌照的车辆和执行警务的专用船舶。

4. 悬挂应急救援专用号牌的国家综合性消防救援车辆和国家综合性消防救援专用船舶。

5. 依照法律规定应当予以免税的外国驻华使领馆、国际组织驻华代表机构及其有关人员的车船。

（二）《车船税法实施条例》规定的减免税项目

1. 节约能源、使用新能源的车船可以免征或者减半征收车船税。免征或者减半征收车船税的车船的范围，由国务院财政、税务主管部门商国务院有关部门制定，报国务院批准。

2. 按照规定缴纳船舶吨税的机动船舶，自《车船税法》实施之日（即2012年1月1日）起5年内免征车船税。

3. 依法不需要在车船登记管理部门登记的机场、港口、铁路站场内部行驶或者作业的车船，自《车船税法》实施之日起5年内免征车船税。

（三）授权省、自治区、直辖市人民政府规定的减免税项目

1. 省、自治区、直辖市人民政府根据当地实际情况，可以对公共交通车船，农村居民拥有并主要在农村地区使用的摩托车、三轮汽车和低速载货汽车定期减征或者免征车船税。

2. 对受地震、洪涝等严重自然灾害影响纳税困难以及其他特殊原因确需减免税的车船，可以在一定期限内减征或者免征车船税。具体减免期限和数额由省、自治区、直辖市人民政府确定，报国务院备案。

七、征收管理

（一）纳税义务发生时间

车船税纳税义务发生时间为取得车船所有权或者管理权的当月。

（二）纳税期限

车船税按年申报，分月计算，一次性缴纳。纳税年度为公历1月1日至12月31日。车船税具体申报纳税期限由各省、自治区、直辖市人民政府规定。

（三）纳税地点

车船税的纳税地点为车船的登记地或者车船税扣缴义务人所在地。依法不需要办理登记的车船，车船税的纳税地点为车船的所有人或者管理人所在地。保险机构代收代缴车船税的，由保险机构向其所在地主管税务机关缴纳车船税。

（四）纳税申报

纳税人缴纳车船税时，应当提供反映排气量、整备质量、核定载客人数、净吨位、千瓦、艇身长度等与纳税相关信息的相应凭证以及税务机关根据实际需要要求提供的其他资料。纳税人以前年度已经提供上述所列资料信息的，可以不再提供。

税务机关可以在车船登记管理部门、车船检验机构的办公场所集中办理车船税征收事宜。

公安、交通运输、农业、渔业等车船登记管理部门、船舶检验机构和车船税扣缴义务人的行业主管部门，应当在提供车船有关信息等方面协助税务机关加强车船税的征收管理。

车辆所有人或者管理人在申请办理车辆相关登记、定期检验手续时，应当向公安机关交通管理部门提交依法纳税或者免税证明。公安机关交通管理部门核查后办理相关手续。对没有提供依法纳税或者免税证明的，不予办理相关手续。

本章小结

知识点		主要内容
资源税	纳税人	在我国领域及管辖的其他海域开发应税产品的单位和个人
	征税对象	在我国领域及管辖的其他海域开发的应税产品
	税目	能源矿产、金属矿产、非金属矿产、水气矿产和盐
	计税依据	从价计征的计税依据是应税产品的销售额； 从量计征的计税依据是应税产品的销售数量
	税率形式	固定比例税率、幅度比例税率和幅度定额税率
	税额计算	从价计征的应纳税额=应税产品的销售额×适用税率 从量计征的应纳税额=应税产品的销售数量×适用税率
	免税项目	开采原油以及在油田范围内运输原油过程中用于加热的原油、天然气等两个项目
	减税项目	从低丰度油气田开采的原油、天然气等四个项目
	纳税环节	生产环节、移送环节
	纳税地点	应税产品开采地或者生产地
	纳税义务发生时间	销售应税产品，纳税义务发生时间为收讫销售款或者取得索取销售款凭据的当日； 自用应税产品的，纳税义务发生时间为移送应税产品的当日
	纳税期限	按月或者按季申报缴纳的，应当自月度或者季度终了之日起 15 日内，向税务机关办理纳税申报并缴纳税款； 按次申报缴纳的，应当自纳税义务发生之日起 15 日内，向税务机关办理纳税申报并缴纳税款

续表

知识点		主要内容
环境保护税	纳税人	在我国领域和我国管辖的其他海域，直接向环境排放应税污染物的企业事业单位和其他生产经营者
	征税对象	在我国领域和我国管辖的其他海域，直接向环境排放应税污染物的行为
	税目	大气污染物、水污染物、固体废物和噪声
	税率形式	定额税率
	计税依据	应税大气污染物的计税依据按照污染物排放量折合的污染当量数确定； 应税水污染物的计税依据按照污染物排放量折合的污染当量数确定； 应税固体废物的计税依据按照固体废物的排放量确定； 应税噪声的计税依据按照超过国家规定标准的分贝数确定
	税额计算	应税大气污染物的应纳税额=污染当量数×具体适用税额 应税水污染物的应纳税额=污染当量数×具体适用税额 应税固体废物的应纳税额=固体废物的排放量×具体适用税额 应税噪声的应纳税额=超过国家规定标准的分贝数对应的具体适用税额
	免税项目	农业生产（不包括规模化养殖）等五个项目
	减税项目	仅针对应税大气污染物和水污染物，根据排放的浓度值低于国家和地方规定的污染物排放标准的比例，给予一定程度的减征
	纳税地点	应税污染物排放地
	纳税义务发生时间	纳税人排放应税污染物的当日
	纳税期限	按月计算，按季申报缴纳。自季度终了之日起15日内，向税务机关办理纳税申报并缴纳税款。 不能按固定期限计算缴纳的，可以按次申报缴纳。自纳税义务发生之日起15日内，向税务机关办理纳税申报并缴纳税款
耕地占用税	纳税人	在我国境内占用应税耕地的单位和个人
	征税对象	在我国境内占用应税耕地的行为
	计税依据	纳税人实际占用的耕地面积
	税率形式	地区差别定额税率
	税额计算	应纳税额=应税土地面积×适用税额
	免税项目	军事设施、学校、幼儿园、社会福利机构、医疗机构占用耕地等三个项目
	减税项目	铁路线路、公路线路、飞机场跑道、停机坪、港口、航道、水利工程占用耕地等两个项目
	纳税环节	农用地转用环节
	纳税地点	耕地所在地
	纳税义务发生时间	收到自然资源主管部门办理占用耕地手续的书面通知的当日； 未经批准占用应税耕地的，自然资源主管部门认定其实际占地的当日； 因挖损、采矿塌陷、压占、污染等损毁耕地的，自然资源、农业农村等相关部门认定损毁耕地的当日
	纳税期限	自纳税义务发生之日起30日内申报缴纳耕地占用税

续表

知识点		主要内容
烟叶税	纳税人	我国境内收购烟叶的单位
	征税对象	征税对象是烟叶，征税范围包括晾晒烟叶、烤烟叶
	计税依据	纳税人收购烟叶实际支付的价款总额，包括纳税人支付给烟叶生产销售单位和个人的烟叶收购价款和价外补贴
	税率形式	实行比例税率，税率为20%
	税额计算	应纳税额=实际支付的价款总额×20%
	纳税环节	烟叶收购环节
	纳税地点	烟叶收购地
	纳税义务发生时间	收购烟叶的当天
	纳税期限	纳税义务发生月终了之日起15日内申报并缴纳税款
车船税	纳税人	车船的所有人或者管理人
	扣缴义务人	从事机动车第三者责任强制保险业务的保险机构
	征税范围	包括乘用车、商用车（包括客车、货车）、挂车、专用作业车、轮式专用机械车、摩托车、机动船舶、游艇
	计税依据	车辆数量或者整备质量，船舶净吨位或者艇身长度
	税率形式	定额税率
	税额计算	车辆年应纳税额=应纳税车辆数量或者整备质量×年基准税额 船舶年应纳税额=应纳税船舶净吨位或者艇身长度×年基准税额
	优惠项目	《车船税法》《车船税法实施条例》和授权省级人民政府规定的减免税项目
	纳税地点	车船的登记地或者车船税扣缴义务人所在地
	纳税义务发生时间	取得车船所有权或者管理权的当月
	纳税期限	按年申报，分月计算，一次性缴纳

本章练习题请通过学习兴税App扫描左侧二维码阅览

第七章　财产和行为税相关税种

本章导读：本章涉及土地增值税、城镇土地使用税、房产税、契税、城市维护建设税、印花税、车辆购置税七个税种。学习本章，首先应掌握每个税种的税制要素，注意区分各税种之间的不同特点；其次应与增值税、企业所得税、个人所得税等税种相结合，把握各税种要素之间的关联性。

第一节　土地增值税

一、概述

土地增值税是为了规范土地、房地产市场交易秩序，合理调节土地增值收益，维护国家权益，对转让房地产并取得收入的单位和个人征收的一种税。现行土地增值税的基本规范是1993年12月13日国务院颁布的《中华人民共和国土地增值税暂行条例》（以下简称《土地增值税暂行条例》），1995年1月27日，财政部发布了《中华人民共和国土地增值税暂行条例实施细则》。2011年1月8日，国务院对《土地增值税暂行条例》进行了修订。

土地增值税以转让房地产的增值额为征税对象，征税面比较广，凡发生应税行为的单位和个人，不论其经济性质，也不分内、外资企业或中、外籍个人，无论专营或兼营房地产业务，均负有纳税义务。土地增值税采用扣除法和评估法计算增值额，实行超率累进税率，在房地产发生转让的环节实行按次征收。

土地增值税属于地方税，2020年，我国实现土地增值税收入6469亿元，占当年全部税收收入的4.19%。

二、征税范围和纳税人

（一）征税范围

土地增值税的征税范围为有偿转让国有土地使用权、地上的建筑物及其附着物（以下简称转让房地产）。对征税范围的理解，可从以下几个方面把握：

1. 转让国有土地使用权

土地增值税对单位和个人等经济主体转让国有土地使用权的行为征税，对转让集体土地使用权和出让国有土地使用权的行为不征税。

2. 转让地上建筑物及其附着物

地上的建筑物，是指建于土地上的一切建筑物，包括地上地下的各种附属设施；附着物，是指附着于土地上的不能移动，一经移动即遭损坏的物品。土地增值税既对转让土地使用权征税，也对转让地上建筑物及其附着物征税。

3. 土地增值税只对有偿转让房地产并取得收入的行为征税

有偿转让房地产并取得收入，是指以出售或者其他方式有偿转让房地产的行为。不包括以继承、赠与方式无偿转让房地产的行为。其中，不征收土地增值税的房地产赠与行为仅指以下两种情况：

（1）房产所有人、土地使用权所有人将房屋产权、土地使用权赠与直系亲属或承担直接赡养义务人的；

（2）房产所有人、土地使用权所有人通过中国境内非营利的社会团体、国家机关将房屋产权、土地使用权赠与教育、民政和其他社会福利、公益事业的。

（二）纳税人

转让国有土地使用权、地上的建筑物及其附着物并取得收入的单位和个人，为土地增值税的纳税人。单位，是指各类企业、事业单位、国家机关和社会团体及其他组织。个人，包括个体经营者。

三、计税依据

土地增值税的计税依据是纳税人转让房地产所取得的增值额。转让房地产的增值额，是纳税人转让房地产取得的收入，减去税法规定的扣除项目金额后的余额。

（一）收入额的确定

纳税人转让房地产取得的应税收入为不含增值税的收入，应包括转让房地产的全部价款及有关的经济收益。从收入的形式来看，包括货币收入、实物收入和其他收入。

所取得的收入为外国货币的，应以取得收入当天或当月 1 日市场汇价折合成人民币，据以计算应纳土地增值税税额。

（二）扣除项目及其金额的确定

在确定房地产转让的增值额时，允许从房地产转让收入额中扣除规定的各项扣除项目金额。准予从房地产转让收入总额中扣除的项目可分为以下六类：

1. 取得土地使用权所支付的金额

取得土地使用权所支付的金额，是指纳税人为取得土地使用权所支付的地价款和按国家统一规定交纳的有关费用。

取得土地使用权所支付的地价款有以下三种形式：

（1）以协议、招标、拍卖等出让方式取得土地使用权的，为纳税人所支付的土地出让金；

（2）以行政划拨方式取得土地使用权的，为转让土地使用权时按照国家有关规定补缴的土地出让金；

（3）以转让方式取得土地使用权的，为向原土地使用权人支付的地价款。

按国家统一规定交纳的有关费用，是指纳税人在取得土地使用权过程中为办理有关手续，按国家统一规定交纳的有关登记费、过户手续费、契税等。房地产开发企业逾期开发缴纳的土地闲置费不得扣除。

2. 开发土地和新建房及配套设施的成本

开发土地和新建房及配套设施的成本，简称房地产开发成本，是指纳税人开发房地产项目实际发生的成本。这些成本允许按实际发生额扣除，主要包括土地征用及拆迁补偿费、前期工程费、建筑安装工程费、基础设施费、公共配套设施费、开发间接费用等。

（1）土地征用及拆迁补偿费，包括土地征用费、耕地占用税、劳动力安置费及有关地上、地下附着物拆迁补偿的净支出、安置动迁用房支出等。

（2）前期工程费，包括规划、设计、项目可行性研究和水文、地质、勘察、测绘、“三通一平”等支出。

（3）建筑安装工程费，是指以出包方式支付给承包单位的建筑安装工程费，以自营方式发生的建筑安装工程费。

（4）基础设施费，包括开发小区内道路、供水、供电、供气、排污、排洪、通讯、照明、环卫、绿化等工程发生的支出。

（5）公共配套设施费，包括不能有偿转让的开发小区内公共配套设施发生的支出。

（6）开发间接费用，是指直接组织、管理开发项目发生的费用，包括工资、职工福利费、折旧费、修理费、办公费、水电费、劳动保护费、周转房摊销等。

3. 开发土地和新建房及配套设施的费用

开发土地和新建房及配套设施的费用，简称房地产开发费用，是指与房地产开发项目有关的销售费用、管理费用、财务费用。已经计入房地产开发成本的利息支出，应调整至财务费用中计算扣除。

在计算扣除项目金额时，房地产开发费用不是按照纳税人实际发生额进行扣除，而是按照规定的方法计算扣除。依据财务费用中利息支出的情况不同具体分为以下两种办法：

（1）凡能够按转让房地产项目计算分摊并提供金融机构证明的，利息支出允许据实扣除，但最高不能超过按商业银行同类同期贷款利率计算的金额；对于超过贷款期限的利息部分和加罚的利息不允许扣除。其他房地产开发费用，按取得土地使用权所支付的金额与房地产开发成本之和的5%以内计算扣除。

（2）凡不能按转让房地产项目计算分摊利息支出或不能提供金融机构证明的，房地产开发费用按取得土地使用权所支付的金额与房地产开发成本之和的10%以内计算扣除。

上述计算扣除的具体比例，由各省、自治区、直辖市人民政府规定。

房地产开发企业既向金融机构借款，又有其他借款的，其房地产开发费用计算扣除时不能同时适用上述两种办法，只能选择其中一种方法计算扣除。

4. 与转让房地产有关的税金

与转让房地产有关的税金，是指在转让房地产时缴纳的城市维护建设税、印花税，教育费附加也可视同税金予以扣除。

房地产转让时涉及的增值税进项税额，允许在增值税销项税额中抵扣的，不计入土地增值税扣除项目；不允许在增值税销项税额中计算抵扣的，可以计入土地增值税扣除项目。

5. 财政部确定的其他扣除项目

对从事房地产开发的纳税人，可按“取得土地使用权所支付的金额”和“房地产开发成本”的金额之和，加计20%的扣除。但是，对取得土地使用权未进行开发即转让的，不得加计扣除。

6. 旧房及建筑物的扣除项目

（1）纳税人转让旧房及建筑物的，应按房屋及建筑物的评估价格、取得土地使用权所支付的地价款和按国家统一规定交纳的有关费用以及在转让环节缴纳的税金作为扣除项目金额计征土地增值税。

旧房及建筑物的评估价格，是指在转让已使用的房屋及建筑物时，由政府批准设立的房地产评估机构评定的重置成本价乘以成新度折扣率后的价格。评估价格须经当地税务机关确认。

旧房及建筑物的评估价格=重置成本价×成新度折扣率

对于个人购入房地产再转让的，其在购入环节缴纳的契税，由于已经包含在旧房及建筑物的评估价格之中，故计征土地增值税时，不另作为与转让房地产有关的税金予以扣除。

（2）纳税人转让旧房及建筑物，凡不能取得评估价格，但能提供购房发票的，经当地税务部门确认，取得土地使用权时所支付的金额、旧房及建筑物的评估价格，可按发票所载金额并从购买年度起至转让年度止每年加计5%计算。

对纳税人购房时缴纳的契税，凡能提供契税完税凭证的，准予作为“与转让房地产有关的税金”予以扣除，但不作为加计5%的基数。

（3）转让旧房及建筑物，既没有评估价格，又不能提供购房发票的，税务机关可以根据《税收征管法》实行核定征收。

（三）增值额的确定

1. 增值额的计算公式

土地增值税以纳税人房地产成本核算的最基本的核算项目或核算对象为单位计算。确定增值额是计算土地增值税的基础。

增值额=转让房地产取得的收入-扣除项目金额

纳税人成片受让土地使用权后，分期分批开发、转让房地产的，其扣除项目金额的确定，可按转让土地使用权的面积占总面积的比例计算分摊，或按建筑面积计算分摊，也可按税务机关确认的其他方式计算分摊。

2. 特殊情况下增值额的确定

纳税人有下列情形之一的，按照房地产评估价格计算征收：

（1）隐瞒、虚报房地产成交价格的，是指纳税人不报或有意低报转让土地使用权、地上建筑物及其附着物价款的行为。

（2）提供扣除项目金额不实的，是指纳税人在纳税申报时不据实提供扣除项目金额的行为。

(3) 转让房地产的成交价格低于房地产评估价格，又无正当理由的，是指纳税人申报的转让房地产的实际成交价低于房地产评估机构评定的交易价，纳税人又不能提供凭据或无正当理由的行为。

上述所称的房地产评估价格，是指由政府批准设立的房地产评估机构根据相同地段、同类房地产进行综合评定的价格。评估价格须经当地税务机关确认。

四、税率和应纳税额的计算

(一) 税率

土地增值税采用四级超率累进税率，最低税率为30%，最高税率为60%。具体税率规定如表7-1所示。

表7-1　土地增值税税率表

级数	增值额与扣除项目金额的比率	税率（%）	速算扣除系数（%）
1	不超过50%的	30	0
2	超过50%未超过100%的	40	5
3	超过100%未超过200%的	50	15
4	超过200%的	60	35

(二) 应纳税额的计算

土地增值税应纳税额的计算可以按以下步骤进行：

第一步，确定收入项目及金额；

第二步，确定扣除项目及金额；

第三步，计算土地增值额：

土地增值额=转让房地产取得的收入-扣除项目金额

第四步，计算增值率：

增值率=土地增值额÷扣除项目金额×100%

第五步，确定适用税率和速算扣除系数；

第六步，计算应纳税额：

土地增值税税额=增值额×适用税率-扣除项目金额×适用速算扣除系数

【例 7-1】甲公司为增值税一般纳税人，2021 年 10 月转让一幢 2010 年自建的办公楼，取得含增值税收入 2415 万元，并取得完税凭证。该办公楼造价为 500 万元，其中包括取得土地使用权所支付的地价款和按国家统一规定交纳的有关费用 300 万元。经房地产评估机构评定，该楼重置成本价为 1500 万元，成新度折扣率为七成新，支付房地产评估费用 5 万元，该公司的评估价格已经税务机关确认。该公司转让旧办公楼选择适用简易计税方法，转让该办公楼时缴纳的印花税税额为 1.15 万元。甲公司适用的城市维护建设税税率为 7%，教育费附加征收比率为 3%，地方教育附加征收比率为 2%。

要求：计算该纳税人应缴纳的土地增值税税额。

【解析】（1）转让房地产的收入 = 2415÷（1+5%）= 2300（万元）

（2）扣除项目金额包括：

①房地产评估价格 = 1500×70% = 1050（万元）

②取得土地使用权支付的金额 = 300（万元）

③可扣除转让环节税金 = 2415÷（1+5%）×5%×（7%+3%+2%）+1.15 = 14.95（万元）

④评估费用 = 5（万元）

扣除项目金额合计 = 1050+300+14.95+5 = 1369.95（万元）

（3）增值额 = 2300−1369.95 = 930.05（万元）

（4）增值额与扣除项目金额的比率 = 930.05÷1369.95×100% = 67.89%，适用税率为 40%，速算扣除系数为 5%。

（5）应纳土地增值税 = 930.05×40%−1369.95×5% = 303.52（万元）

五、税收优惠

（一）建造普通标准住宅出售的税收优惠

纳税人建造普通标准住宅出售，增值额未超过扣除项目金额 20%的，免征土地增值税；超过 20%的，应就其全部增值额按规定计税。

普通标准住宅，是指按所在地一般民用住宅标准建造的居住用住宅。高级公寓、别墅、度假村等不属于普通标准住宅。普通标准住宅与其他住宅的具体划分界限由各省、自治区、直辖市人民政府规定。

普通标准住宅应同时满足以下条件：住宅小区建筑容积率在 1.0 以上，单套建筑面积在 120 平方米以下，实际成交价格低于同级别土地上住房平均交易价格 1.2 倍以下。各省、自治区、直辖市要根据实际情况制定本地区享受优惠政策普通住房的具体标准。允许单套建筑面积和价格标准适当浮动，但向上浮动的比例不得超过上述标准的 20%。

对纳税人既建造普通标准住宅又从事其他房地产开发的，应分别核算增值额。不分别核算增值额或不能准确核算增值额的，其建造的普通标准住宅不能适用免税规定。

（二）国家征收、收回的房地产的税收优惠

1. 因国家建设需要依法征收、收回的房地产，免征土地增值税。

因国家建设需要依法征收、收回的房地产，是指因城市实施规划、国家建设的需要而被政府批准征收的房产或收回的土地使用权。

2. 因城市实施规划、国家建设的需要而搬迁，由纳税人自行转让原房地产的，免征土地增值税。

（三）个人销售住房的税收优惠

对个人销售住房暂免征收土地增值税。对个人之间互换自有居住用房地产的，经当地税务机关核实，可以免征土地增值税。

六、征收管理

（一）土地增值税的纳税期限

纳税人应当自转让房地产合同签订之日起 7 日内向房地产所在地主管税务机关办理纳税申报，并在税务机关核定的期限内缴纳土地增值税。申报时应向税务机关提交房屋及建筑物产权、土地使用权证书，土地使用权转让、房产买卖合同，房地产评估报告及其他与转让房地产有关的资料。

纳税人因经常发生房地产转让而难以在每次转让后申报的，经税务机关审核同意后，可以定期进行纳税申报，具体期限由税务机关根据情况确定。

税务机关核定的纳税期限，应在纳税人签订房地产转让合同之后，办理房地产权属转让（即过户及登记）手续之前。

（二）土地增值税的纳税地点

土地增值税的纳税地点为房地产所在地。房地产所在地，是指房地产的坐落地。纳税人转让房地产坐落在两个或两个以上地区的，应按房地产所在地分别申报纳税。

（三）土地增值税的预征

纳税人在项目全部竣工结算前转让房地产取得的收入，由于涉及成本确定或其他原因，而无法据以计算土地增值税的，可以预征土地增值税，待该项目全部竣工办理结算后再进行清算，多退少补。具体办法由各省、自治区、直辖市税务局根据当地情况制定。

除保障性住房外，东部地区省份预征率不得低于2%，中部和东北地区不得低于1.5%，西部地区省份不得低于1%，各地要根据不同类型房地产确定适当的预征率。

为方便纳税人，简化土地增值税预征税款计算，规定房地产开发企业采取预收款方式销售自行开发的房地产项目的，可按照以下方法计算土地增值税预征计征依据：

土地增值税预征的计征依据=预收款-应预缴增值税税款

对未按预征规定期限预缴税款的，应根据《税收征管法》及其实施细则的有关规定，从限定的缴纳税款期限届满的次日起，加收滞纳金。

（四）房地产开发企业土地增值税清算

土地增值税清算，是指纳税人在符合土地增值税清算条件后，依照税收法律、法规及土地增值税有关政策规定，计算房地产开发项目应缴纳的土地增值税税额，并填写《财产和行为税纳税申报表》，向主管税务机关提供有关资料，办理土地增值税清算手续，结清该房地产项目应缴纳土地增值税税款的行为。

1. 清算单位

土地增值税以国家有关部门审批的房地产开发项目为单位进行清算，对于分期开发的项目，以分期项目为单位清算。开发项目中同时包含普通住宅和非普通住宅的，应分别计算增值额。

2. 清算条件

（1）纳税人符合下列条件之一的，应进行土地增值税的清算：

①房地产开发项目全部竣工、完成销售的；

②整体转让未竣工决算房地产开发项目的；

③直接转让土地使用权的。

纳税人应当在满足条件之日起90日内到主管税务机关办理清算手续并提供相应的清算资料。

（2）对符合以下条件之一的，主管税务机关可要求纳税人进行土地增值税清算：

①已竣工验收的房地产开发项目，已转让的房地产建筑面积占整个项目可售建筑面积的比例在85%以上，或该比例虽未超过85%，但剩余的可售建筑面积已经出租或自用的；

②取得销售（预售）许可证满三年仍未销售完毕的；

③纳税人申请注销税务登记但未办理土地增值税清算手续的；

④省（自治区、直辖市、计划单列市）税务机关规定的其他情况。

对上述第③项情形，应在办理注销登记前进行土地增值税清算。

对于确定需要进行清算的项目，由主管税务机关下达清算通知，纳税人应当在收到清算通知之日起90日内办理清算手续并提供相应的清算资料。

3. 清算后再转让房地产的处理

在土地增值税清算时未转让的房地产，清算后销售或有偿转让的，纳税人应按规定进行土地增值税的纳税申报，扣除项目金额按清算时的单位建筑面积成本费用乘以销售或转让面积计算。

单位建筑面积成本费用=清算时的扣除项目总金额÷清算的总建筑面积

第二节　城镇土地使用税

一、概述

城镇土地使用税是以城镇土地为征税对象，以实际占用的土地面积为计税依据，按规定税额对拥有土地使用权的单位和个人征收的一种税。

我国现行城镇土地使用税的基本规范是1988年9月27日国务院发布的《中华人民共和国城镇土地使用税暂行条例》（以下简称《城镇土地使用税暂行条例》），自当年11月1日起施行。2019年3月2日，国务院第四次修订该条例。该条例的实施办法由各省、自治区、直辖市人民政府制定。

城镇土地使用税属于地方税，2020年，我国实现城镇土地使用税收入2058亿元，占当年全部税收收入的1.33%。

二、征税范围和纳税人

（一）征税范围

城镇土地使用税的征税范围，包括在城市、县城、建制镇和工矿区内的国家所有和集体所有的土地。

其中，城市、县城、建制镇和工矿区分别按以下标准确认：

1. 城市，是指经国务院批准设立的市，其征税范围包括市区和郊区。

2. 县城，是指县人民政府所在地，其征税范围为县人民政府所在地的城镇。

3. 建制镇，是指经省、自治区、直辖市人民政府批准设立的建制镇，其征税范围为镇人民政府所在地。

4. 工矿区，是指工商业比较发达，人口比较集中，符合国务院规定建制镇标准，但尚未设立建制镇的大中型工矿企业所在地。工矿区须经省、自治区、直辖市人民政府批准。

城市、县城、建制镇、工矿区的具体征税范围，由各省、自治区、直辖市人民政府划定。

（二）纳税人

城镇土地使用税的纳税人，是在城市、县城、建制镇和工矿区范围内使用土地的单位和个人。单位，包括国有企业、集体企业、私营企业、股份制企业、外商投资企业、外国企业以及其他企业和事业单位、社会团体、国家机关、军队以及其他单位。个人，是指个体工商户与其他个人。

根据用地者的不同情况，城镇土地使用税的纳税人有如下具体规定：

1. 城镇土地使用税由拥有土地使用权的单位和个人缴纳。

2. 拥有土地使用权的纳税人不在土地所在地的，由代管人或实际使用人纳税。

3. 土地使用权未确定或权属纠纷未解决的，由实际使用人纳税。

4. 土地使用权共有的，由共有各方分别纳税。

在城镇土地使用税征税范围内，承租集体所有建设用地的，由直接从集体经济组织承租土地的单位和个人缴纳城镇土地使用税。

三、计税依据、适用税额和应纳税额的计算

（一）计税依据

城镇土地使用税以纳税人实际占用的土地面积为计税依据。

纳税人实际占用的土地面积，是指由省、自治区、直辖市人民政府确定的单位组织测定的土地面积。尚未组织测量，但纳税人持有政府部门核发的土地使用证书的，以证书确认的土地面积为准；尚未核发土地使用证书的，应由纳税人据实申报土地面积。

（二）适用税额

城镇土地使用税采用定额税率，按大、中、小城市和县城、建制镇、工矿区分别规定每平方米城镇土地使用税年应纳税额。城镇土地使用税每平方米年税额如下：

1. 大城市 1.5~30 元。

2. 中等城市 1.2~24 元。

3. 小城市 0.9~18 元。

4. 县城、建制镇、工矿区 0.6~12 元。

省、自治区、直辖市人民政府，应当按照我国城市规模划分标准，在上述税额幅度内，根据市政建设状况、经济繁荣程度等条件，确定所辖地区的适用税额幅度。

市、县人民政府应当根据实际情况，将本地区土地划分为若干等级，在省、自治区、直辖市人民政府确定的税额幅度内，制定相应的适用税额标准，报省、自治区、直辖市人民政府批准执行。

经省、自治区、直辖市人民政府批准，经济落后地区城镇土地使用税的适用税额标准可以适当降低，但降低额不得超过上述最低税额的 30%。经济发达地区城镇土地使用税的适用税额标准可以适当提高，但须报经财政部批准。

（三）应纳税额的计算

城镇土地使用税以纳税人实际占用的土地面积为计税依据，依照规定税额计算征收。应纳税额计算公式如下：

年应纳税额＝计税土地面积（平方米）×适用税额

土地使用权共有的各方，应按其实际使用的土地面积占总面积的比例，分别计算缴纳城镇土地使用税。

【例 7-2】甲企业位于某经济落后地区，2019 年 12 月取得一宗土地的使用权（尚未取得土地使用证书）。2020 年按 2000 平方米申报缴纳城镇土地使用税。2021 年 1 月该企业取得了政府部门核发的土地使用权证书，证书确认的土地面积为 2500 平方米。已知该地区适用每平方米 0.9~18 元的固定税额，当地政府规定的固定税额为每平方米0.9元，并按国家规定的最高比例降低税额标准。

要求：计算该企业应补缴的城镇土地使用税。

【解析】 城镇土地使用税以纳税人实际占用的土地面积为计税依据，由省、自治区、直辖市人民政府确定的单位组织测定；尚未组织测量的，以纳税人持有政府部门核发的土地使用证书确认的土地面积为准。

经济落后地区城镇土地使用税的适用税额标准可以适当降低，但降低额不得超过最低税额的30%。

该企业适用的城镇土地使用税税额＝0.9－（0.9×30%）＝0.63（元/平方米）

2020年已缴纳的城镇土地使用税税额＝2000×0.63＝1260（元）

2020年应缴纳的城镇土地使用税税额＝2500×0.63＝1575（元）

该企业应补缴的城镇土地使用税税额＝1575－1260＝315（元）

四、税收优惠

（一）免缴城镇土地使用税的土地

1. 国家机关、人民团体、军队自用的土地。

2. 由国家财政部门拨付事业经费的单位自用的土地。包括实行全额预算管理或差额预算管理的事业单位，不包括实行自收自支、自负盈亏的事业单位。

3. 宗教寺庙、公园、名胜古迹自用的土地。宗教寺庙自用的土地，是指举行宗教仪式等的用地和寺庙内的宗教人员生活用地，这里的“宗教寺庙”包括寺、庙、宫、观、教堂等各种宗教活动场所。公园、名胜古迹自用的土地，是指供公共参观游览的用地及其管理单位的办公用地。

第1项至第3项所列单位的生产、经营用地和其他用地，不属于免税范围，应按规定缴纳城镇土地使用税。

4. 市政街道、广场、绿化地带等公共用地。

5. 直接用于农、林、牧、渔业的生产用地。不包括农副产品加工场地和生活、办公用地。

6. 经批准开山填海整治的土地和改造的废弃土地，从使用的月份起免缴城镇土地使用税5~10年。开山填海整治的土地和改造的废弃土地，以土地管理机关出具的证明文件为依据确定，不包括纳税人通过出让、转让、划拨等方式取得的已填海整治的土地。具体免税期限由各省、自治区、直辖市税务局在

《城镇土地使用税暂行条例》规定的期限内自行确定。

7. 由财政部另行规定免税的能源、交通、水利设施用地和其他用地。

（二）由省、自治区、直辖市税务局确定征免税的土地或单位

1. 个人所有的居住房屋及院落用地。

2. 房产管理部门在房租调整改革前经租的居民住房用地。

3. 免税单位职工家属的宿舍用地。

4. 对在一个纳税年度内月平均实际安置残疾人就业人数占单位在职职工总数的比例高于25%（含25%）且实际安置残疾人人数高于10人（含10人）的单位，可减征或免征该年度城镇土地使用税。

5. 集体和个人办的各类学校、医院、托儿所、幼儿园用地。

城镇土地使用税的税收优惠是根据国家政策需要和纳税人的负担能力制定的。由于城镇土地使用税属于地方税，因此给予地方一定的减免权限，有利于地方因地制宜地处理问题。

五、征收管理

（一）纳税义务发生时间

1. 购置新建商品房，自房屋交付使用之次月起计征城镇土地使用税。

2. 购置存量房，自办理房屋权属转移、变更登记手续，房地产权属登记机关签发房屋权属证书之次月起计征城镇土地使用税。

3. 出租、出借房产，自交付出租、出借房产之次月起计征城镇土地使用税。

4. 纳税人以出让或转让方式有偿取得土地使用权的，应由受让方从合同约定交付土地时间的次月起缴纳城镇土地使用税；合同未约定交付土地时间的，由受让方从合同签订的次月起缴纳城镇土地使用税。

5. 纳税人新征用的耕地，自批准征用之日起满1年时开始缴纳城镇土地使用税。

6. 纳税人新征用的非耕地，自批准征用次月起缴纳城镇土地使用税。

纳税人因土地的权利发生变化而依法终止城镇土地使用税纳税义务的，其应纳税款的计算应截止到土地权利发生变化的当月末。

（二）纳税期限

城镇土地使用税按年计算、分期缴纳，具体缴纳期限由省、自治区、直辖市人民政府确定。

（三）纳税地点

城镇土地使用税的纳税地点为土地所在地，由土地所在地的税务机关负责征收。纳税人使用的土地不属于同一省（自治区、直辖市）管辖范围的，由纳税人分别向土地所在地的税务机关申报缴纳。在同一省（自治区、直辖市）管辖范围内，纳税人跨地区使用的土地，由各省、自治区、直辖市税务局确定纳税地点。

第三节　房产税

一、概述

房产税是以房屋为征税对象，以房产余值或租金收入为计税依据，向房屋产权所有人征收的一种财产税。

我国现行房产税的主要规范是1986年9月15日国务院发布的《中华人民共和国房产税暂行条例》，自当年10月1日起施行。2011年1月8日，国务院对该条例作了修改。该条例施行细则由各省、自治区、直辖市人民政府制定，送财政部备案。

房产税属于地方税，2020年，我国实现房产税收入2842亿元，占当年全部税收收入的1.84%。

二、征税范围和纳税人

（一）征税范围

房产税的征税范围为坐落于城市、县城、建制镇和工矿区的房产。

1. 房产税以房屋为征税对象。房产是以房屋形态表现的财产，房屋是指有屋面和围护结构（有墙或两边有柱），能够遮风避雨，可供人们在其中生产、学习、工作、娱乐、居住或储藏物资的场所。

2. 房产税在城市、县城、建制镇和工矿区征收。其中：

（1）城市，是指经国务院批准设立的市。城市的征税范围为市区、郊区和市辖县县城，不包括农村。

（2）县城，是指未设立建制镇的县人民政府所在地。

（3）建制镇，是指经省、自治区、直辖市人民政府批准设立的建制镇。建制镇的征税范围为镇人民政府所在地，不包括所辖的行政村。关于建制镇具体征税范围，由各省、自治区、直辖市税务局提出方案，经省、自治区、直辖市人民政府确定批准后执行，并报国家税务总局备案。

（4）工矿区，是指工商业比较发达，人口比较集中，符合国务院规定的建制镇标准，但尚未设立镇建制的大中型工矿企业所在地。开征房产税的工矿区须经省、自治区、直辖市人民政府批准。

凡在上述开征地区范围内的房产，除另有规定免税外，均应依法缴纳房产税。对不在开征地区范围之内的房产，不征收房产税。

（二）纳税人

房产税的纳税人，是指在征税范围内拥有房屋产权的单位和个人。其中：

1. 产权属于全民所有的，由经营管理的单位纳税。

2. 产权出典的，由承典人纳税。

3. 产权所有人、承典人不在房产所在地的，或者产权未确定及租典纠纷未解决的，由房产代管人或者使用人纳税。

三、计税依据、税率和应纳税额的计算

（一）计税依据

房产税的计税依据是房产余值或房产租金收入。

1. 自用的房屋，以房产余值作为计税依据。

房产余值计税，是指依照房产原值一次减除10%～30%后的余额计算缴纳。具体减除幅度由省、自治区、直辖市人民政府规定。没有房产原值作为依据的，由房产所在地税务机关参考同类房产核定。

房产原值，是指纳税人按照会计制度规定，在会计核算账簿“固定资产”科目中记载的房屋原值。因此，凡按会计制度规定在账簿中记载有房屋原价的，即应以房屋原价按规定减除一定比例后作为房产余值计征房产税；没有记载房屋原价的，按照上述原则，并参照同类房屋，确定房产原值，计征房产税。

对按照房产原值计税的房产，无论会计上如何核算，房产原值均应包含地价，包括为取得土地使用权支付的价款、开发土地发生的成本费用等。宗地容积率低于0.5的，按房产建筑面积的2倍计算土地面积并据此确定计入房产原值的地价。

2. 房产出租的，以租金收入作为计税依据。

房产出租的，以不含增值税的房产租金收入为房产税的计税依据。房产的租

金收入包括货币收入和实物收入。对出租房产，租赁双方签订的租赁合同约定有免收租金期限的，免收租金期间由产权所有人按照房产原值计算缴纳房产税。

对于投资联营的房产，应根据投资联营的具体情况，在计征房产税时予以区别对待。对于以房产投资联营，投资者参与投资利润分红，共担风险的情况，按房产原值计算缴纳房产税；对于以房产投资，收取固定收入，不承担联营风险的情况，实际上是以联营名义取得房产的租金，应根据有关规定由出租方按租金收入计缴房产税。

融资租赁的房产，由承租人自融资租赁合同约定开始日的次月起依照房产余值缴纳房产税。合同未约定开始日的，由承租人自合同签订的次月起依照房产余值缴纳房产税。

（二）税率

我国现行的房产税采用的是比例税率，根据计税依据的不同分为以下两档：

1. 按房产余值计税的，税率为 1.2%。

2. 按房产租金收入计税的，税率为 12%。

对个人出租住房，不区分用途，按 4%的税率征收房产税。对企事业单位、社会团体以及其他组织向个人、专业化规模化住房租赁企业出租住房，减按 4%的税率征收房产税。

（三）应纳税额的计算

1. 自用的房产以房产余值计税，计算公式为：

应纳税额＝房产余值×1.2%

房产余值＝房产原值×（1－原值减除比例）

2. 出租的房产以房产租金收入计税，计算公式为：

应纳税额＝不含增值税的房产租金收入×12%（或 4%）

四、税收优惠

下列房产免征房产税：

1. 国家机关、人民团体、军队自用的房产。自用的房产，是指这些单位本身的办公用房和公务用房。

2. 由国家财政部门拨付事业经费的单位自用的房产。自用的房产，是指这些单位本身的业务用房。

3. 宗教寺庙、公园、名胜古迹自用的房产。宗教寺庙自用的房产，是指举行宗教仪式等的房屋和宗教人员使用的生活用房屋；公园、名胜古迹自用的房产，是指供公共参观游览的房屋及其管理单位的办公用房屋。

第 1 项至第 3 项免税单位出租的房产以及非本身业务用的生产、营业用房产不属于免税范围，应征收房产税。

4. 个人所有非营业用的房产，国务院批准的征税试点城市除外。对个人所有的营业用房或出租等非自用的房产，应按照规定征收房产税。

5. 经财政部批准免税的其他房产。

五、征收管理

（一）纳税义务发生时间

1. 购置新建商品房，自房屋交付使用之次月起计征房产税。

2. 购置存量房，自办理房屋权属转移、变更登记手续，房地产权属登记机关签发房屋权属证书之次月起计征房产税。

3. 出租、出借房产，自交付出租、出借房产之次月起计征房产税。

4. 房地产开发企业自用、出租、出借本企业建造的商品房，自房屋使用或交付之次月起计征房产税。

5. 融资租赁的房产，由承租人自融资租赁合同约定开始日的次月起依照房产余值缴纳房产税。合同未约定开始日的，由承租人自合同签订的次月起依照房产余值缴纳房产税。

6. 纳税人自建的房屋，自建成之次月起计征房产税。

7. 纳税人委托施工企业建设的房屋，从办理验收手续之次月起征收房产税。

纳税人因房产、土地的实物或权利状态发生变化而依法终止房产税纳税义务的，其应纳税款的计算应截止到房产、土地的实物或权利状态发生变化的当月末。

（二）纳税期限

房产税按年征收、分期缴纳。具体纳税期限由省、自治区、直辖市人民政府规定。

（三）纳税地点

房产税由房产所在地的税务机关征收。房产不在一地的纳税人，应按房产的坐落地点，分别向房产所在地的税务机关缴纳房产税。

第四节　契税

一、概述

契税是在土地、房屋权属转移时对其承受人征收的一种财产税。

1950 年 4 月 3 日，政务院发布《中华人民共和国契税暂行条例》。1997 年 7 月 7 日，国务院修订并重新颁布了《中华人民共和国契税暂行条例》，自当年 10 月 1 日起施行。2019 年 3 月 2 日，国务院对该条例作了修改。1997 年 10 月 28 日，财政部发布《中华人民共和国契税暂行条例细则》。2020 年 8 月 11 日，第十三届全国人民代表大会常务委员会第二十一次会议通过《中华人民共和国契税法》（以下简称《契税法》），自 2021 年 9 月 1 日起施行，条例同时废止。

契税属于地方税，2020 年，我国实现契税收入 7061 亿元，占当年全部税收收入的 4.58%。

二、征税范围和纳税人

（一）征税范围

契税的征税对象为在我国境内转移的土地、房屋权属。征收契税的土地、房屋权属，具体为土地使用权、房屋所有权。包括下列行为：

1. 土地使用权出让。

2. 土地使用权转让，包括出售、赠与、互换，不包括土地承包经营权和土地经营权的转移。

3. 房屋买卖、赠与、互换。

以作价投资（入股）、偿还债务、划转、奖励等方式转移土地、房屋权属的，应当依照规定征收契税。

（二）纳税人

在我国境内转移土地、房屋权属，承受的单位和个人为契税的纳税人。

三、计税依据、税率和应纳税额计算

（一）计税依据

契税的计税依据不含增值税，具体按照土地、房屋交易的不同情况确定：

1. 土地使用权出让、出售，房屋买卖，为土地、房屋权属转移合同确定的成交价格，包括应交付的货币以及实物、其他经济利益对应的价款。

2. 土地使用权互换、房屋互换，为所互换的土地使用权、房屋价格的差额。

3. 土地使用权赠与、房屋赠与以及其他没有价格的转移土地、房屋权属行为，为税务机关参照土地使用权出售、房屋买卖的市场价格依法核定的价格。

纳税人申报的成交价格、互换价格差额明显偏低且无正当理由的，由税务机关依照《税收征管法》的规定核定。

（二）税率

《契税法》规定了3%～5%的幅度比例税率，各地契税的具体适用税率，由省、自治区、直辖市人民政府在税率幅度内提出，报同级人民代表大会常务委员会决定，并报全国人民代表大会常务委员会和国务院备案。

对于住房的权属转移，省、自治区、直辖市可以按照上述程序，根据不同主体、不同地区、不同类型确定差别税率。

（三）应纳税额的计算

契税的应纳税额计算公式：

$$应纳税额=计税依据\times适用税率$$

【例 7-3】某市甲企业，因生产经营需要，将其闲置的厂房与乙企业的某土地使用权互换，由乙企业支付差价款 120 万元；甲企业还接受丙企业以房产进行的投资，丙企业投资入股的房产市场价值为 350 万元。

要求：计算甲、乙企业各自应缴纳的契税。（以上价款均不含增值税，当地规定的契税税率为 4%。）

【解析】甲企业应纳契税税额 = 350×4% = 14（万元）

乙企业应纳契税税额 = 120×4% = 4.8（万元）

四、税收优惠

1. 有下列情形之一的，免征契税：

（1）国家机关、事业单位、社会团体、军事单位承受土地、房屋权属用于办公、教学、医疗、科研、军事设施；

(2) 非营利性的学校、医疗机构、社会福利机构承受土地、房屋权属用于办公、教学、医疗、科研、养老、救助；

(3) 承受荒山、荒地、荒滩土地使用权用于农、林、牧、渔业生产；

(4) 婚姻关系存续期间夫妻之间变更土地、房屋权属；

(5) 法定继承人通过继承承受土地、房屋权属；

(6) 依照法律规定应当予以免税的外国驻华使馆、领事馆和国际组织驻华代表机构承受土地、房屋权属。

根据国民经济和社会发展的需要，国务院对居民住房需求保障、企业改制重组、灾后重建等情形可以规定免征或者减征契税，报全国人民代表大会常务委员会备案。

纳税人改变有关土地、房屋的用途，或者有其他不再属于上述规定的免征、减征契税情形的，应当缴纳已经免征、减征的税款。

2. 省、自治区、直辖市可以决定对下列情形免征或者减征契税：

(1) 因土地、房屋被县级以上人民政府征收、征用，重新承受土地、房屋权属；

(2) 因不可抗力灭失住房，重新承受住房权属。

上述规定的免征或者减征契税的具体办法，由省、自治区、直辖市人民政府提出，报同级人民代表大会常务委员会决定，并报全国人民代表大会常务委员会和国务院备案。

五、征收管理

(一) 纳税义务发生时间

契税的纳税义务发生时间，为纳税人签订土地、房屋权属转移合同的当日，或者纳税人取得其他具有土地、房屋权属转移合同性质凭证的当日。

(二) 纳税期限

纳税人应当在依法办理土地、房屋权属登记手续前申报缴纳契税。

(三) 纳税地点

契税由土地、房屋所在地的税务机关征收管理。

(四) 契税的退税

在依法办理土地、房屋权属登记前，权属转移合同、权属转移合同性质凭证不生效、无效、被撤销或者被解除的，纳税人可以向税务机关申请退还已缴纳的税款，税务机关应当依法办理。

（五）部门协作

纳税人办理纳税事宜后，税务机关应当开具契税完税凭证。纳税人办理土地、房屋权属登记，不动产登记机构应当查验契税完税、减免税凭证或者有关信息。未按照规定缴纳契税的，不动产登记机构不予办理土地、房屋权属登记。

税务机关应当与相关部门建立契税涉税信息共享和工作配合机制。自然资源、住房和城乡建设、民政、公安等相关部门应当及时向税务机关提供与转移土地、房屋权属有关的信息，协助税务机关加强契税征收管理。

第五节　城市维护建设税

一、概述

城市维护建设税是对缴纳增值税、消费税的单位和个人征收的一种税。1985年2月8日，国务院发布《中华人民共和国城市维护建设税暂行条例》，自1985年1月1日起在全国范围内施行，2011年1月8日国务院对该条例进行了修改。2020年8月11日，第十三届全国人民代表大会常务委员会第二十一次会议通过《中华人民共和国城市维护建设税法》，于2021年9月1日起施行，条例同时废止。

城市维护建设税属于附加税，根据城镇规模设计税率，为城市的开发与建设以及城镇居民环境的改善提供稳定的资金来源，以促进城市公用事业的发展和城市经济的繁荣。

城市维护建设税属于共享税，中国铁路总公司、各银行总行、各保险总公司集中缴纳的部分为中央收入，其余部分为地方收入。2020年，我国实现城市维护建设税收入4608亿元，占当年全部税收收入的2.99%。

二、纳税人和扣缴义务人

在我国境内缴纳增值税、消费税的单位和个人，为城市维护建设税的纳税人。

城市维护建设税的扣缴义务人为负有增值税、消费税扣缴义务的单位和个人，在扣缴增值税、消费税的同时扣缴城市维护建设税。

采用委托代征、代扣代缴、代收代缴、预缴、补缴等方式缴纳增值税、消费税的，应当同时缴纳城市维护建设税。其中，代扣代缴不含因境外单位和个人向境内销售劳务、服务、无形资产代扣代缴增值税情形。

三、征税范围

城市维护建设税的征税范围同增值税、消费税的征税范围相同，无论纳税人所在地在城市市区、县城、镇以及其他地区，由于都直接或间接享受了城市公共设施的利益，所以都应按规定缴纳城市维护建设税。

对进口货物或者境外单位和个人向境内销售劳务、服务、无形资产缴纳的增值税、消费税税额，不征收城市维护建设税。

四、税率、计税依据和应纳税额的计算

（一）税率

城市维护建设税实行地区差别比例税率，分为三档，具体规定是：

1. 纳税人所在地在市区的，税率为7%。
2. 纳税人所在地在县城、镇的，税率为5%。
3. 纳税人所在地不在市区、县城或镇的，税率为1%。

纳税人所在地，是指纳税人住所地或者与纳税人生产经营活动相关的其他地点，具体地点由省、自治区、直辖市确定。

（二）计税依据

城市维护建设税的计税依据是纳税人依法实际缴纳的增值税、消费税税额。

依法实际缴纳的增值税、消费税税额，是指纳税人依照增值税、消费税相关法律法规和税收政策规定计算的应当缴纳的增值税、消费税税额（不含因进口货物或境外单位和个人向境内销售劳务、服务、无形资产缴纳的增值税、消费税税额），加上增值税免抵税额，扣除直接减免的增值税、消费税税额和期末留抵退税退还的增值税税额后的金额。

直接减免的增值税、消费税税额，是指依照增值税、消费税相关法律法规和税收政策规定，直接减征或免征的增值税、消费税税额，不包括实行先征后返、先征后退、即征即退办法退还的增值税、消费税税额。

（三）应纳税额的计算

城市维护建设税以纳税人实际缴纳的增值税、消费税税额为计税依据，采用分区域的差别比例税率，计算公式为：

应纳税额＝纳税人实际缴纳的增值税、消费税税额×适用税率

因纳税人多缴发生的增值税、消费税退税，同时退还已缴纳的城市维护建设税。增值税、消费税实行先征后返、先征后退、即征即退的，除另有规定外，不予退还随增值税、消费税附征的城市维护建设税。

纳税人在被查补增值税、消费税和被处以罚款时，应同时查补城市维护建设税并处以罚款。

【例 7-4】 2021 年 5 月，市区某企业被查补增值税 50000 元、消费税 20000 元、企业所得税 30000 元，被加收滞纳金 2000 元，被处罚款 8000 元。

要求：计算该企业应补缴的城市维护建设税。

【解析】 应补缴的城市维护建设税＝（50000+20000）×7%＝4900（元）

五、税收优惠

1. 城市维护建设税是以实际缴纳的增值税、消费税税额为计税依据，税法规定对纳税人减免增值税、消费税时，相应也减免了城市维护建设税。

2. 根据国民经济和社会发展的需要，国务院对重大公共基础设施建设、特殊产业和群体以及重大突发事件应对等情形可以规定减征或者免征城市维护建设税，报全国人民代表大会常务委员会备案。

3. 对由于减免增值税、消费税而发生的退税，同时退还已纳的城市维护建设税。

六、征收管理

城市维护建设税的征收管理等事项，比照增值税、消费税的有关规定办理。

城市维护建设税的纳税义务发生时间与增值税、消费税的纳税义务发生时间一致，分别与增值税、消费税同时缴纳。同时缴纳，是指在缴纳增值税、消费税时，应当在增值税、消费税同一缴纳地点、同一缴纳期限内，一并缴纳对应的城市维护建设税。

第六节　印花税

一、概述

印花税是对经济活动和经济交往中书立应税凭证、进行证券交易所征收的

一种税。印花税具有征税范围广泛、税率低、税负轻，可由纳税人自行完成纳税义务等特点。

1624年，荷兰政府陷入了严重的经济危机，财政十分困难。执掌政权的统治者打算增税解决财政困难但又怕遭到人民的反对，便要求大臣们出谋献策。最后从成千上万个应征者设计的方案中，筛选出一个“完美方案”——印花税。其设计方案可谓匠心独具：第一，考虑到人们在日常生活中经常使用契约、借贷凭证之类单据的事实，所以一旦征税，税源将很大；第二，顺应了人们的心理，人们认为在凭证、单据上由政府盖个印戳而成为合法凭证是理所当然的，在诉讼时可以有法律保障，因而也乐于缴纳印花税。

新中国成立之初，政务院发布了《印花税暂行条例》，在全国范围内开征印花税。1958年工商税制改革简化税制时，将印花税并入工商统一税，不再单设税种征收。党的十一届三中全会以后，随着改革开放政策的贯彻实施，我国的国民经济得到迅速发展，经济活动中依法书立、领受各种经济凭证已成为普遍现象，1988年8月6日，国务院公布了《中华人民共和国印花税暂行条例》，当年9月，财政部发布《中华人民共和国印花税暂行条例施行细则》，并于同年10月1日起恢复征收印花税。2021年6月10日，第十三届全国人民代表大会常务委员会第二十九次会议通过《中华人民共和国印花税法》（以下简称《印花税法》），自2022年7月1日起施行。

印花税属于共享税，证券交易印花税收入为中央收入，其他印花税收入为地方收入。2020年，我国实现印花税收入3087亿元，占当年全部税收收入的2%。

二、纳税人和扣缴义务人

（一）纳税人

印花税的纳税人是在我国境内书立应税凭证、进行证券交易的单位和个人。

1. 书立应税凭证，是指以书面形式签署应税凭证。同一应税凭证，凡由两方或者两方以上当事人签订并各执一份的，其当事人各方都是印花税的纳税人。所谓当事人，是指对应税凭证有直接权利义务关系的单位和个人，不包括保人、证人、鉴定人。

应税凭证印花税纳税义务的发生地既包括书立地，也包括使用地。在我国境外书立在境内使用的应税凭证的单位和个人，应当缴纳印花税。

2. 进行证券交易，是指发生证券交易行为。证券交易的出让方缴纳印花税，受让方不缴纳印花税。

（二）扣缴义务人

1. 纳税人为境外单位或者个人，在境内有代理人的，以其境内代理人为扣缴义务人。

2. 证券登记结算机构为证券交易印花税的扣缴义务人。

三、征税范围

《印花税法》采用正列举方式规定了 17 个税目，列入税目的征收印花税，未列入税目不征税。其征税范围，总体上包括应税凭证和证券交易两部分。

（一）应税凭证

《印花税法》规定的应税凭证分为合同、产权转移书据和营业账簿三大类。

1. 合同，是民事主体之间设立、变更、终止民事法律关系的协议。征收印花税的合同应当采用书面形式签订，书面形式包括合同书、信件、电报、电传、传真等可以有形地表现所载内容的形式；以电子数据交换、电子邮件等方式能够有形地表现所载内容，并可以随时调取查用的数据电文，视为书面形式。

征收印花税的合同包括下列 11 个税目：

（1）借款合同。

征收印花税的借款合同特指银行业金融机构、经国务院银行业监督管理机构批准设立的其他金融机构与借款人的借款合同；同业拆借合同不缴纳印花税。

（2）融资租赁合同。

融资租赁合同是出租人根据承租人对出卖人、租赁物的选择，向出卖人购买租赁物，提供给承租人使用，承租人支付租金的合同。

（3）买卖合同。

征收印花税的买卖合同特指动产买卖合同，对转移的标的物有限定性要求；不动产转让书据不属于本税目；个人书立的动产买卖合同不缴纳印花税。

（4）承揽合同。

承揽合同是承揽人按照定作人的要求完成工作，交付工作成果，定作人支付报酬的合同。承揽包括加工、定作、修理、复制、测试、检验等工作。

（5）建设工程合同。

建设工程合同是承包人进行工程建设，发包人支付价款的合同，包括工程勘察、设计、施工合同。

（6）运输合同。

征收印花税的运输合同特指货运合同和多式联运合同。货物运输是承运人将货物从起运地点运输到约定地点，多式联运是由两种及以上的交通工具相互衔接、转运而共同完成的运输过程。客运合同和管道运输合同不缴纳印花税。

（7）技术合同。

技术合同是当事人就技术开发、转让、许可、咨询或者服务订立的确立相互之间权利和义务的合同，专利权、专有技术使用权转让书据不属于本税目。

（8）租赁合同。

租赁合同是出租人将租赁物交付承租人使用、收益，承租人支付租金的合同。

（9）保管合同。

保管合同是保管人保管寄存人交付的保管物，并返还该物的合同。

（10）仓储合同。

仓储合同是保管人储存存货人交付的仓储物，存货人支付仓储费的合同。

（11）财产保险合同。

财产保险合同是投保人与保险人约定的以财产及其有关利益为保险标的的协议；再保险合同不缴纳印花税。

2. 产权转移书据，是指单位和个人产权的买卖（出售）、继承、赠与、交换、分割等所立的书据，征收印花税的产权转移书据包括下列 4 个税目：

（1）土地使用权出让书据。

土地使用权出让是国家以土地所有者的身份，将一定地块的国有土地使用权，有期限地让与土地使用者，并由土地使用者向国家支付土地使用金的行为。土地使用权出让书据由政府土地管理部门与申请受让土地使用权者签订。

（2）土地使用权、房屋等建筑物和构筑物所有权转让书据。

单位和个人依法将土地使用权、房屋等建筑物和构筑物所有权采用买卖（出售）、继承、赠与、交换、分割等方式转移给他人所立的书据，应当缴纳印花税；土地承包经营权和土地经营权转移不缴纳印花税。

（3）股权转让书据。

除按照证券交易税目缴纳印花税的股票交易外，一般企业之间转让非上市公司股权，按股权转让书据税目缴纳印花税。

（4）商标专用权、著作权、专利权、专有技术使用权转让书据。

单位和个人转让商标专用权、著作权、专利权和专有技术使用权时所立的书据，按本税目缴纳印花税。

3. 营业账簿。

《印花税法》规定的营业账簿税目，特指记载资金的账簿，即反映生产经营单位“实收资本（股本）”和“资本公积”金额增减变化的账簿。

（二）证券交易

《印花税法》规定的证券交易税目，是指转让在依法设立的证券交易所、国务院批准的其他全国性证券交易场所交易的股票和以股票为基础的存托凭证。

目前，我国境内有三家依法设立的证券交易所，分别是上海证券交易所、深圳证券交易所和北京证券交易所。国务院批准的其他全国性证券交易场所主要是指全国中小企业股份转让系统。

存托凭证以境外股票为基础在我国境内发行，并在境内证券交易所上市交易，将其纳入印花税征收范围，适用与证券交易相同的政策，有利于保持税制统一和税负公平。

四、税率、计税依据和计税方法

（一）税率

印花税按税目实行差别比例税率，分为五个档次，分别是0.05‰、0.3‰、0.5‰、0.25‰和1‰。具体税率的确定，依照《印花税税目税率表》（见表7-2）执行。

表7-2　印花税税目税率表

税目		税率
合同	借款合同	借款金额的万分之零点五
	融资租赁合同	租金的万分之零点五
	买卖合同	价款的万分之三
	承揽合同	报酬的万分之三
	建设工程合同	价款的万分之三
	运输合同	运输费用的万分之三
	技术合同	价款、报酬或者使用费的万分之三
	租赁合同	租金的千分之一
	保管合同	保管费的千分之一
	仓储合同	仓储费的千分之一
	财产保险合同	保险费的千分之一

续表

税目		税率
产权转移书据	土地使用权出让书据	价款的万分之五
	土地使用权、房屋等建筑物和构筑物所有权转让书据	价款的万分之五
	股权转让书据	价款的万分之五
	商标专用权、著作权、专利权、专有技术使用权转让书据	价款的万分之三
营业账簿		实收资本（股本）、资本公积合计金额的万分之二点五
证券交易		成交金额的千分之一

（二）计税依据

印花税采用从价计征，其计税依据的规定具体如下：

1. 应税合同的计税依据，为合同所列的金额，不包括列明的增值税税款。

2. 应税产权转移书据的计税依据，为产权转移书据所列的金额，不包括列明的增值税税款。

应税合同、产权转移书据未列明金额的，印花税的计税依据按照实际结算的金额确定。若无法按照实际结算的金额确定的，按照书立合同、产权转移书据时的市场价格确定；依法应当执行政府定价或者政府指导价的，按照国家有关规定确定。

3. 应税营业账簿的计税依据，为账簿记载的实收资本（股本）、资本公积合计金额。

4. 证券交易的计税依据，为成交金额。

证券交易无转让价格的，按照办理过户登记手续时该证券前一个交易日收盘价计算确定计税依据；无收盘价的，按照证券面值计算确定计税依据。

（三）计税方法

1. 一般规定

印花税的应纳税额按照计税依据乘以适用税率计算，计算公式是：

应纳税额＝计税依据×适用税率

2. 特别规定

（1）同一应税凭证载有两个以上税目事项并分别列明金额的，按照各自适用的税目税率分别计算应纳税额；未分别列明金额的，从高适用税率。

（2）同一应税凭证由两方以上当事人书立的，按照各自涉及的金额分别计算应纳税额。

（3）已缴纳印花税的营业账簿，以后年度记载的实收资本（股本）、资本公积合计金额比已缴纳印花税的实收资本（股本）、资本公积合计金额增加的，按照增加部分计算应纳税额。

（4）证券登记结算机构除解缴证券交易印花税外，还应包括银行按规定结算的利息。

【例 7-5】甲公司与乙公司分别签订了两份合同：一是易货合同，甲公司的货物价值 200 万元，乙公司的货物价值 220 万元；二是车辆租赁合同，合同记载金额 20 万元。

要求：计算甲公司应缴纳的印花税。

【解析】易货合同属于买卖合同，适用税率 0.3‰；租赁合同适用税率 1‰。

应纳印花税＝［（200+220）×0.3‰+20×1‰］×10000＝1460（元）

五、税收优惠

下列凭证免征印花税：

1. 应税凭证的副本或者抄本。

2. 按照法律规定应当予以免税的外国驻华使馆、领事馆和国际组织驻华代表机构为获得馆舍书立的应税凭证。

3. 中国人民解放军、中国人民武装警察部队书立的应税凭证。

4. 农民、家庭农场、农民专业合作社、农村集体经济组织、村民委员会购买农业生产资料或者销售农产品书立的买卖合同和农业保险合同。

5. 无息或者贴息借款合同、国际金融组织向中国提供优惠贷款书立的借款合同。

6. 财产所有权人将财产赠与政府、学校、社会福利机构、慈善组织书立的产权转移书据。

7. 非营利性医疗卫生机构采购药品或者卫生材料书立的买卖合同。

8. 个人与电子商务经营者订立的电子订单。

根据国民经济和社会发展的需要，国务院对居民住房需求保障、企业改制重组、破产、支持小型微型企业发展等情形可以规定减征或者免征印花税，报全国人民代表大会常务委员会备案。

六、征收管理

（一）征管职责

1. 印花税由税务机关依照《印花税法》和《税收征管法》的规定征收管理。

2. 印花税票由国务院税务主管部门监制。

（二）纳税义务发生时间

1. 应税凭证印花税的纳税义务发生时间为纳税人书立应税凭证的当日。

2. 证券交易印花税的纳税义务发生时间为纳税人完成证券交易的当日。证券交易印花税扣缴义务发生时间为证券交易完成的当日。

（三）纳税期限

1. 印花税按季、按年或者按次计征。实行按季、按年计征的，纳税人应当自季度、年度终了之日起15日内申报缴纳税款。实行按次计征的，纳税人应当自纳税义务发生之日起15日内申报缴纳税款。

2. 证券交易印花税按周解缴。证券交易印花税扣缴义务人应当自每周终了之日起5日内申报解缴税款以及银行结算的利息。

（四）纳税地点

1. 纳税人为单位的，应当向其机构所在地的主管税务机关申报缴纳印花税。

2. 纳税人为个人的，应当向应税凭证书立地或者纳税人居住地的主管税务机关申报缴纳印花税。

3. 不动产产权发生转移的，纳税人应当向不动产所在地的主管税务机关申报缴纳印花税。

4. 证券登记结算机构应当向其机构所在地的主管税务机关申报解缴税款及银行结算的利息。

（五）其他征管规定

1. 印花税可以采用粘贴印花税票或者由税务机关依法开具其他完税凭证的方式缴纳。印花税票粘贴在应税凭证上的，由纳税人在每枚税票的骑缝处盖戳注销或者画销。

2. 纳税人为境外单位或者个人，在境内没有代理人的，由纳税人自行申报缴纳印花税，具体办法由国务院税务主管部门规定。

第七节　车辆购置税

一、概述

车辆购置税是对在我国境内购置汽车、有轨电车、汽车挂车、排气量超过

150 毫升的摩托车（以下统称应税车辆）的单位和个人征收的一种税。

车辆购置税是在交通部门收取的原车辆购置附加费的基础上，通过“费改税”方式改革而来的。2000 年 10 月 22 日，国务院发布《中华人民共和国车辆购置税暂行条例》，自 2001 年 1 月 1 日起施行。2018 年 12 月 29 日，第十三届全国人民代表大会常务委员会第七次会议通过《中华人民共和国车辆购置税法》，自 2019 年 7 月 1 日起施行。

车辆购置税属于中央税，2020 年，我国实现车辆购置税收入 3531 亿元，占当年全部税收收入的 2.29%。

二、纳税人

车辆购置税的纳税人，是指在我国境内购置应税车辆的单位和个人。其中购置是指以购买、进口、自产、受赠、获奖或者以其他方式取得并自用应税车辆的行为。

三、征税范围

车辆购置税以列举的车辆作为征税对象，未列举的车辆不征税。其征税范围包括汽车、有轨电车、汽车挂车、排气量超过 150 毫升的摩托车。

四、税率、计税依据和应纳税额的计算

（一）税率

车辆购置税实行单一比例税率，税率为 10%。

（二）计税依据

车辆购置税以应税车辆的计税价格为计税依据。

应税车辆的计税价格，按照下列规定确定：

1. 纳税人购买自用应税车辆的计税价格，为纳税人实际支付给销售者的全部价款，不包括增值税税款。

2. 纳税人进口自用应税车辆的计税价格，为关税完税价格加上关税和消费税，计算公式为：

$$计税价格=关税完税价格+关税+消费税$$

3. 纳税人自产自用应税车辆的计税价格，按照纳税人生产的同类应税车辆（即车辆配置序列号相同的车辆）的销售价格确定，不包括增值税税款；没有同类应税车辆销售价格的，按照组成计税价格确定。组成计税价格计算公式如下：

组成计税价格=成本×（1+成本利润率）

属于应征消费税的应税车辆，其组成计税价格中应加计消费税税额。上述公式中的成本利润率，由国家税务总局各省、自治区、直辖市和计划单列市税务局确定。

4. 纳税人以受赠、获奖或者其他方式取得自用应税车辆的计税价格，按照购置应税车辆时相关凭证载明的价格确定，不包括增值税税款。

5. 纳税人申报的应税车辆计税价格明显偏低，又无正当理由的，由税务机关依照《税收征管法》的规定核定其应纳税额。

（三）应纳税额的计算

1. 购置应税车辆

车辆购置税实行一次性征收。购置已征车辆购置税的车辆，不再征收车辆购置税。

车辆购置税实行从价定率的办法计算应纳税额，计算公式为：

应纳税额=计税价格×10%

纳税人以外汇结算应税车辆价款的，按照申报纳税之日的人民币汇率中间价折合成人民币计算缴纳税款。

【例 7-6】某经营进口汽车的汽车销售公司于 2021 年 1 月直接从韩国进口 10 辆小轿车，其中一辆自用。经报关地口岸海关对有关报关资料审查确定，关税计税价格为 184000 元（人民币），海关征收关税 36800 元，并按增值税、消费税有关规定分别征收进口增值税 40800 元、消费税 19200 元。

要求：计算该企业应纳的车辆购置税。

【解析】纳税人进口自用的应税车辆，以组成计税价格为计税依据，公式为：计税价格=关税完税价格+关税+消费税。

应纳车辆购置税=（184000+36800+19200）×10%×1÷10=2400（元）

2. 减免税条件消失的车辆

免税、减税车辆因转让、改变用途等原因不再属于免税、减税范围的，纳税人应当在办理车辆转移登记或者变更登记前缴纳车辆购置税。计税价格以免税、减税车辆初次办理纳税申报时确定的计税价格为基准，每满一年扣减 10%。使用年限的计算方法是，自纳税人初次办理纳税申报之日起，至不再属于免税、减税范围的情形发生之日止。使用年限取整计算，不满一年的不计算在内。

应纳税额=初次办理纳税申报时确定的计税价格×（1-使用年限×10%）×10%-已纳税额

应纳税额不得为负数。

3. 退税车辆

纳税人将已征车辆购置税的车辆退回车辆生产企业或者销售企业的，可以向主管税务机关申请退还车辆购置税。退税额以已缴税款为基准，自缴纳税款之日至申请退税之日，每满一年扣减10%。使用年限的计算方法是，自纳税人缴纳税款之日起，至申请退税之日止。

应退税额计算公式如下：

应退税额＝已纳税额×（1－使用年限×10%）

应退税额不得为负数。

五、税收优惠

下列车辆免征车辆购置税：

1. 依照法律规定应当予以免税的外国驻华使馆、领事馆和国际组织驻华机构及其有关人员自用的车辆。

2. 中国人民解放军和中国人民武装警察部队列入装备订货计划的车辆。

3. 悬挂应急救援专用号牌的国家综合性消防救援车辆。

4. 设有固定装置的非运输专用作业车辆。

5. 城市公交企业购置的公共汽电车辆。

根据国民经济和社会发展的需要，国务院可以规定减征或者其他免征车辆购置税的情形，报全国人民代表大会常务委员会备案。

六、征收管理

（一）纳税义务发生时间

车辆购置税的纳税义务发生时间为纳税人购置应税车辆的当日。购买自用应税车辆的为购买之日，即车辆相关价格凭证的开具日期。进口自用应税车辆的为进口之日，即海关进口增值税专用缴款书或者其他有效凭证的开具日期。自产、受赠、获奖或者以其他方式取得并自用应税车辆的为取得之日，即合同、法律文书或者其他有效凭证的生效或者开具日期。

（二）纳税期限

纳税人应当自纳税义务发生之日起60日内申报缴纳车辆购置税。

（三）纳税地点

纳税人购置应税车辆，需要办理车辆登记的，向车辆登记地的主管税务机关申报纳税。不需要办理车辆登记的，单位纳税人向其机构所在地的主管税务机关申报纳税，个人纳税人向其户籍所在地或者经常居住地的主管税务机关申报纳税。

（四）纳税环节

车辆购置税实行一车一申报制度。纳税人应当在向公安机关交通管理部门办理车辆注册登记前，缴纳车辆购置税。公安机关交通管理部门办理车辆注册登记，应当根据税务机关提供的应税车辆完税或者免税电子信息对纳税人申请登记的车辆信息进行核对，核对无误后依法办理车辆注册登记。

免税、减税车辆因转让、改变用途等原因不再属于免税、减税范围的，纳税人应当在办理车辆转移登记或者变更登记前缴纳车辆购置税。

本章小结

<table>
<tr><th colspan="2">知识点</th><th colspan="4">主要内容</th></tr>
<tr><td rowspan="8">土地增值税</td><td>概述</td><td colspan="4">土地增值税以转让房地产的增值额为征税对象，征税面比较广，采用扣除法和评估法计算增值额，实行超率累进税率，在房地产发生转让的环节实行按次征收</td></tr>
<tr><td>征税范围和纳税人</td><td colspan="4">转让国有土地使用权、地上的建筑物及其附着物并取得收入的单位和个人，为土地增值税的纳税人</td></tr>
<tr><td rowspan="6">计税依据</td><td colspan="4">增值额=收入额-准予扣除项目金额</td></tr>
<tr><td>收入额的确定</td><td colspan="3">纳税人转让房地产取得的不含增值税的收入，包括转让房地产的全部价款及有关的经济收益</td></tr>
<tr><td rowspan="3">准予扣除项目金额的确定</td><td rowspan="2">新建房屋</td><td>房地产企业（5项）</td><td rowspan="2">1. 取得土地使用权所支付的金额
2. 房地产开发成本
3. 房地产开发费用
4. 与转让房地产有关的税金
5. 财政部规定的其他扣除项目（房企）
注意：每个扣除项目的具体内容及金额确定</td></tr>
<tr><td>非房地产企业（4项）</td></tr>
<tr><td>旧房及建筑物（3项）</td><td colspan="2">1. 取得土地使用权所支付的金额
2. 房屋及建筑物的评估价格
评估价格=重置成本价×成新度折扣率
3. 转让环节缴纳的税金
注意：不能取得评估价格，但能提供购房发票的处理，以及既没有评估价格，又不能提供购房发票的处理</td></tr>
<tr><td>特殊情况下的增值额</td><td colspan="3">按照房地产评估价格计算征收的情形</td></tr>
</table>

续表

知识点				主要内容
土地增值税	税率			四级超率累进税率
	税额计算			依次确定收入额、准予扣除项目金额及增值额，计算增值率，确定适用税率和速算扣除系数，最后计算应纳税额。土地增值税税额=增值额×适用税率-扣除项目金额×适用速算扣除系数
	税收优惠			建造普通标准住宅出售，国家征收、收回的房地产以及个人销售住房、互换自有居住用房地产的免税政策
	征收管理			申报手续与纳税期限、纳税地点
		预征		各地预征率的最低标准。预征的计征依据=预收款-应预缴增值税税款
		房地产开发企业土地增值税清算		清算单位、清算条件、清算后再转让房地产的处理
城镇土地使用税	概述			以城镇土地为征税对象，《城镇土地使用税暂行条例》的实施办法由各省、自治区、直辖市人民政府制定
	征税范围和纳税人			在城市、县城、建制镇和工矿区范围内使用土地的单位和个人
	应纳税额计算	计税依据		纳税人实际占用的土地面积
		适用税额		采用定额税率，按大、中、小城市和县城、建制镇、工矿区分别规定每平方米城镇土地使用税年应纳税额。 注意：可适当降低或适当提高税额标准的有关规定
		计算公式		年应纳税额=计税土地面积（平方米）×适用税额
	税收优惠			国家机关、人民团体、军队自用的土地等七项免税规定
				省、自治区、直辖市税务局确定征免税的五种情形
	征收管理			纳税义务发生时间、纳税期限及纳税地点
房产税	概述			以房屋为征税对象，以房屋余值或租金收入为计税依据，向房屋产权所有人征收的一种财产税
	征税范围			坐落于城市、县城、建制镇和工矿区的房产
	纳税人			房产税由产权所有人缴纳。注意产权国有、产权出典以及产权所有人、承典人不在房产所在地的，或者产权未确定及租典纠纷未解决等情形的处理
	税额计算	经营自用的房屋	以房产余值作为计税依据	依照房产原值一次减除10%～30%；减除幅度由省、自治区、直辖市人民政府规定
			税率	1.2%（年税率）
			计算公式	应纳税额=房产余值×1.2% 房产余值=房产原值×（1-原值减除比例）
		房产出租的		以不含增值税的房产租金收入为房产税的计税依据
			税率	12%（个人出租住房减按4%）
			计算公式	应纳税额=不含增值税的房租收入×12%（或4%）
	税收优惠			国家机关、人民团体、军队自用的房产等五项免税情形
	征收管理			纳税义务发生时间、纳税期限及纳税地点

续表

知识点		主要内容	
契税	概述	在土地、房屋权属转移时对其承受人征收的一种税	
	征税对象	在我国境内转移的土地、房屋权属（注意转移土地、房屋权属的几种行为）	
	纳税人	在我国境内转移土地、房屋权属，承受的单位和个人	
	税额计算	计税依据	确定计税依据的几种情形
		税率	3%～5%的幅度比例税率
		计算公式	应纳税额=计税依据×适用税率
	税收优惠	法定继承人通过继承承受土地、房屋权属等六项免税规定。 省、自治区、直辖市可以决定免征或者减征的两种情形	
	征收管理	纳税义务发生时间、纳税期限、纳税地点以及契税退税的有关规定	
城市维护建设税	概述	城市维护建设税是对缴纳增值税、消费税的单位和个人征收的一种税	
	征税范围	同增值税、消费税的征税范围	
	纳税人	在中国境内缴纳增值税、消费税的单位和个人	
	税额计算	计税依据	纳税人依法实际缴纳的增值税、消费税税额；进口不征，出口不退；减免增值税而发生的退税，同时退还已纳的城市维护建设税
		计算公式	应纳税额=纳税人实际缴纳的增值税、消费税税额×适用税率
	税收优惠	城市维护建设税是以实际缴纳的增值税、消费税税额为计税依据，税法规定对纳税人减免增值税、消费税时，相应也减免了城市维护建设税	
	征收管理	纳税义务发生时间、纳税地点、纳税期限同增值税、消费税	
印花税	概述	印花税是对经济活动和经济交往中书立应税凭证、进行证券交易所征收的一种税	
	纳税人	在我国境内书立应税凭证、进行证券交易的单位和个人	
	扣缴义务人	境内代理人，证券登记结算机构	
	征税范围	两部分，四大类，17 个税目	
	税额计算	比例税率	五个档次
		计税依据	应税凭证记载金额，证券交易金额
		计税方法	应纳税额=计税依据×适用税率
	税收优惠	应税凭证的副本或者抄本等八项免税规定	
	征收管理	征管职责、纳税义务发生时间、纳税期限、纳税地点、其他征管规定	
车辆购置税	概述	在我国境内购置规定的应税车辆，在购置环节向车辆购置者征收的一种税	
	征税范围	汽车、有轨电车、汽车挂车、排气量超过 150 毫升的摩托车	
	纳税人	在我国境内购置并使用应税车辆的单位和个人	
	税额计算	应纳税额=计税价格×10%	
	税收优惠	设有固定装置的非运输专用作业车辆等五种车辆	
	征收管理	纳税义务发生时间、纳税期限、纳税地点、纳税环节	

本章练习题请通过学习兴税 App 扫描左侧二维码阅览

第八章　社会保险费

本章导读：作为社会保障体系核心的社会保险是实现共同富裕的重要手段。自 2019 年 1 月 1 日起，基本养老保险费、基本医疗保险费、失业保险费、工伤保险费、生育保险费等各项社会保险费陆续划转至税务部门统一征收。本章就社会保险费的基本内容进行阐述。通过本章学习，了解社会保险的组成以及各项社会保险费主要资金来源，重点掌握各项社会保险费的参保范围、缴费基数、缴费比例和社会保险费的申报缴纳规范。

第一节　社会保险费概述

一、基本概念

社会保险是指国家通过立法，多渠道筹集资金，对劳动者因年老、失业、患病、工伤、生育等减少劳动收入时给予经济补偿，使他们能够享有基本生活保障的一项社会保障制度。我国的社会保险主要包括养老保险、医疗保险、失业保险、工伤保险和生育保险等险种。

社会保险基金来源于用人单位和个人缴费、政府财政补贴、银行利息、投资收益、社会捐赠等。社会保险费是指在社会保险基金的筹集过程当中，用人单位和个人按照规定向社会保险征收机构缴纳的费用，它是社会保险基金最主要的来源。按照社会保险的险种，社会保险费包括基本养老保险费、基本医疗保险费、失业保险费、工伤保险费和生育保险费。

二、我国社会保险制度发展历史

我国社会保险制度建设 70 多年的历程大致可以分为四个阶段[①]：

第一个阶段是实行劳动保险时期（1949—1984 年）。新中国成立后，社会

---

① 《社会保险费知识读本》编写组．社会保险费知识读本［M］．北京：中国税务出版社，2020：21.

保险制度开始建立，“文化大革命”期间基本停滞，改革开放以后逐步恢复。

第二个阶段是改革重建社会保险制度时期（1985—2002 年）。顺应深化改革开放和社会主义市场经济体制要求，城镇各项社会保险制度全面重构，制度框架体系基本定型。

第三个阶段是统筹城乡社会保险制度建设时期（2003—2012 年）。围绕全面建设小康社会奋斗目标，社会保险覆盖范围从就业人群扩大到居民，城乡居民养老保险和医疗保险乘势而起，强力推进。

第四个阶段是建立更加公平合理的社会保障制度时期（2013 年至今）。立足全面建成小康社会新目标，社会保险走向全覆盖、保基本、多层次、可持续的发展道路，覆盖全民的社会保障体系进一步完善，实现应保尽保。

“十四五”期间，我国将进一步改革完善社会保险制度，健全养老保险制度体系，促进基本养老保险基金长期平衡。实现基本养老保险全国统筹，放宽灵活就业人员参保条件，实现社会保险法定人群全覆盖。完善划转国有资本充实社保基金制度，优化做强社会保障战略储备基金。完善城镇职工基本养老金合理调整机制，逐步提高城乡居民基础养老金标准。发展多层次、多支柱养老保险体系，提高企业年金覆盖率，规范发展第三支柱养老保险。推进失业保险、工伤保险向职业劳动者广覆盖，实现省级统筹。推进社保转移接续，完善全国统一的社会保险公共服务平台。

第二节　养老保险费

养老保险是指劳动者在达到国家规定的解除劳动义务的劳动年龄界限，或因年老丧失劳动能力的情况下，能够依法获得经济收入、物质帮助和相关服务的社会保险制度。养老保险按照保障层次可分为基本养老保险、补充养老保险和个人储蓄性养老保险，国际上通常分别称之为养老保险的第一支柱、第二支柱和第三支柱。

一、基本养老保险费

我国的基本养老保险根据保障人群的不同，划分为企业职工基本养老保险、机关事业单位工作人员基本养老保险和城乡居民基本养老保险三个险种，对应三种社会保险费。

（一）企业职工基本养老保险费

1. 概念

企业职工基本养老保险费是根据企业职工基本养老保险制度规定，由用人单位及其职工缴纳的社会保险费。

2. 参保范围

企业职工基本养老保险费由用人单位及其职工共同缴纳。无雇工的个体工商户、未在用人单位参加基本养老保险的非全日制从业人员及其他灵活就业人员（简称灵活就业人员）可以参加企业职工基本养老保险，由个人缴纳基本养老保险费。参保人员范围具体分为应参加、可以参加以及特殊情况。

（1）应参加人员包括：

①国有企业、城镇集体企业、外商投资企业、城镇私营企业和其他城镇企业职工，实行企业化管理的事业单位职工。

②依法在各级民政部门登记的社会团体（包括社会团体分支机构和代表机构）、基金会（包括基金会分支机构和代表机构）、民办非企业单位、境外非政府组织驻华代表机构及其签订聘用合同或劳动合同的专职工作人员（不包括兼职人员、劳务派遣人员、返聘的离退休人员和纳入行政事业编制的人员）。

③划分为生产经营类，但尚未转企改制到位的事业单位，已参加企业职工基本养老保险的事业单位职工。

④机关事业单位编制外人员。

⑤在中国境内依法注册或者登记的企业、事业单位、社会团体、民办非企业单位、基金会、律师事务所、会计师事务所等组织依法招用的外国人以及与境外雇主订立雇用合同后，被派遣到在中国境内注册或者登记的分支机构、代表机构工作的外国人。

⑥在内地（大陆）依法注册或者登记的企业、事业单位、社会组织、有雇工的个体经济组织等用人单位依法聘用、招用的港澳台居民。

（2）可以参加人员包括：

①无雇工的个体工商户、未在用人单位参加基本养老保险的非全日制从业人员以及其他灵活就业人员。

②在内地（大陆）依法从事个体工商经营的港澳台居民，可以按照注册地有关规定参加职工基本养老保险和职工基本医疗保险；在内地（大陆）灵活就

业且办理港澳台居民居住证的港澳台居民。

（3）特殊情况人员包括：

①符合与中国签订双边社会保险协定规定的在华短暂就业的外国人可以不参加企业职工基本养老保险。

②已在中国香港、澳门、台湾参加当地社会保险，并继续保留社会保险关系的港澳台居民，可以持相关授权机构出具的证明，不在内地（大陆）参加基本养老保险。

3. 缴费基数

企业职工基本养老保险缴费基数包括用人单位缴费基数和企业职工个人缴费基数。

（1）用人单位缴费基数。

《中华人民共和国社会保险法》（以下简称《社会保险法》）规定，用人单位应当按照国家规定的本单位职工工资总额的比例缴纳基本养老保险费。但目前根据《人力资源社会保障部 财政部 国家税务总局关于规范企业职工基本养老保险省级统筹制度的通知》（人社部发〔2019〕112号）规定，用人单位以经核定的企业职工个人缴费基数之和作为缴费基数。

（2）企业职工个人缴费基数。

企业职工个人缴费基数，原则上以本人上年度月平均工资为基础，以本省全口径城镇单位就业人员平均工资的60%为下限、300%为上限进行核定。职工个人上年月平均工资低于下限的，缴费基数为下限；职工个人上年月平均工资高于上限的，缴费基数为上限；职工个人上年月平均工资介于上下限之间的，缴费基数为实际工资收入。

本省全口径城镇单位就业人员的平均工资为城镇非私营单位就业人员平均工资和城镇私营单位就业人员平均工资加权计算的全口径城镇单位就业人员平均工资。

（3）灵活就业人员缴费基数。

灵活就业人员参加企业职工基本养老保险，可以在本省全口径城镇单位就业人员平均工资的60%～300%范围内选择适当的缴费基数。

4. 缴费比例

（1）用人单位缴费比例。

从2019年5月1日起各地企业职工养老保险单位缴费比例高于16%的，已经降至16%；低于16%的省市，已经提出过渡办法，将逐步过渡到16%。

（2）职工个人缴费比例。

职工个人缴纳比例为 8%。

（3）灵活就业人员缴费比例。

除个别省市外，灵活就业人员缴费比例为 20%，其中 8%记入个人账户。退休后按企业职工基本养老金计发办法计发基本养老金。

5. 应缴费额的计算

用人单位应缴纳的基本养老保险费＝用人单位缴费基数×用人单位缴费比例

职工个人应缴纳的基本养老保险费＝职工个人缴费基数×职工个人缴费比例

【例 8-1】刘某、李某、张某为某企业职工，根据计算，三人上年月平均工资分别为 2500 元、6000 元、16000 元。本省上年全口径城镇单位就业人员平均工资为 5000 元。

要求：分别计算当年上述三名职工本人月应缴纳的基本养老保险费。

【解析】刘某月应缴基本养老保险费＝5000×60%×8%＝240（元）

李某月应缴基本养老保险费＝6000×8%＝480（元）

张某月应缴基本养老保险费＝5000×300%×8%＝1200（元）

当地企业职工缴费基数下限：5000×60%＝3000（元），上限：5000×300%＝15000（元）。刘某上年月平均工资为 2500 元，低于下限，应当按照下限 3000 元作为缴费基数；李某上年月平均工资在上下限之间，应当按照工资实际数额 6000 元作为缴费基数；张某上年月平均工资为 16000 元，高于上限，应当按照上限 15000 元作为缴费基数。

（二）机关事业单位工作人员基本养老保险费

1. 概念

机关事业单位工作人员基本养老保险费是根据机关事业单位工作人员基本养老保险制度相关规定，由机关事业单位及其编制内的工作人员共同缴纳的基本养老保险费。

2. 参保范围

机关事业单位工作人员基本养老保险费由机关事业单位和职工个人共同缴纳。

3. 缴费基数

（1）用人单位缴费基数。

用人单位缴纳基本养老保险费的基数是本单位参加机关事业单位工作人员

养老保险的个人缴费基数之和。

(2) 个人缴费基数。

个人缴费基数的核定方法与企业职工基本养老保险个人缴费基数的核定方法基本一致，主要区别在于工资构成不同。

4. 缴费比例

(1) 用人单位缴费比例。

从2019年5月1日起，全国机关事业单位工作人员基本养老保险费单位缴费比例为16%。

(2) 个人缴费比例。

机关事业单位编制内工作人员个人基本养老保险缴费比例为8%。

5. 应缴费额计算

用人单位应缴纳的基本养老保险费=用人单位缴费基数×用人单位缴费比例

机关事业单位工作人员个人应缴纳的基本养老保险费=机关事业单位工作人员个人缴费基数×机关事业单位工作人员个人缴费比例

(三) 城乡居民基本养老保险费

1. 概念

城乡居民基本养老保险费是根据城乡居民基本养老保险制度规定，由城乡居民参加城乡居民基本养老保险而缴纳的保险费。参加城乡居民养老保险的个人，年满60周岁、累计缴费满15年，且未领取国家规定的基本养老保障待遇的，可以按月领取城乡居民养老保险待遇。城乡居民养老保险待遇由基础养老金和个人账户养老金构成，支付终身。

2. 参保范围

年满16周岁（不含在校学生），非国家机关和事业单位工作人员以及不属于职工基本养老保险制度覆盖范围的城乡居民，可以在户籍地参加城乡居民基本养老保险。

3. 缴费标准

城乡居民养老保险基金由个人缴费、集体补助、政府补贴等构成。

(1) 个人缴费。

城乡居民缴纳基本养老保险费采取自愿原则，按年以固定费额缴费。

城乡居民基本养老保险制度建立之初，缴费标准设有每年100元、200元、300元、400元、500元、600元、700元、800元、900元、1000元、1500元、

2000 元 12 个档次，省（区、市）人民政府可以根据实际情况增设缴费档次，最高缴费档次标准原则上不超过当地灵活就业人员参加职工基本养老保险的年缴费额，并报人力资源社会保障部备案。人力资源社会保障部会同财政部依据城乡居民收入增长等情况适时调整缴费档次标准。参保人自主选择档次缴费，“长缴多得”“多缴多得”。

（2）集体补助。

根据国家有关政策规定，有条件的村集体经济组织应当对参保人缴费给予补助，补助标准由村民委员会召开村民会议民主确定，鼓励有条件的社区将集体补助纳入社区公益事业资金筹集范围。鼓励其他社会经济组织、公益慈善组织、个人为参保人缴费提供资助。补助、资助金额不超过当地设定的最高缴费档次标准。

（3）政府补贴。

政府对城乡居民养老保险给予财政补贴，具体分为两部分：一是在参保缴费环节（俗称“入口”补贴），地方人民政府应当对参保人缴费给予补贴，对选择最低档次标准缴费的，补贴标准不低于每人每年 30 元；对选择较高档次标准缴费的，适当增加补贴金额，对选择 500 元及以上档次标准缴费的，补贴标准不低于每人每年 60 元，具体标准和办法由省（区、市）人民政府确定。对重度残疾人等缴费困难群体，地方人民政府为其代缴部分或全部最低标准的养老保险费。二是在支付环节（俗称“出口”补贴），政府对符合领取城乡居民养老保险待遇条件的参保人全额支付基础养老金。其中，中央财政对中西部地区按中央确定的基础养老金标准给予全额补助，对东部地区给予 50% 的补助。

二、补充养老保险

补充养老保险是基本养老保险的补充保险，也称为“年金”。补充养老保险根据缴纳主体不同分为企业补充养老保险和机关事业单位工作人员补充养老保险。

（一）企业补充养老保险

1. 概念

企业补充养老保险，也称企业年金，是指企业及其职工在依法参加基本养老保险的基础上，依据国家政策和本企业经济状况自愿建立的、旨在提高职工退休后生活水平、对国家基本养老保险进行重要补充的一种养老保险形式。

2. 征收范围

符合下列条件的企业，都可以建立企业年金：

（1）依法参加基本养老保险并履行缴费义务。

（2）具有相应的经济负担能力。

（3）已建立集体协商机制。建立企业年金，应当由企业与工会或职工代表通过集体协商确定，并制定企业年金方案。国有及国有控股企业的企业年金方案草案应当提交职工大会或职工代表大会讨论通过。

3. 缴费标准

企业年金由企业和职工个人共同缴纳。其中企业缴费规模每年不超过本企业职工工资总额的 8%。企业和职工缴费合计不超过本企业职工工资总额的 12%。

（二）机关事业单位工作人员补充养老保险

1. 概念

机关事业单位工作人员补充养老保险，也称职业年金，是指机关事业单位及其工作人员在参加机关事业单位基本养老保险的基础上，建立的补充养老保险制度。

2. 征收范围

参加职业年金的机关事业单位和工作人员的范围与参加机关事业单位工作人员基本养老保险的范围一致。

3. 缴费标准

职业年金所需费用由单位和工作人员个人共同承担。单位和个人缴费基数与机关事业单位工作人员基本养老保险缴费基数一致。单位缴纳比例为 8%，个人缴费比例为 4%。国家适时调整单位和个人职业年金缴费比例。

三、个人储蓄性养老保险

个人储蓄性养老保险是一种个人自愿建立和管理的养老储蓄计划，是我国多层次养老保险体系的一个组成部分。早在 1991 年，《国务院关于企业职工养老保险制度改革的决定》（国发〔1991〕33 号）就提出了“个人储蓄性养老保险”的概念，并将其作为基本养老保险和企业补充养老保险之外的第三部分。党的十八届三中全会提出“制定实施免税、延期征税等优惠政策，加快发展企业年金、职业年金、商业保险，构建多层次社会保障体系”。2018 年 4 月，财政部、国家税务总局、人力资源社会保障部、银保监会、证监会五部门发布《关于开展个人税收递延型商业养老保险试点的通知》（财税〔2018〕22 号）规定，自 2018 年 5 月 1 日起，选择上海市、福建省（含厦门市）和苏州工业园区实施个人税收递延型商业养老保险试点。

为推进多层次、多支柱养老保险体系建设，促进养老保险制度可持续发展，满足人民群众日益增长的多样化养老保险需要，2022 年 4 月国务院办公厅印发《关于推动个人养老金发展的意见》，强调推动发展适合中国国情、政府政策支持、个人自愿参加、市场化运营的个人养老金。个人养老金是积极应对人口老龄化、实现养老保险制度可持续发展的重要举措。

第三节　基本医疗保险费

我国的基本医疗保险包括职工基本医疗保险和城乡居民基本医疗保险两个险种，对应两种社会保险费。

一、职工基本医疗保险费

1. 概念

职工基本医疗保险费是根据基本医疗保险制度规定，由用人单位及其职工共同缴纳的社会保险费。职工参加基本医疗保险，依法享受基本医疗保险待遇。

基本医疗保险基金由统筹基金和个人账户构成。《国务院办公厅关于建立健全职工基本医疗保险门诊共济保障机制的指导意见》（国办发〔2021〕14 号）明确：“改进个人账户计入办法。科学合理确定个人账户计入办法和计入水平，在职职工个人账户由个人缴纳的基本医疗保险费计入，计入标准原则上控制在本人参保缴费基数的 2%，单位缴纳的基本医疗保险费全部计入统筹基金；退休人员个人账户原则上由统筹基金按定额划入，划入额度逐步调整到统筹地区根据本意见实施改革当年基本养老金平均水平的 2%左右。”

2. 参保范围

参保范围包括应参保人和可以参保人。

（1）应参保人包括：

①用人单位及职工。用人单位包括企业（国有企业、集体企业、外商投资企业、私营企业等）、机关、事业单位、社会团体、民办非企业单位、部队所属用人单位和有雇工的个体经济组织。

②领取失业保险金期间的失业人员。

③军队文职人员。

④离休人员、老红军以及二等乙级以上革命伤残军人、退休人员。

⑤在内地（大陆）依法注册或者登记的企业、事业单位、社会组织、有雇工的个体经济组织等用人单位依法聘用、招用的港澳台居民。

⑥在中国境内依法注册或者登记的企业、事业单位、社会团体、民办非企业单位、基金会、律师事务所、会计师事务所等组织依法招用的外国人，以及与境外雇主订立雇用合同后，被派遣到在中国境内注册或者登记的分支机构、代表机构工作的外国人。

（2）可以参保人包括：

①无雇工的个体工商户、未在用人单位参加职工基本医疗保险的非全日制从业人员以及其他灵活就业人员。

②在内地（大陆）依法从事个体工商经营的港澳台居民、在内地（大陆）灵活就业且办理港澳台居民居住证的港澳台居民。

3. 缴费基数

职工基本医疗保险费的缴费基数包括用人单位缴费基数和职工个人缴费基数。

（1）用人单位缴费基数

用人单位缴费基数为职工工资总额。

（2）职工个人缴费基数

职工个人缴费基数为上一年度个人月平均工资。

（3）灵活就业人员缴费基数

无雇工的个体工商户、未在用人单位参加基本医疗保险的非全日制从业人员以及其他灵活就业人员参加职工基本医疗保险，其缴费基数可参照当地上一年职工平均工资核定。

4. 缴费比例

（1）用人单位缴费比例

用人单位缴纳基本医疗保险费的比例应控制在本单位职工工资总额的 6% 左右。具体比例以统筹地规定为准。

（2）职工个人缴费比例

职工个人缴纳基本医疗保险费的比例一般为本人工资收入的 2%。

（3）灵活就业人员缴费比例

无雇工的个体工商户、未在用人单位参加基本医疗保险的非全日制从业人员以及其他灵活就业人员缴费比例全国不统一，按统筹地具体规定执行。

5. 应缴费额的计算

用人单位应缴纳的基本医疗保险费 = 用人单位缴费基数 × 用人单位缴费比例

职工个人应缴纳的基本医疗保险费 = 职工个人缴费基数 × 职工个人缴费比例

二、城乡居民基本医疗保险费

1. 概念

城乡居民基本医疗保险费是根据城乡居民基本医疗保险制度规定，城乡居民自愿参加城乡居民基本医疗保险而缴纳的保险费。城乡居民按照规定缴纳城乡居民基本医疗保险费，享受城乡居民基本医疗保险待遇。

城乡居民基本医疗保险基金来源于城乡居民个人缴费和政府补助，主要用于支付参保人员发生的住院和门诊医药费。

2. 参保范围

城乡居民基本医疗保险对参保人没有年龄限制，覆盖了除职工基本医疗保险应参保人员范围以外的所有城乡居民，包括老人、婴幼儿、在校学生。如果农民工和灵活就业人员依法参加职工基本医疗保险有困难，也可以参加城乡居民基本医疗保险。

3. 缴费标准

在资金筹集上，城乡居民基本医疗保险实行个人缴费与政府补助相结合的筹资方式。国家每年会公布个人缴费的最低标准，各地可以在这个基础上根据本地实际情况进行调整。2021 年，国家规定的个人缴费最低标准是每人每年 320 元。

在个人缴费的基础上，国家对参保缴费的居民给予补助，2021 年全国平均补助标准不低于每人每年 580 元。从各地执行情况看，对老人、学生、儿童会多补助一些，对特困人员、重度残疾人等会给予倾斜性的特殊资助。

第四节　生育保险费

一、概念

生育保险是国家通过社会保险立法，对生育职工因生育而暂时中断劳动，提供必要的经济补偿和医疗保健的一项社会制度。职工参加生育保险，依法享受生育保险待遇。

2019 年发布的《国务院办公厅关于全面推进生育保险和职工基本医疗保险合并实施的意见》（国办发〔2019〕10 号）提出全面推进生育保险和职工基本医疗保险合并实施。合并实施遵循保留险种、保障待遇、统一管理、降低成本的总体思路，实现两项保险参保同步登记、基金合并运行、征缴管理一致、监督管理统一、经办服务一体化。

二、参保范围

生育保险参保范围为用人单位的职工，不论男女均需参加。《社会保险法》规定，职工应当参加生育保险，由用人单位按照国家规定缴纳生育保险费，职工不缴纳生育保险费。

三、缴费基数

生育保险和职工基本医疗保险合并实施后，生育保险的缴费基数原则上统一为职工基本医疗保险的缴费基数。

四、缴费比例

生育保险和职工基本医疗保险合并实施前，生育保险费的缴费比例由当地人民政府根据计划内生育人数和生育津贴、生育医疗费等项费用确定，并可根据费用支出情况适时调整，但最高不得超过工资总额的 1%。生育保险和职工基本医疗保险合并实施后，按照用人单位参加生育保险和职工基本医疗保险基金的缴费比例之和确定新的用人单位职工基本医疗保险费率，个人不缴纳生育保险费。同时，根据职工基本医疗保险基金支出情况和生育待遇的需求，按照收支平衡的原则，建立费率确定和调整机制。

五、应缴费额的计算

用人单位应缴纳的生育保险费=用人单位缴费基数×用人单位缴费比例

第五节　失业保险费

一、概念

失业保险是对在劳动年龄范围内，有就业能力并有就业愿望的人由于非本人原因而失去工作，无法获得维持生活所需的工资收入，在一定期间内由国家和社会为其提供基本生活保障的社会保险制度。失业保险待遇主要包括失业保险金，领取失业保险金期间的医疗补助金，领取失业保险金期间死亡的失业人员的丧葬补助金和其供养的配偶、直系亲属的抚恤金，领取失业保险金期间接受职业培训、职业介绍的补贴等。

二、参保范围

失业保险的参保范围包括城镇企业事业单位及其职工。城镇企业包括国有企业、城镇集体企业、外商投资企业、城镇私营企业以及其他城镇企业。社会团体及其专职人员、民办非企业单位及其职工、有雇工的城镇个体工商户及其雇工是否参加失业保险由各省级人民政府确定。

城镇企业事业单位招用的农民合同制工人应该参加失业保险，用人单位按规定为农民工缴纳失业保险费，农民合同制工人本人不缴纳失业保险费。

三、缴费基数

1. 用人单位缴费基数

用人单位缴纳失业保险费的缴费基数为国家规定的本单位职工工资总额。在实践中，许多地方社保经办机构为了方便管理，以基本养老保险的缴费基数作为失业保险缴费基数核定企业失业保险应缴费金额。

2. 职工个人缴费基数

职工缴纳失业保险的缴费基数为本人工资。

四、缴费比例

《失业保险条例》规定，用人单位按照本单位职工工资总额的2%缴纳失业保险费。职工个人按照本人工资收入的1%缴纳失业保险费。用人单位和个人失业保险费率总和（失业保险总费率）为3%。省、自治区、直辖市人民政府根据本行政区域失业人员数量和失业保险基金数额，报经国务院批准，可以适当调整本行政区域失业保险费的费率。缴费人按照国家和省级相关部门规定的费率缴纳失业保险费。

为减轻企业负担，增强企业活力，国家多次对失业保险费率进行调整。自2015年3月1日起，失业保险总费率由3%降至2%，单位和个人缴费的具体比例由各省、自治区、直辖市人民政府确定。自2016年5月1日起，失业保险总费率可以阶段性降为1%~1.5%，其中个人费率不超过0.5%，执行期限暂定为两年。自2017年1月1日起，失业保险总费率为1.5%的省（区、市），失业保险总费率可以降为1%，执行至2018年4月30日。自2018年5月1日起，实施失业保险总费率1%的省（区、市），延长阶段性降费率的期限至2019年4月30日。自2019年5月1日起，阶段性降低失业保险费率的期限不断延长，目前，该项政策已延期至2023年4月30日。

五、应缴费额的计算

用人单位应缴纳的失业保险费=单位缴费基数×缴费比例

职工个人应缴纳的失业保险费=个人缴费基数×缴费比例

第六节　工伤保险费

一、概念

工伤保险是指劳动者在工作中或在规定的特殊情况下，遭受意外伤害或患职业病导致暂时或永久丧失劳动能力以及死亡时，劳动者或其遗属从国家和社会获得物质帮助的一种社会保险制度。职工参加工伤保险，工伤保险费由用人单位缴纳，个人不缴纳工伤保险费。

二、参保范围

工伤保险的参保范围包括我国境内的各类企业、事业单位、社会团体、民办非企业单位、基金会、律师事务所、会计师事务所等组织和有雇工的个体工商户。

为强化新就业形态劳动者职业伤害保障，国务院相关部门以出行、外卖、即时配送、同城货运等行业的平台企业为重点，正在组织开展平台灵活就业人员职业伤害保障试点，平台企业应当按规定参加。

三、缴费基数

用人单位缴纳工伤保险费的缴费基数为本单位职工工资总额。职工个人不缴纳工伤保险费。实践中，许多地方社保经办机构为了方便管理，以基本养老保险的缴费基数作为工伤保险缴费基数核定企业工伤保险应缴费金额。

四、缴费比例

由于各用人单位所处的行业风险程度以及用人单位的风险管理水平不同，我国工伤保险实行“行业基准费率+浮动费率”相结合的方式确定工伤保险实际费率。用人单位的工伤保险实际费率由社保经办机构确定。

根据不同行业的工伤风险程度，由低到高，依次将行业工伤风险类别划分为一类至八类（见表8-1）。不同工伤风险类别的行业执行不同的工伤保险行业基准费率。一类至八类工伤风险类别对应的全国工伤保险行业基准费率分别控制在该行业用人单位职工工资总额的0.2%、0.4%、0.7%、0.9%、1.1%、1.3%、1.6%、1.9%左右。工伤保险在实行行业差别费率的基础上，根据用人单位工伤保险费使用、工伤发生率、职业病危害程度等因素实行浮动费率。通过费率浮动的办法确定每个行业内的费率档次。一类行业分为三个档次，即在基准费率的基础上，可向上浮动至120%、150%，二类至八类行业分为五个档次，即在基准费率的基础上，可分别向上浮动至120%、150%或向下浮动至80%、50%。

表 8-1 工伤保险行业风险分类表（简）

行业类别	行业名称	基准费率
一类	软件和信息技术服务业、货币金融服务、国家机构等 15 类	0.2%
二类	批发、零售业、住宿、餐饮业，教育、卫生、文化业等 19 类	0.4%
三类	农副食品加工业、食品、饮料制造业、纺织业等 16 类	0.7%
四类	农业、医药制造业、通用设备制造业等 23 类	0.9%
五类	林业、建筑安装业、道路运输业等 9 类	1.1%
六类	渔业，化学原料和化学制品制造业、房屋建筑业等 7 类	1.3%
七类	石油和天然气开采业、石油加工等 4 类	1.6%
八类	煤炭开采和洗选业、黑色金属矿采选业等 4 类	1.9%

为了减轻企业的负担，国家规定从 2018 年 5 月 1 日起，在保持八类费率总体稳定的基础上，工伤保险基金累计结余可支付月数在 18 个月（含）至 23 个月的统筹地区，可以以现行费率为基础下调 20%；累计结余可支付月数在 24 个月（含）以上的统筹地区，可以以现行费率为基础下调 50%。降低费率的期限执行至 2019 年 4 月 30 日。下调费率期间，统筹地区工伤保险基金累计结余达到合理支付月数范围的，停止下调。自 2019 年 5 月 1 日起，阶段性降低工伤保险费率的期限不断延长，目前，该项政策已延期至 2023 年 4 月 30 日。

五、应缴费额的计算

用人单位应缴纳的工伤保险费=单位缴费基数×缴费比例

此外，由于建筑施工企业、小型服务企业、小型矿山企业等部分行业企业，难以直接按照工资总额计算缴纳工伤保险费，《部分行业企业工伤保险费缴纳办法》（人力资源社会保障部令第 10 号）规定了其缴纳工伤保险费特殊计算方式：

（1）建筑施工企业可以实行以建筑施工项目为单位，按照项目工程总造价的一定比例，计算缴纳工伤保险费。

（2）商贸、餐饮、住宿、美容美发、洗浴及文体娱乐等小型服务业企业以及有雇工的个体工商户，可以按照营业面积的大小核定应参保人数，按照所在统筹地区上一年度职工月平均工资的一定比例和相应的费率，计算缴纳工伤保险费；也可以按照营业额的一定比例计算缴纳工伤保险费。

(3) 小型矿山企业可以按照总产量、吨矿工资含量和相应的费率计算缴纳工伤保险费。

第七节　社会保险费征收管理

一、社会保险登记

社会保险登记可分为用人单位社会保险登记和个人社会保险登记。用人单位和个人应当向当地社会（医疗）保险经办机构办理社会保险登记，参加社会保险。[①]

用人单位社会保险登记包括：企业及其职工、机关事业单位及其工作人员、有雇工的个体工商户及其雇工的参保登记。

个人社会保险登记包括：自愿参加社会保险的无雇工的个体工商户、未在用人单位参加社会保险的非全日制从业人员以及其他灵活就业人员的参保登记和城乡居民的参保登记。

二、社会保险费缴费

1. 用人单位缴费申报

用人单位应当自行申报、按时足额缴纳社会保险费，非因不可抗力等法定事由不得缓缴、减免。职工应当缴纳的社会保险费由用人单位代扣代缴，用人单位应当按月将缴纳社会保险费的明细情况告知本人。

2. 以个人身份参加社会保险人员缴费申报

无雇工的个体工商户、未在用人单位参加社会保险的非全日制从业人员以及其他灵活就业人员，可以直接向社会保险费征收机构缴纳社会保险费。灵活就业人员可以按月申报缴费，也可以按季、半年、年度合并缴纳，具体按各省

① 目前全国社会保险登记除广东、厦门由税务部门负责外，其他地区均由社会保险经办机构办理社会保险登记。

规定执行。

3. 城乡居民缴费

城乡居民基本养老保险费按年度缴费，参保人员可自主选择缴费档次，确定缴费金额。城乡居民基本医疗保险按年度缴费，当年缴纳下一年度费款，缴费一次，享受一年。全国大部分地区规定在9月至12月集中缴纳城乡居民基本医疗保险费。

4. 工程项目工伤保险费缴费申报

建筑施工企业应依法参加工伤保险。针对建筑行业的特点，建筑施工企业对相对固定的职工，应按用人单位参加工伤保险；对不能按用人单位参保、建筑项目使用的建筑业职工特别是农民工，按项目参加工伤保险。以建设项目为单位参保的，可以按照项目工程总造价的一定比例计算缴纳工伤保险费。

三、社会保险费核定

1. 核定的内容

缴费核定的内容有缴费险种、缴费人数、缴费基数和缴费费率是否符合规定，申报资料是否齐全等，包括核定灵活就业人员缴费申报。

2. 未按规定申报时缴费基数的确定

缴费单位不按规定申报应缴纳的社会保险费数额的，暂按该单位上月缴费数额的110%确定应缴数额；没有上月缴费数额的，暂按该单位的经营状况、职工人数等有关情况确定应缴数额。缴费单位补办申报手续并按核定数额缴纳社会保险费后，按照规定结算。

四、社会保险费征收

根据《社会保险法》规定，社会保险费实行统一征收。

1. 缴费人

凡参加社会保险的用人单位和个人必须依据法律、法规按时足额缴纳社会保险费。

2. 征收方式

按照方便、快捷、安全的原则，税务机关提供“线上”和“线下”两种社会保险费缴费渠道。

3. 缴费方式

国家在推广和鼓励“线上”缴费的同时，保留“线下”缴费渠道，支持现金缴费方式，为老年人、残障人士等特殊缴费人群提供便捷服务。缴费单位和缴费个人应当以货币形式一次性全额缴纳社会保险费，币种为人民币。

4. 征收期限与所属期限

社会保险费征收期限是指根据相关规定，缴费人申报缴纳社会保险费款的时限。如某省规定，社会保险费的申报缴纳时间为每月 1—25 日，则征收期限也为每月 1—25 日。目前，各省市之间征收期限规定不尽相同。

社会保险费所属期限是指缴费人缴纳社会保险费款的所属月份或所属年度。有的地区当月征收上月社会保险费款，有的地区当月征收当月社会保险费款，各地规定不尽相同。

5. 缓缴

社会保险费非因不可抗力等法定事由不得缓缴、减免。

用人单位因不可抗力造成生产经营出现严重困难的，经有关部门批准后，可以暂缓缴纳一定期限的社会保险费，期限一般不超过一年。

6. 退费

社会保险费退费分为社会保险费征收机构发现缴费人多缴费款和缴费人自己发现多缴费款两种情形。社会保险费征收机构发现缴费人多缴费款的，应依职权及时退还多缴费款；缴费人自己发现多缴费款的，可以向社会保险费征收机构申请退还多缴费款。

社会保险费退付采取税务机关受理核验、人力资源社会保障部门或医疗保障部门退还的方式。

7. 社会保险费征收的强制性规定

用人单位未按时足额缴纳社会保险费的，由社会保险费征收机构责令其限期缴纳或者补足。用人单位逾期仍未缴纳或者补足社会保险费的，社会保险费征收机构可以向银行和其他金融机构查询其存款账户；并可以申请县级以上有关行政部门作出划拨社会保险费的决定，书面通知其开户银行或者其他金融机构划拨社会保险费。用人单位账户余额少于应当缴纳的社会保险费的，社会保险费征收机构可以要求该用人单位提供担保，签订延期缴费协议。

用人单位未足额缴纳社会保险费且未提供担保的，社会保险费征收机构可以申请人民法院扣押、查封、拍卖其价值相当于应当缴纳社会保险费的财产，以拍卖所得抵缴社会保险费。

职工应当缴纳的社会保险费由用人单位代扣代缴。用人单位未依法代扣代缴的，由社会保险费征收机构责令用人单位限期代缴，并自欠缴之日起向用人单位按日加收万分之五的滞纳金。用人单位不得要求职工承担滞纳金。

五、社会保险费争议处理

《社会保险法》第八十三条规定，用人单位或者个人认为社会保险费征收机构的行为侵害自己合法权益的，可以依法申请行政复议或提起行政诉讼。

用人单位或者个人对社会保险经办机构不依法办理社会保险登记、核定社会保险费、支付社会保险待遇、办理社会保险转移接续手续或者侵害其他社会保险权益的行为，可以依法申请行政复议或者提起行政诉讼。

个人与所在用人单位发生社会保险争议的，可以依法申请调解、仲裁、提起诉讼。用人单位侵害个人社会保险权益的，个人也可以要求社会保险行政部门或社会保险费征收机构依法处理。

本章小结

知识点		主要内容
概述	概念	社会保险是指国家通过立法，多渠道筹集资金，对劳动者因年老、失业、患病、工伤、生育等减少劳动收入时给予经济补偿，使他们能够享有基本生活保障的一项社会保障制度
	种类	基本养老保险、基本医疗保险、失业保险、工伤保险、生育保险
	历史发展	第一个阶段：实行劳动保险时期（1949—1984 年）。 第二个阶段：改革重建时期（1985—2002 年）。 第三个阶段：统筹城乡社会保险制度建设时期（2003—2012 年）。 第四个阶段：建立更加公平合理的社会保障制度时期（2013 年至今）

续表

<table>
<tr><th colspan="2">知识点</th><th colspan="3">主要内容</th></tr>
<tr><td rowspan="8">缴费人</td><td rowspan="3">基本养老保险</td><td colspan="2">企业职工基本养老保险</td><td>企业单位及其职工，灵活就业人员</td></tr>
<tr><td colspan="2">机关事业单位工作人员基本养老保险</td><td>机关事业单位及其编制内工作人员</td></tr>
<tr><td colspan="2">城乡居民基本养老保险</td><td>城乡居民</td></tr>
<tr><td rowspan="2">基本医疗保险</td><td colspan="2">职工基本医疗保险</td><td>用人单位及其职工，灵活就业人员</td></tr>
<tr><td colspan="2">城乡居民基本医疗保险</td><td>城乡居民</td></tr>
<tr><td>生育保险</td><td colspan="3">用人单位</td></tr>
<tr><td>失业保险</td><td colspan="3">城镇企业事业单位及其职工</td></tr>
<tr><td>工伤保险</td><td colspan="3">用人单位</td></tr>
<tr><td rowspan="17">费基</td><td rowspan="8">基本养老保险</td><td rowspan="3">企业职工基本养老保险</td><td>企业单位</td><td>企业职工个人缴费基数之和</td></tr>
<tr><td>职工个人</td><td>本人上年度月平均工资收入，并在本省全口径城镇单位就业人员平均工资的60%~300%范围内进行核定</td></tr>
<tr><td>灵活就业人员</td><td>可以在本省全口径城镇单位就业人员平均工资的60%~300%范围内选择</td></tr>
<tr><td rowspan="2">机关事业单位工作人员基本养老保险</td><td>机关事业单位</td><td>本单位参加机关事业单位工作人员基本养老保险的个人缴费工资基数之和</td></tr>
<tr><td>工作人员</td><td>本人上年度月平均工资收入，并在本省全口径城镇单位就业人员平均工资的60%~300%范围内进行核定</td></tr>
<tr><td rowspan="3">城乡居民基本养老保险</td><td>个人缴费</td><td>制度之初设有每年100元、200元、300元、400元、500元、600元、700元、800元、900元、1000元、1500元、2000元12个档次，省（区、市）人民政府可以根据实际情况增设缴费档次，最高缴费档次标准原则上不超过当地灵活就业人员参加职工基本养老保险的年缴费额，并报人力资源社会保障部备案</td></tr>
<tr><td>集体补助</td><td>补助标准由村民委员会召开村民会议民主确定</td></tr>
<tr><td>政府补贴</td><td>“入口”补贴和“出口”补贴</td></tr>
<tr><td rowspan="4">基本医疗保险</td><td rowspan="3">职工基本医疗保险</td><td>用人单位</td><td>用人单位在职职工工资总额</td></tr>
<tr><td>职工个人</td><td>本人上年度月平均工资收入</td></tr>
<tr><td>灵活就业人员</td><td>各统筹区参考当地上一年职工平均工资核定</td></tr>
<tr><td>城乡居民基本医疗保险</td><td colspan="2">2022年，居民医疗保险人均财政补助标准达到每人每年不低于610元，居民医疗保险个人缴费标准达到每人每年350元</td></tr>
<tr><td>生育保险</td><td>用人单位</td><td colspan="2">同基本医疗保险</td></tr>
<tr><td rowspan="2">失业保险</td><td>用人单位</td><td colspan="2">用人单位职工工资总额</td></tr>
<tr><td>职工个人</td><td colspan="2">本人工资</td></tr>
<tr><td rowspan="2">工伤保险</td><td>用人单位</td><td colspan="2">用人单位职工工资总额</td></tr>
<tr><td>部分行业企业</td><td colspan="2">部分行业企业，采用特殊计费方式</td></tr>
</table>

续表

知识点		主要内容		
费率	基本养老保险	企业职工基本养老保险	企业单位	16%
			职工个人	8%
			灵活就业人员	一般为 20%
		机关事业单位工作人员基本养老保险	机关事业单位	16%
			工作人员个人	8%
		城乡居民基本养老保险（定额缴费）	个人缴费	制度之初设有每年 100 元、200 元、300 元、400 元、500 元、600 元、700 元、800 元、900 元、1000 元、1500 元、2000 元 12 个档次，省（区、市）人民政府可以根据实际情况增设缴费档次，最高缴费档次标准原则上不超过当地灵活就业人员参加职工基本养老保险的年缴费额，并报人力资源社会保障部备案
			集体补助	补助标准由村民委员会召开村民会议民主确定
			政府补贴	“入口”补贴和“出口”补贴
	基本医疗保险	职工基本医疗保险	用人单位	6%左右
			职工个人	一般为 2%
			灵活就业人员	按统筹地具体规定执行
		城乡居民基本医疗保险（定额缴费）	2022 年，居民医疗保险人均财政补助标准达到每人每年不低于 610 元，居民医疗保险个人缴费标准达到每人每年 350 元	
	生育保险	用人单位	按照用人单位参加生育保险和职工基本医疗保险基金的缴费比例之和确定新的用人单位职工基本医疗保险费率	
	失业保险	按照《失业保险条例》及相关文件规定，单位缴费比例为 2%，个人缴费比例为 1%。目前，失业保险执行阶段性降率政策，失业保险总费率为 1%，其中个人费率不超过 0.5%		
	工伤保险	用人单位	按照行业基准费率和浮动费率相结合的方式确定用人单位的工伤保险实际费率	
			部分行业企业，采用特殊计费方式	
应缴费额计算	计算公式	应缴费额 = 费基×费率		
征收管理	登记	可分为用人单位社会保险登记和个人社会保险登记		
	缴费	用人单位及其职工缴费申报	用人单位应当向社会保险费的征收部门按时自行申报应缴的各项社会保险费，用人单位的职工个人社会保险费由用人单位代为申报	
		以个人身份参加社会保险人员缴费申报	灵活就业人员可以按月申报缴费，也可以按季、半年、年度缴费，具体按各省规定执行	
		城乡居民缴费	城乡居民基本养老保险费和基本医疗保险费均按年缴费	
	征收	社会保险费由税务机关统一征收		
	争议处理	依据《社会保险法》第八十三条规定		

本章练习题请通过学习兴税 App 扫描左侧二维码阅览

第九章 非税收入

本章导读：非税收入是政府财政收入的重要组成部分，是国家参与国民收入分配的重要形式。加强和规范非税收入管理是社会主义市场经济条件下理顺政府收入分配关系、健全公共财政职能和推动国家治理体系和治理能力现代化的客观要求。学习本章内容时，应熟悉非税收入征收管理职责划转的基本情况，并重点把握各项非税收入的征收对象、计算方法、征收方式以及主要优惠政策。

第一节 非税收入概述

一、概念和特征

非税收入的概念分为广义和狭义两种。广义的非税收入，是指除税收收入以外的其他财政收入。狭义的非税收入，是指除税收以外，由各级国家机关、事业单位、代行政府职能的社会团体及其他组织依法利用国家权力、政府信誉、国有资源（资产）所有者权益等取得的各项收入。本书所述非税收入是指狭义的非税收入。

非税收入具有以下特征：

1. 灵活性

从非税收入的形式看，按照《政府非税收入管理办法》的规定，非税收入分为十二类，某些类别又有多项收入；从非税收入的取得方式看，非税收入可以通过收费方式取得，也可以通过收取租金、罚没款等方式取得；从非税收入的征收依据看，既有凭借国家权力取得的非税收入，也有凭借政府信誉、国有资源（资产）所有权取得的非税收入；从非税收入的存续时间看，有的是长期性的，有的是为了某个特定事项、满足特定需要，在特定条件下组织的收入，存续时间相对较短；从非税收入的征收标准看，国务院、地方政府及其相关部门可以根据法律、法规的规定，设立部分非税收入项目或者规定非税收入的标准和期限。

2. 不稳定性

非税收入是对特定行为和特定管理对象征收的，由于特定行为本身就具有不稳定性，一旦该行为或对象消失或剧减，或特定经济条件消失，某项非税收入也会随之消失或剧减。

3. 非普遍性

非税收入总是和政府社会管理职能结合在一起，有特定的管理对象和征收范围，往往不具有普遍性。

4. 资金使用的特定性

非税收入项目绝大多数都是基于特定的事项而设立的，资金使用亦具有特定性，即专款专用。

二、职能

1. 财政收入职能

非税收入是除税收以外最重要的财政收入来源，是财政收入的重要组成部分，具有其特殊性质和特殊作用，是税收不能替代的。

2. 经济管理职能

非税收入是政府利用不同收入渠道对经济进行宏观调控、实现资源优化配置、合理分配收入以及稳定经济的重要手段。由于非税收入的设立、资金的使用具有特定性，因此合理设立和规范管理非税收入，更有利于增强宏观经济调控的针对性。

3. 化解风险职能

市场经济条件下，不可避免地存在政府以非市场化形式有偿提供公共资源和服务的现象。以规范的非税收入措施对这些收入或收益进行严格管理，不仅可以防范公共资源效率风险，避免对市场产生消极影响，还可以有效防范公共资源流失风险，杜绝非法侵占行为发生。

三、分类

（一）按照非税收入的性质分类

1. 行政事业性收费

行政事业性收费，是指国家机关、事业单位、代行政府职能的社会团体及其他组织根据法律、法规等有关规定，依照国务院规定程序批准，在实施社会公共管理，以及在向公民、法人或者其他组织提供特定公共服务过程中，向特定对象收取并纳入财政管理的费用。如城镇垃圾处理费、考试考务费、特种设备检验检测费等。

2. 政府性基金收入

政府性基金收入，是指各级人民政府及其所属部门根据法律、行政法规和中共中央、国务院文件规定，为支持特定公共基础设施建设和公共事业发展，向公民、法人和其他组织无偿征收的具有专项用途的财政资金。如铁路建设基金、农网还贷资金、文化事业建设费等。

3. 罚没收入

罚没收入，是指国家行政机关、司法机关和法律、法规、规章等规定授权的机构依据法律、法规，对公民、法人和其他组织实施处罚所取得的罚没款以及没收赃物的折价收入。

4. 国有资源（资产）有偿使用收入

国有资源有偿使用收入，是指政府及其有关部门根据规定，有偿出让土地、矿产、矿区、场地、水资源、森林及城市市政公用设施和公共空间等国有有形、无形资源的开发权、使用权、勘查权、开采权、特许经营权、冠名权、广告权等取得的收入。国有资产有偿使用收入，是指国家机关、实行公务员管理的事业单位、代行政府职能的社会团体以及其他组织根据规定，对其固定资产、流动资产和无形资产通过处置、租赁、对外合作、对外服务、对外投资和担保等形式取得的收入。

5. 国有资本收益

国有资本收益，是指国家以所有者身份依法取得的国有资本投资收益，具体包括国有独资企业按规定应当上交国家的利润、国有股股利、股息、国有产权转让收入、企业清算收入以及其他国有资本收益。

6. 彩票公益金收入

彩票公益金收入，是指按照规定比例从彩票发行销售收入中提取的，专项用于社会福利、体育等社会公益事业的资金。逾期未兑奖的奖金纳入彩票公益金。

7. 特许经营收入

特许经营收入，是指国家依法特许企业、组织或个人专门经营某种产品或服务而获得的收入。

8. 中央银行收入

中央银行收入，是指中央银行在履行中央银行职能、开展各项业务经营过程中发生的全部收入。包括中央银行的利息收入、业务收入和其他收入。

9. 以政府名义接受的捐赠收入

以政府名义接受的捐赠收入，是指各级国家机关、实行公务员管理的事业单位、代行政府职能的社会团体和其他组织以政府名义接受的非定向捐赠货币收入。

10. 主管部门集中收入

主管部门集中收入主要指国家机关、实行公务员管理的事业单位、代行政府职能的社会团体及其他组织集中所属事业单位收入。

11. 政府收入的利息收入

政府收入的利息收入主要是指税收和非税收入按照中国人民银行规定计息而产生的利息收入。

12. 其他非税收入

其他非税收入，是指除了上述 11 项之外的非税收入，不包括社会保险费、住房公积金（指计入缴存个人账户部分）。

（二）按照征收依据分类

1. 凭借国家权力取得的收入

国家权力具有公共性和强制性，凭借国家权力取得的收入主要包括罚没收入、政府性基金和特许经营收入。

2. 凭借政府信誉取得的收入

政府信誉是国家的无形资产，本质上也具有国有资源的属性。凭借政府信誉取得的收入主要包括彩票公益金收入、以政府名义接受的捐赠收入。

3. 凭借国有资源（资产）所有者权益取得的收入

国有资源、国有资产属于国有财产，凭借国有资源（资产）所有者权益取得的收入主要包括国有资源有偿使用收入、国有资产有偿使用收入和国有资本收益。

4. 政府提供特定服务取得的收入

提供公共服务和公共产品是政府的基本职责，政府提供特定服务取得的收入主要包括行政事业性收费。

（三）按照收入归属分类

1. 中央非税收入

中央非税收入，是指政府非税收入中属于中央级收入的部分，是中央财政收入的重要组成部分，主要包括全国性及中央部门和单位行政事业性收费、全国政府性基金、彩票公益金及发行费、国有资源（资产）有偿使用收入、国有资产经营收益、罚没收入和其他收入。

2. 地方非税收入

地方非税收入，是指政府非税收入中属于地方级收入的部分，是地方政府财政收入的重要组成部分，主要包括地方性的行政事业性收费、地方性的政府性基金、地方国有资产有偿使用收入、地方国有资产经营收益、地方各部门的罚没收入和其他收入。

第二节　税务部门征收的非税收入项目

税务部门征收非税收入始于1986年教育费附加的开征，2015年年底之前，税务部门普遍征收的非税收入有教育费附加、地方教育附加、文化事业建设费、废弃电器电子产品处理基金和残疾人就业保障金等5项非税收入，部分省、市税务部门还征收或代征了水利建设基金、城镇垃圾处理费等部分非税收入。

为发挥税务部门税费征收效率高等优势，按照便利征管、节约行政资源的原则，2015年10月，中央要求将依法保留、适宜由税务部门征收行政事业性收费、政府性基金等非税收入项目，改由地税部门统一征收。非税收入项目划转税务部门征收工作开始积极探索。

2018年3月以来，按照党中央、国务院有关决策部署，部分非税收入征收管理职责逐步划转至税务部门。非税收入征管职责划转改革正式拉开序幕。

自2019年1月1日起，原来财政、生态环境、自然资源、水利、人防等部门负责征收的部分非税收入分批划转至税务部门征收，部分省级非税收入项目也顺利划转。非税收入征管职责的划转，有利于构建起“职责清晰、流程顺畅、征管规范、便民高效”的非税收入征缴体制，进一步推进非税收入法治化进程。

本书介绍的非税收入项目不包括省级非税收入项目。

一、行政事业性收费

（一）三峡电站水资源费

三峡电站水资源费，是指为加强水资源管理和保护，促进水资源的节约与合理开发利用，按三峡电站发电量对其业主单位征收的水资源费。

1. 征收对象

三峡电站水资源费的征收对象是中国长江电力股份有限公司。

2. 计算方法

三峡电站水资源费按照三峡电站实际发电量和0.5分/千瓦时的标准计算缴纳。

3. 征收方式

缴费人自行申报缴纳。按月申报，每月15日前申报。

（二）水土保持补偿费

水土保持补偿费是对损坏水土保持设施和地貌植被、不能恢复原有水土保持功能的生产建设单位和个人征收并专项用于水土流失预防治理的资金。

1. 征收对象

水土保持补偿费的征收对象是在山区、丘陵区、风沙区以及水土保持规划确定的容易发生水土流失的其他区域开办生产建设项目或者从事其他生产建设活动，损坏水土保持设施、地貌植被，不能恢复原有水土保持功能的单位和个人。

其他生产建设活动包括：①取土、挖砂、采石（不含河道采砂）；②烧制砖、瓦、瓷、石灰；③排放废弃土、石、渣。

2. 计算方法

国家对一般性生产建设项目、开采矿产资源、取土、挖砂、采石以及烧制砖、瓦、瓷、石灰和排放废弃土、石、渣的，根据占地面积（平方米）、开采量或者土、石、渣量（立方米）分别规定征收标准。具体征收标准，由各省、自治区、直辖市价格主管部门、财政部门会同水行政主管部门根据本地实际情况制定。

3. 征收方式

缴费人自行申报缴纳。按次缴纳的，应于项目开工前或建设活动开始前缴纳。按期缴纳的，在期满之日起15日内申报缴纳。

4. 欠费处理

对违反《中华人民共和国水土保持法》规定，拒不缴纳水土保持补偿费的，由县级以上人民政府水行政主管部门责令限期缴纳；逾期不缴纳的，自滞纳之日起按日加收滞纳部分万分之五的滞纳金，可以处应缴水土保持补偿费三倍以下的罚款。

（三）防空地下室易地建设费

防空地下室易地建设费，是指在人防重点城市的市区（直辖市含近郊区）新建民用建筑，因条件限制不能同步配套建设防空地下室，由建设单位提出易地建设申请，经有批准权限的人防主管部门批准后，按应建防空地下室的建筑面积和规定的易地建设费标准缴纳的建设费用。

1. 征收对象

防空地下室易地建设费的征收对象是因条件限制不能同步配套建设防空地下室的新建民用建筑的建设单位。民用建筑包括除工业生产厂房及其配套设施以外的所有非生产性建筑。

2. 计算方法

防空地下室易地建设费的收费标准，由省、自治区、直辖市价格主管部门会同同级财政、人防主管部门按照当地防空地下室的造价制定，报国家发改委、财政部、人防办备案。计算公式：

防空地下室易地建设费=应建防空地下室建筑面积×征收标准

3. 征收方式

缴费人根据人防部门核定的收费金额自行申报缴纳。

（四）土地闲置费

土地闲置费是国家为了规范土地市场行为，促进节约集约用地，对国有建设用地使用权人超过国有建设用地使用权有偿使用合同或者划拨决定书约定、规定的动工开发日期满1年未动工开发的国有建设用地征收的行政事业性收费。

1. 征收对象

土地闲置费的征收对象是超过国有建设用地使用权有偿使用合同或者划拨决定书约定、规定的动工开发日期满1年未动工开发的国有建设用地使用权人。

已动工开发但开发建设用地面积占应动工开发建设用地总面积不足1/3或者已投资额占总投资额不足25%，中止开发建设满1年的国有建设用地，也可以认定为闲置土地，征收土地闲置费。

2. 计算方法

土地闲置费按照土地出让或者划拨价款20%的标准计算缴纳。

3. 征收方式

自然资源部门向缴纳义务人（土地使用权人）出具《征缴土地闲置费决定书》等文书，并向税务部门推送《征缴土地闲置费决定书》等费源信息。缴纳义务人依据《征缴土地闲置费决定书》向税务部门申报缴纳。

（五）城镇垃圾处理费

城镇垃圾处理费是政府为了加强城市生活垃圾管理，改善城市市容和环境卫生，向产生生活垃圾的单位和个人征收的专项用于城市生活垃圾收集、运输和处置的费用。税务部门征收的垃圾处理费是按照行政事业性收费管理的城镇垃圾处理费。

1. 征收对象

城镇垃圾处理费的征收对象是所有产生生活垃圾的国家机关、企事业单位（包括交通运输工具）、个体经营者、社会团体、城市居民和城市暂住人口。

2. 计算方法

城镇垃圾处理费收费标准，由城市人民政府价格主管部门会同建设（环境卫生）行政主管部门制定，报城市人民政府批准执行，并报省级价格、建设行政主管部门备案。从各地规定来看，一般均根据不同的征收对象，采取不同的征收标准。

3. 征收方式

城镇垃圾处理费由缴纳义务人或代征单位自行向税务部门申报缴纳。未按时缴纳的，由税务部门出具催缴通知，并通过涉税渠道及时追缴。

二、政府性基金收入

（一）教育费附加和地方教育附加

教育费附加，是为加快发展地方教育事业，扩大地方教育经费的资金来源，对缴纳增值税、消费税的单位和个人征收的政府性基金。

地方教育附加，是指省、自治区、直辖市人民政府根据《中华人民共和国教育法》和国务院的有关规定开征的用于教育的政府性基金。

1. 征收对象

教育费附加和地方教育附加的征收对象是实际缴纳增值税、消费税的单位和个人。

2. 计算方法

教育费附加和地方教育附加以单位和个人实际缴纳的增值税、消费税的税额为计征依据，教育费附加按照3%的费率计征，地方教育附加按照2%的费率计征。计算公式：

应缴教育费附加=实际缴纳的增值税、消费税的税额×3%

应缴地方教育附加=实际缴纳的增值税、消费税的税额×2%

（1）对海关代征的进口商品增值税、消费税，不征收教育费附加、地方教育附加。

（2）经税务部门正式审核批准的当期免抵的增值税税额应纳入教育费附加、地方教育附加的计征范围，按规定的费率征收教育费附加、地方教育附加。

（3）对实行增值税期末留抵退税的纳税人，允许其从教育费附加和地方教育附加的计税（征）依据中扣除退还的增值税税额。

3. 征收方式

缴纳义务人应选择与增值税、消费税相同的申报期限，即按月、按季或按次缴纳教育费附加、地方教育附加。扣缴义务人在代扣代缴增值税、消费税时，应同时代扣代缴教育费附加和地方教育附加。

4. 减免规定

（1）对月销售额不超过10万元（或季度销售额不超过30万元）的缴纳义务人，免征教育费附加和地方教育附加。

（2）对增值税小规模纳税人、小型微利企业和个体工商户可以在50%的幅度内减征教育费附加和地方教育附加。

5. 相关规定

（1）对增值税、消费税实行先征后返、先征后退、即征即退办法的，除另有规定外，对附征的教育费附加，一律不予退（返）还。

（2）对由于减免增值税、消费税而发生退税的，可以同时退还已征收的教育费附加。但对出口产品退还增值税、消费税的，不退还已征的教育费附加。

（3）教育费附加的征收管理，按照增值税、消费税的有关规定办理。地方教育附加按照各省、自治区、直辖市制定的规范性文件征收。

（二）文化事业建设费

文化事业建设费，是为了加强社会主义精神文明建设、促进社会主义文化事业的健康发展，进一步完善文化经济政策，拓宽文化事业资金投入渠道而对广告、娱乐行业征收的一种政府性基金。

1. 征收对象

文化事业建设费的征收对象是在我国境内提供广告服务的广告媒介单位和户外广告经营单位，以及在我国境内提供娱乐服务的单位和个人。需要注意的是，广告服务业的征缴范围不包括个人，而娱乐服务业包括个人。

我国境外的广告媒介单位和户外广告经营单位在境内提供广告服务，在境内未设有经营机构的，以广告服务接受方为文化事业建设费的扣缴义务人。

2. 计算方法

（1）缴费人按照提供广告服务、娱乐服务取得的计费销售额和3%的费率计算应缴费额，计算公式：

应缴文化事业建设费＝计费销售额×3%

广告服务计费销售额，为缴纳义务人提供广告服务取得的全部含税价款和价外费用，减除支付给其他广告公司或广告发布者的含税广告发布费后的余额。娱乐服务计费销售额，为缴纳义务人提供娱乐服务取得的全部含税价款和价外费用。

（2）按规定扣缴文化事业建设费的，扣缴义务人应按下列公式计算应扣缴费额：

应扣缴文化事业建设费＝支付的广告服务含税价款×3%

3. 征收方式

文化事业建设费由缴费人或扣缴义务人自行向税务部门申报缴纳或解缴。

文化事业建设费的缴纳义务发生时间、缴纳期限和缴纳地点，原则上与缴纳义务人的增值税纳税义务发生时间、缴纳期限和缴纳地点相同。缴纳义务人要求不实行按季申报的，由主管税务部门根据其应缴费额大小核定纳税期限。

文化事业建设费的扣缴义务发生时间和缴纳地点，与缴纳义务人的增值税纳税义务发生时间和纳税地点相同。

4. 减免规定

（1）增值税小规模纳税人中月销售额不超过2万元（按季纳税6万元）的企业和非企业单位提供的应税服务，免征文化事业建设费。

（2）对未达到增值税起征点的提供娱乐服务的单位和个人，免征文化事业建设费。

（3）自2019年7月1日至2024年1月31日，对归属中央收入的文化事业建设费，按照缴纳义务人应缴费额的50%减征；对归属地方收入的文化事业建设费，各省（区、市）财政、党委宣传部门可以结合当地经济发展水平、宣传思想文化事业发展等因素，在应缴费额50%的幅度内减征。

（4）自2020年1月1日至2021年12月31日，免征文化事业建设费。

（三）废弃电器电子产品处理基金

废弃电器电子产品处理基金是国家为了规范废弃电器电子产品的回收处理活动，促进资源综合利用和循环经济发展，保护环境，保障人体健康而设立的政府性基金。

1. 征收对象

废弃电器电子产品处理基金的征收对象是电器电子产品生产者（包括自主品牌生产企业和代工生产企业）、进口电器电子产品的收货人或者其代理人。

纳入废弃电器电子产品处理基金征收范围的电子产品包括电视机、电冰箱、洗衣机、房间空调器、微型计算机、吸油烟机、电热水器、燃气热水器、打印机、复印机、传真机、监视器、移动通信手持机、电话单机等14大类。

2. 计算方法

废弃电器电子产品处理基金实行从量定额的办法计算，征收依据是缴纳义务人销售、受托加工生产或进口相关电器电子产品的数量，征收标准按照电子产品种类和制式分别规定，计算公式为：

$$\text{应缴纳废弃电器电子产品处理基金}=\text{销售数量（受托加工数量、进口数量）}\times\text{征收标准}$$

3. 征收方式

（1）进口电器电子产品的收货人或者其代理人应缴纳的废弃电器电子产品处理基金，由海关负责征收，其他的由税务机关负责征收。

（2）缴纳义务人应当自季度终了之日起15日内申报缴纳废弃电器电子产品处理基金。

(四) 残疾人就业保障金

残疾人就业保障金，是指为保障残疾人权益，由未按规定安排残疾人就业的机关、团体、企业、事业单位和民办非企业单位（以下简称用人单位）缴纳的主要用于支持残疾人就业和保障残疾人生活的政府性基金。

残疾人，是指持有《中华人民共和国残疾人证》上注明属于视力残疾、听力残疾、言语残疾、肢体残疾、智力残疾、精神残疾和多重残疾的人员，或者持有《中华人民共和国残疾军人证》（1 至 8 级）的人员。

1. 征收对象

残疾人就业保障金的征收对象是安排残疾人就业达不到规定比例的用人单位。

根据《残疾人就业条例》第八条的规定，用人单位应当按照一定比例安排残疾人就业，并为其提供适当的工种、岗位。用人单位安排残疾人就业的比例不得低于本单位在职职工总数的 1.5%。具体比例由省、自治区、直辖市人民政府根据本地区的实际情况规定。

2. 计算方法

残疾人就业保障金按上年用人单位安排残疾人就业未达到规定比例的差额人数和本单位在职职工年平均工资（或当地社会平均工资的 2 倍，取低值）之积计算缴纳。计算公式为：

残疾人就业保障金年缴纳额 =（上年用人单位在职职工人数×所在地省、自治区、直辖市人民政府规定的安排残疾人就业比例−上年用人单位实际安排的残疾人就业人数）×上年用人单位在职职工年平均工资（或当地社会平均工资的 2 倍，取低值）

3. 征收方式

残疾人就业保障金按年计征，由缴纳义务人自行向税务部门申报缴纳。具体申报缴纳期限，各地规定不一，有的在下半年一次缴纳、有的分季缴纳、有的分月缴纳。

4. 减免规定

（1）2020 年 1 月 1 日至 2022 年 12 月 31 日，在职职工人数在 30 人（含）以下的企业，暂免征收残疾人就业保障金。

（2）用人单位遇不可抗力自然灾害或其他突发事件遭受重大直接经济损失，可以申请减免或者缓缴残疾人就业保障金。具体办法由各省、自治区、直辖市财政部门规定。用人单位申请减免残疾人就业保障金的最高限额不得超过1年的应缴额，申请缓缴的最长期限不得超过6个月。

(3) 2020年1月1日至2022年12月31日，对残疾人就业保障金实行分档减缴政策。用人单位安排残疾人就业比例达到1%（含）以上，但未达到所在地省、自治区、直辖市人民政府规定比例的，按规定应缴费额的50%缴纳残疾人就业保障金；用人单位安排残疾人就业比例在1%以下的，按规定应缴费额的90%缴纳残疾人就业保障金。

5. 欠费处理

用人单位未按照规定缴纳残疾人就业保障金的，由征收机关提交财政部门，由财政部门予以警告，责令限期缴纳；逾期仍不缴纳的，除补缴欠缴数额外，还应当自欠缴之日起，按日加收5‰的滞纳金。

（五）水利建设基金

水利建设基金是用于水利建设的专项资金，由中央水利建设基金和地方水利建设基金组成。

中央水利建设基金从车辆购置税、铁路建设基金、港口建设费中提取，主要用于关系经济社会发展全局的重点水利工程建设。

地方水利建设基金主要用于地方水利工程建设、城市防洪和水源工程建设。其中有一部分是向企事业单位和个体经营者征收的。

1. 征收对象

水利建设基金的征收对象是企事业单位和个体经营者。

2. 计算方法

向企事业单位和个体经营者征收的地方水利建设基金，各地征收标准不一样，有的按照增值税、消费税实际缴纳额的一定比例征收，有的按照销售收入的一定比例征收，有的按照实际用电量的一定标准征收。

3. 征收方式

缴费人自行申报办理。

4. 减免规定

对月销售额不超过10万元（或季度销售额不超过30万元）的缴纳义务人，免征水利建设基金。“十三五”期间，省、自治区、直辖市人民政府可以结合当地经济发展水平、相关公共事业和设施保障状况、社会承受能力等因素，自主决定免征、停征或减征地方水利建设基金。

（六）国家重大水利工程建设基金

国家重大水利工程建设基金是国家为支持南水北调工程建设、解决三峡工程后续问题以及加强中西部地区重大水利工程建设而设立的政府性基金。国家重大水利工程建设基金征收至 2025 年 12 月 31 日。

1. 征收对象

国家重大水利工程建设基金的征收对象是全国范围内（除西藏自治区外）的电力用户。

2. 计算方法

国家重大水利工程建设基金实行从量定额征收，征收依据是纳入计征范围的销售电量（扣除国家扶贫开发工作重点县农业排灌用电，下同），按照每千瓦时一定金额的标准计征。各省的征收标准有所不同，计算公式为：

国家重大水利工程建设基金=全部销售电量×征收标准

3. 征收方式

（1）地方独立电网销售电量，按月自行申报缴纳。

（2）除地方独立电网销售电量外，由省级电网企业向电力用户收取电费时一并代征，按月自行申报缴纳。

（3）省级电网企业、拥有自备电厂企业和地方独立电网企业应根据全年实际销售电量（自发自用电量），在次年 3 月底前完成汇算清缴。

4. 减免规定

对分布式光伏发电自发自用电量免收国家重大水利工程建设基金。

5. 欠费处理

逾期不缴纳国家重大水利工程建设基金的，征收机关应责令其限期缴纳，并从滞纳之日起按日加收滞纳部分 2‰的滞纳金。

（七）农网还贷资金

农网还贷资金是对农网改造贷款“一省多贷”的省、自治区、直辖市（指该省市区的农网改造工程贷款由多个电力企业承贷）电力用户征收的政府性基金，专项用于农村电网改造贷款还本付息。

1. 征收对象

农网还贷资金的征收对象是农网改造贷款“一省多贷”的省、自治区、直辖市（山西、吉林、湖南、湖北、广西、四川、重庆、云南、陕西等）的电力用户。

2. 计算方法

除规定的减免用量外，农网还贷资金按社会用电量每度电 2 分钱标准，并入电价收取。

3. 征收方式

电网企业在向电力用户收取电费时一并代征农网还贷资金，按月申报缴纳。

4. 相关规定

(1) 农网还贷资金由电网经营企业在向用户收取电费时一并收取，并在电费收款凭证中注明农网还贷资金的征收电量、征收标准和征收金额。

(2) 征收农网还贷资金必须按照《增值税暂行条例》及其他有关规定缴纳增值税和流转环节的其他税费，按规定纳入预算管理后免征企业所得税。

(3) 对分布式光伏发电自发自用电量免收农网还贷资金。

(4) 对农业排灌、抗灾救灾及氮肥、磷肥、钾肥和原化工部颁发生产许可的复合肥生产用电免征农网还贷资金；国有重点煤炭企业生产用电、核工业铀扩散厂和堆化工厂生产用电农网还贷资金暂按 3 厘/千瓦时标准征收。

(八) 可再生能源发展基金

为了促进可再生能源的开发利用，国家设立可再生能源发展基金，包括国家财政公共预算安排的专项资金和依法向电力用户征收的可再生能源电价附加收入两部分。

1. 征收对象

可再生能源电价附加的缴费主体是除西藏自治区以外的全国范围内的电力用户。

2. 计算方法

可再生能源电价附加根据销售电量扣除农业生产用电（含农业排灌用电）后，按照每千瓦时一定金额的标准计征。计算公式为：

可再生能源电价附加=销售电量×征收标准

3. 征收方式

电力用户应缴纳的可再生能源电价附加，由电网企业代征。

省级电网企业和地方独立电网企业应于每月 15 日前申报缴纳可再生能源电价附加，并根据全年实际销售电量，在次年 3 月底前完成全年应缴可再生能源电价附加的汇算清缴工作。

4. 减免规定

对分布式光伏发电自发自用电量免收可再生能源电价附加。

（九）核电站乏燃料处理处置基金

核电站乏燃料处理处置基金是为促进核电事业发展，规范核电站乏燃料处理处置而设置的政府性基金。核电站乏燃料处理处置基金，由政府相关部门和机构专项用于乏燃料处理处置。

1. 征收对象

核电站乏燃料处理处置基金的征收对象是拥有已投入商业运行5年以上压水堆核电机组的核电厂（以下简称核电厂）。

2. 计算方法

核电站乏燃料处理处置基金按照核电厂已投入商业运行5年以上压水堆核电机组的实际上网销售电量征收，征收标准为0.026元/千瓦时。计算公式为：

核电站乏燃料处理处置基金=销售电量×征收标准

财政部可会同相关部门根据核电发展规模及乏燃料处理处置资金需求的变化，适时调整征收标准。

3. 征收方式

核电厂应于每年1月申报缴纳上年实际上网销售电量和应缴纳的乏燃料处理处置基金。

4. 欠费处理

缴纳义务人未按规定期限缴纳核电站乏燃料处理处置基金的，从滞纳之日起按日加收滞纳金额1‰的滞纳金。

（十）中央水库移民扶持基金

中央水库移民扶持基金由大中型水库移民后期扶持基金、跨省际大中型水库库区基金、三峡水库库区基金构成。

大中型水库移民后期扶持基金，是国家为扶持大中型水库农村移民解决生产生活问题而设立的政府性基金。

跨省际大中型水库库区基金，是指对装机容量在2.5万千瓦及以上有发电收入的跨省、自治区、直辖市大中型水库征收的库区基金。

三峡水库库区基金是为了三峡移民安置区基础设施建设和经济发展、库区防护工程、支持移民生产生活设施维护和解决移民遗留问题而设立的政府性基金。

1. 征收对象

大中型水库移民后期扶持基金征收对象为电力用户。

跨省际大中型水库库区基金征收对象为装机容量在2.5万千瓦及以上有发电收入的水库和水电站。跨省际大中型水库为独立法人的，由水库（水电站）缴纳大中型水库库区基金；跨省际大中型水库为非独立法人的，由其归属企业缴纳大中型水库库区基金。

三峡水库库区基金征收对象为中国三峡工程开发总公司、中国长江电力股份有限公司。

2. 计算方法

大中型水库移民后期扶持基金实行从量定额征收，征收依据是扣除农业用电后的全部销售电量，按照每千瓦时一定金额的标准计征。各省的征收标准有所不同，计算公式为：

$$\text{应缴大中型水库移民后期扶持基金} = \text{实际上网销售电量（扣除免征电量）} \times \text{各地征收标准}$$

跨省际大中型水库库区基金按照实际上网销售电量和规定的征收标准以及分配比例计算征收，计算公式为：

$$\text{应缴跨省际大中型水库库区基金} = \text{实际上网销售电量} \times \text{各地征收标准} \times \text{分配比例}$$

三峡水库库区基金按照水库实际上网销售电量和规定的征收标准计算征收，计算公式为：

$$\text{应缴三峡水库库区基金} = \text{实际上网销售电量} \times \text{征收标准}$$

3. 征收方式

大中型水库移民后期扶持基金由电网企业在向电力用户收取电费时一并代征，按月申报缴纳；跨省际大中型水库库区基金和三峡水库库区基金由缴费人按月自主申报缴纳。

4. 减免规定

对分布式光伏发电自发自用电量免收大中型水库移民后期扶持基金。

5. 欠费处理

大中型水库移民后期扶持基金发生延期缴纳的，从逾期之日起按每日2‰的标准加收滞纳金。

(十一) 地方水库移民扶持基金

地方水库移民扶持基金包括省级大中型水库库区基金、小型水库移民扶助基金两个征收项目。

1. 征收对象

各省、自治区、直辖市行政区域内装机容量2.5万千瓦及以上的大中型水库和水电站缴纳省级大中型水库库区基金；行政区域内装机容量2.5万千瓦以下的小型水库和水电站缴纳小型水库移民扶助基金。

2. 计算方法

地方水库移民扶持基金按照实际上网销售电量和规定征收标准计算征收，各地征收标准不同，计算公式为：

地方水库移民扶持基金=实际上网销售电量×征收标准

3. 征收方式

缴费人自行申报缴纳。

三、国有资源（资产）有偿使用收入

(一) 国有土地使用权出让收入

国有土地使用权出让收入（以下简称土地出让收入），是指政府以出让等方式配置国有土地使用权取得的全部土地价款。

1. 征收对象

土地出让收入的征收对象是依法取得国有土地使用权的受让人、承租国有土地使用权的承租人、转让房改房和经济适用住房的房产所有人。包括企业、组织、社会团体或个人。

2. 计算方法

根据取得国有土地的方式，土地出让收入为取得土地的总成交价款或补缴的土地价款。

与国有土地相关的土地租金收入、划拨用地土地补偿费、安置补助费、地上附着物和青苗补偿费、拆迁补偿费等费用，一并纳入土地出让收入管理。

3. 征收方式

自然资源部门向税务部门推送合同、缴费金额、缴费期限等费源信息，竞得人向税务部门申报缴纳。涉及竞买保证金抵作国有土地使用权出让收入的，由自然资源部门、公共资源交易中心代竞得人向税务部门申报缴纳。

（二）矿产资源专项收入

矿产资源专项收入包括探矿权、采矿权（以下简称矿业权）占用费和矿业权出让收益。

矿业权占用费是在矿业权占有环节向探矿权人、采矿权人（以下简称矿业权人）收取的使用费。

矿业权出让收益是在矿业权出让环节，国家基于自然资源所有权，将矿业权出让给矿业权人而依法收取的国有资源有偿使用收入。矿业权出让收益包括探矿权出让收益和采矿权出让收益。

1. 征收对象

矿业权占用费的征收对象是矿业权人。

矿业权出让收益的征收对象是在我国领域及管辖海域勘查、开采矿产资源的矿业权人。

2. 计算方法

矿业权占用费包括探矿权使用费和采矿权使用费。探矿权使用费按区块面积逐年缴纳，采矿权使用费按矿区范围面积逐年缴纳。

通过招标、拍卖、挂牌等竞争方式出让矿业权的，矿业权出让收益按招标、拍卖、挂牌的结果确定。

通过协议方式出让矿业权的，矿业权出让收益按照评估价值、市场基准价孰高确定。

3. 征收方式

自然资源部门向税务部门推送合同、缴费金额、缴费期限等费源信息，缴费人向税务部门申报缴纳。

（三）海域使用金

海域使用金，是指国家以海域所有者身份依法出让海域使用权而向取得海域使用权的单位和个人收取的权利金。

1. 征收对象

海域使用金的征收对象是使用海域（我国内水、领海的水面、水体、海床和底土）的单位和个人。

2. 计算方法

征收海域使用金统一按照国家标准执行。沿海省、自治区、直辖市、计划单列市应根据本地区情况合理划分海域级别，制定不低于国家标准的地方海域使用金征收标准。

3. 征收方式

自然资源部门向税务部门推送合同、缴费期限等费源信息，竞得人向税务部门申报缴纳。

（四）无居民海岛使用金

无居民海岛使用金，是指国家在一定年限内出让无居民海岛使用权，由无居民海岛使用者依法向国家缴纳的无居民海岛使用权价款。无居民海岛使用金主要用于海岛保护、海岛管理以及海岛生态修复等方面。

1. 征收对象

无居民海岛使用金的征收对象是无居民海岛使用者。

2. 计算方法

无居民海岛使用权出让由国家或省级海洋行政主管部门按照相关程序通过评估提出出让标准，出让标准不得低于按照最低标准核算的出让标准。

无居民海岛使用权出让最低价的计算公式：

$$\text{无居民海岛使用权出让最低价}=\text{无居民海岛使用权出让面积}\times\text{出让年限}\times\text{无居民海岛使用权出让最低价标准}$$

3. 征收方式

自然资源部门向税务部门推送合同、缴费期限等费源信息，竞得人向税务部门申报缴纳。

4. 欠费处理

无居民海岛使用者未按规定及时足额缴纳无居民海岛使用金的，按日加收1‰的滞纳金。

（五）排污权出让收入

排污权出让收入，是指政府以有偿出让方式配置排污权取得的收入，包括采取定额出让方式出让排污权收取的排污权使用费和通过公开拍卖等方式出让排污权取得的收入。

1. 征收对象

排污权出让收入的征收对象为现有排污单位。以市场公开方式出让新建项目排污权和改建、扩建项目新增排污权时，中标人为缴费主体。

2. 计算方法

排污权使用费的征收标准由试点地区省级价格、财政、生态环境部门根据当地环境资源稀缺程度、经济发展水平、污染治理成本等因素确定。

3. 征收方式

缴费人自行申报缴纳。

四、税务机关征收的其他非税收入

（一）油价调控风险准备金

油价调控风险准备金，是指当国际市场原油价格低于国家规定的成品油价格调控下限时，由我国境内生产、委托加工和进口汽、柴油的成品油生产经营企业按照汽油、柴油的销售数量和规定的征收标准（成品油价格未调金额）全额上缴并纳入中央财政预算管理的政策性收入。

我国对国内成品油价格机制设置调控下限，下限水平定为每桶 40 美元，即当国内成品油价格挂靠的国际市场原油价格低于每桶 40 美元时，国内成品油价格不再下调。成品油价格未调金额全部纳入风险准备金，设立专项账户存储，经国家批准后使用，主要用于节能减排、提升油品质量及保障石油供应安全等方面。

1. 征收对象

油价调控风险准备金的征收对象是我国境内生产、委托加工和进口汽、柴油的成品油生产经营企业。

2. 计算方法

油价调控风险准备金按照汽、柴油的销售数量和规定的征收标准（成品油价格未调金额）缴纳。

汽油、柴油销售数量，是指缴纳义务人于相邻两个调价窗口期之间的实际销售数量。

成品油价格未调金额由国家发展改革委、财政部根据国际原油价格变动情况，按照现行成品油价格形成机制计算核定，于每季度前 10 个工作日内，将上季度每次调价窗口期的征收标准，书面告知征收机关。

3. 征收方式

缴费人自行申报缴纳。缴纳义务人可以选择按季度或者按年度缴纳油价调控风险准备金。具体缴纳方式由缴纳义务人报征收机关核准。缴纳方式一经确定，不得随意变更。

（二）核事故应急准备专项收入

核事故应急准备专项收入，是国家征收的用于核事故各项应急准备工作的专项资金。核应急准备资金分为核电企业开展场内核事故应急准备工作所需资金、国家和地方核应急机构开展场外核事故应急准备工作所需资金以及国务院有关部门和军队在核电厂核事故应急支援准备工作中所需的资金。

税务部门负责征收的主要是核事故应急准备专项收入中由核电企业按规定承担上缴的场外核事故应急准备专项收入。

1. 征收对象

核事故应急准备专项收入的征收对象是核电企业。

2. 计算方法

核电企业承担上缴的场外核事故应急准备专项收入，在基建期和运行期分别按以下标准缴纳：

（1）基建期按设计额定容量 5 元/千瓦时的标准缴纳。

（2）运行期按年度上网销售电量 0.2 厘/千瓦时的标准缴纳。

3. 征收方式

缴费人自行申报缴纳。

（三）石油特别收益金

石油特别收益金是为推动石油价格机制改革，促进国民经济持续健康协调发展，对石油开采企业销售国产原油因价格超过一定水平所获得的超额收入按比例征收的收益金。

1. 征收对象

石油特别收益金的征收对象是在我国陆地领域和所辖海域独立开采并销售原油的企业以及在上述领域以合资、合作等方式开采并销售原油的其他企业。合资合作企业应当缴纳的石油特别收益金，由合资合作的各方中拥有石油勘探和开采许可证的一方企业统一向征收机关申报。

需要注意的是，凡在我国陆地领域和所辖海域开采的石油，无论其是否在我国境内销售，均应按规定缴纳石油特别收益金。中外合作油田按规定上缴国家的石油增值税、矿区使用费、国家留成油不征收石油特别收益金。

2. 计算方法

石油特别收益金实行 5 级超额累进从价定率计征。

石油特别收益金征收比率按石油开采企业销售原油的月加权平均价格确

定。为便于参照国际市场油价水平，原油价格按美元/桶计价，起征点为 65 美元/桶。

计算公式如下：

石油特别收益金=［（石油开采企业销售原油的月加权平均价格-65）×征收率-速算扣除数］×销售量×美元兑换人民币汇率

3. 征收方式

缴费人自行申报缴纳，按月计算、按季申报，按月缴纳。

4. 欠费处理

缴费人在规定的期限内未足额缴纳石油特别收益金的，从滞纳之日起按日加收 0.5‰的滞纳金。

（四）国家留成油收入

国家留成油，是指在我国陆地领域和所辖海域对外合作勘探开发生产石油的企业（以下简称石油企业），按规定缴纳增值税和矿区使用费后，在余额油分配时根据石油合同的约定比例留给国家的权益，是以实物形态表现的财政资金。

国家留成油收入，是指石油企业应上缴的国家留成油随合作油田生产的原油对外销售实现的变价款收入。

1. 征收对象

国家留成油收入的征收对象是在我国陆地领域和所辖海域内对外合作勘探开发生产石油的企业。

2. 计算方法

应缴纳留成油收入等于总收入减除增值税、矿区使用费等费用的余额乘以合同约定的比例。

3. 征收方式

缴费人自行申报缴纳。

4. 欠费处理

缴费人未按规定期限缴纳国家留成油收入的，从滞纳之日起按日加收 0.5‰的滞纳金。

（五）免税商品特许经营费

免税商品特许经营费，是指对中国免税品（集团）总公司的免税商品经营业务，以及设立在机场、港口、车站和陆路边境口岸和海关监管特定区域的免税商店，以及在出境飞机、火车、轮船上向出境的国际旅客、驻华外交官和国际海员等提供免税商品购物服务的特种销售业务征收的一项政府非税收入。

1. 征收对象

免税商品特许经营费的征收对象是经营免税商品或代理销售免税商品的企业。

免税商品，是指免征关税、进口环节税的进口商品和实行退（免）税（增值税、消费税）进入免税店销售的国产商品。

2. 计算方法

免税商品特许经营费一般为经营免税商品业务年销售收入的1%，海南离岛旅客免税购物商店按经营免税商品业务年销售收入的4%缴纳。

3. 征收方式

缴费人应于年度终了后5个月内向税务部门申报缴纳。

第三节 非税收入管理

一、设立

设立和征收非税收入，应当依据法律、法规的规定或者按照规定管理权限予以批准。

1. 行政事业性收费按照国务院和省、自治区、直辖市人民政府及其财政、价格主管部门的规定设立和征收。

2. 政府性基金按照国务院和财政部的规定设立和征收。

3. 国有资源有偿使用收入、特许经营收入按照国务院和省、自治区、直辖市人民政府及其财政部门的规定设立和征收。

4. 国有资产有偿使用收入、国有资本收益由拥有国有资产（资本）产权的人民政府及其财政部门按照国有资产（资本）收益管理规定征收。

5. 彩票公益金按照国务院和财政部的规定筹集。

6. 中央银行收入按照相关法律、法规征收。

7. 罚没收入按照法律、法规和规章的规定征收。

8. 主管部门集中收入、以政府名义接受的捐赠收入、政府收入的利息收入及其他非税收入按照同级人民政府及其财政部门的管理规定征收或者收取。

二、执收主体和主要职责

（一）直接征收和委托征收

非税收入可以由财政部门直接征收，也可以由财政部门委托的部门和单位（以下简称执收单位）征收。法律、法规对非税收入执收单位已有规定的，从其规定。未经财政部门批准，不得改变非税收入执收单位。

（二）执收单位的职责

执收单位主要履行以下职责：

1. 公示非税收入征收依据和具体征收事项，包括项目、对象、范围、标准、期限和方式等。

2. 严格按照规定的非税收入项目、征收范围和征收标准进行征收，及时足额上缴非税收入，并对欠缴、少缴收入实施催缴。

3. 记录、汇总、核对并按规定向同级财政部门报送非税收入征缴情况。

4. 编报非税收入年度收入预算。

5. 执行非税收入管理的其他有关规定。

执收单位不得违规多征、提前征收或者减征、免征、缓征非税收入。对违规设立非税收入项目、扩大征收范围、提高征收标准的，缴纳义务人有权拒绝缴纳并向有关部门举报。

三、税务部门征收非税收入管理制度

非税收入管理应当遵循依法、规范、透明、高效的原则。税务部门征收非税收入实行属地征收、自行申报、期限顺延、分类退库等征管制度。

（一）属地征收

税务部门按照属地原则征收划转的非税收入，具体征收机关由国家税务总局各省、自治区、直辖市和计划单列市税务局按照“便民、高效”原则确定。

（二）自行申报

缴费人采用自行申报方式办理非税收入申报缴纳等有关事项。符合非税收入减免政策的，缴费人自行申报享受，相关资料由缴费人留存备查，并对资料的真实性和合法性承担责任。

（三）期限顺延

各项非税收入缴纳期限按现行规定执行，期限最后一日是法定休假日的，以休假日期满的次日为最后一日，期限内有连续 3 日以上法定休假日的，按休假日天数顺延。

（四）分类退库

非税收入涉及误收误缴、汇算清缴需要退库的，由缴费人向主管税务机关申请办理。涉及收入减免等政策性原因需要退库的，按照财政部有关退库管理规定办理。

本章小结

<table>
<tr><th colspan="2">知识点</th><th colspan="2">主要内容</th></tr>
<tr><td rowspan="6">概述</td><td>概念</td><td colspan="2">非税收入，是指除税收以外，由各级国家机关、事业单位、代行政府职能的社会团体及其他组织依法利用国家权力、政府信誉、国有资源（资产）所有者权益等取得的各项收入。不包括社会保险费、住房公积金（指计入缴存人个人账户部分）</td></tr>
<tr><td>特征</td><td colspan="2">灵活性、不稳定性、非普遍性、资金使用的特定性</td></tr>
<tr><td>职能</td><td colspan="2">财政收入、经济管理、化解风险</td></tr>
<tr><td rowspan="3">分类</td><td>按照非税收入的性质分类</td><td>十二类：行政事业性收费收入、政府性基金收入、罚没收入、国有资源（资产）有偿使用收入、国有资本收益、彩票公益金收入、特许经营收入、中央银行收入、以政府名义接受的捐赠收入、主管部门集中收入、政府收入的利息收入、其他非税收入</td></tr>
<tr><td>按照征收依据分类</td><td>四类：凭借国家权力取得的收入、凭借政府信誉取得的收入、凭借国有资源（资产）所有者权益取得的收入、政府提供特定服务取得的收入</td></tr>
<tr><td>按照收入归属分类</td><td>两类：中央非税收入和地方非税收入</td></tr>
<tr><td colspan="2" rowspan="9">税务部门征收的非税收入项目</td><td rowspan="5">行政事业性收费收入</td><td>三峡电站水资源费</td></tr>
<tr><td>水土保持补偿费</td></tr>
<tr><td>防空地下室易地建设费</td></tr>
<tr><td>土地闲置费</td></tr>
<tr><td>城镇垃圾处理费</td></tr>
<tr><td rowspan="4">政府性基金收入</td><td>教育费附加</td></tr>
<tr><td>地方教育附加</td></tr>
<tr><td>文化事业建设费</td></tr>
<tr><td>废弃电器电子产品处理基金</td></tr>
</table>

续表

知识点		主要内容	
税务部门征收的非税收入项目		政府性基金收入	残疾人就业保障金
			水利建设基金
			国家重大水利工程建设基金
			农网还贷资金
			可再生能源发展基金
			核电站乏燃料处理处置基金
			中央水库移民扶持基金
			地方水库移民扶持基金
		国有资源（资产）有偿使用收入	国有土地使用权出让收入
			矿产资源专项收入
			海域使用金
			无居民海岛使用金
			排污权出让收入
		其他非税收入	油价调控风险准备金
			核事故应急准备专项收入
			石油特别收益金
			国家留成油收入
			免税商品特许经营费
非税收入管理	设立	行政事业性收费	按照国务院和省、自治区、直辖市人民政府及其财政、价格主管部门的规定设立和征收
		政府性基金	按照国务院和财政部的规定设立和征收
		国有资源有偿使用收入、特许经营收入	按照国务院和省、自治区、直辖市人民政府及其财政部门的规定设立和征收
		国有资产有偿使用收入、国有资本收益	由拥有国有资产（资本）产权的人民政府及其财政部门按照国有资产（资本）收益管理规定征收
		彩票公益金	按照国务院和财政部的规定筹集
		中央银行收入	按照相关法律、法规征收
		罚没收入	按照法律、法规和规章的规定征收
		主管部门集中收入、以政府名义接受的捐赠收入、政府收入的利息收入及其他非税收入	按照同级人民政府及其财政部门的管理规定征收或者收取

续表

知识点		主要内容	
非税收入管理	执收主体和主要职责	执收主体	直接征收
			委托征收
		主要职责	公示非税收入征收依据和具体征收事项； 按照规定征收、及时足额上缴，并对欠缴、少缴收入实施催缴； 记录、汇总、核对并按规定报送非税收入征缴情况； 编报非税收入年度收入预算； 执行非税收入管理的其他有关规定
	税务部门征收非税收入管理制度	属地征收	按照“便民、高效”原则确定
		自行申报	自行申报方式缴纳，自行申报享受优惠，相关资料留存备查
		期限顺延	缴纳期限按现行规定执行，期限最后一日是法定休假日的，以休假日期满的次日为最后一日，期限内有连续 3 日以上法定休假日的，按休假日天数顺延
		分类退库	向主管税务机关申请，按照财政部有关退库管理规定办理

本章练习题请通过学习兴税 App 扫描左侧二维码阅览

第十章　税费征收与服务

本章导读： 本章反映当前税务工作的全貌，在学习本章时，应了解以《税收征管法》为基础的税收征收管理流程，熟悉税费服务、收入统计分析、风险管理与税收稽查工作的内容、程序和方法，按照“税务执法规范性、税费服务便捷性、税务监管精准性”的发展要求，全面熟悉税费业务工作的内容与流程。

第一节　税收征收管理

一、概述

税收征收管理，是指税务机关根据法律和行政法规规定，按照统一的程序和标准组织纳税人应纳税款入库并对其进行管理的一系列活动。从具体内容来看，税收征收管理是税务机关对税款征收全过程进行的税务管理、税款征收与收入管理、税费服务、税务监管和税务检查等一系列行政执法和管理活动。

税务管理是税务机关为贯彻执行国家税收法律法规和规章，开展信息报告、发票管理等基础性工作，并据以指导和监督纳税人正确履行纳税义务等一系列管理活动。

税款征收与收入管理，是指税务机关依照税收法律法规和规章，采取一定的税收征收管理形式、税款征收方法和步骤，实现应纳税款及时足额入库，并对收入进行相应核算与分析的具体征税活动。

税费服务是税务机关依据税收、社会保险费与非税收入的法律法规和规章，在纳税人缴费人依法缴纳税费过程中，保障其合法权利，并为纳税人缴费人提供的规范、高效与智能的各项服务。

税务监管，是指在全面推行实名办税缴费制度基础上，实行纳税人缴费人动态信用等级分类和智能化风险监管，并且构建以“数据集成+优质服务+提醒纠错+依法查处”为主要内容的自然人税费服务与监管体系。

税务检查是税务机关依据法律、行政法规的规定对纳税人、扣缴义务人履行法定纳税义务情况进行检查和处理工作的总称。

税收征管面临着技术创新不断加深带来的挑战，面临着产业革新和国际化不断推进带来的挑战，面临着管理方式升级和人才需求不断加大带来的挑战。税务部门将以全面建设智慧税务为总目标，系统性实施数字转型战略、流程重塑战略和人才支撑战略，一体化应对面临的多重挑战。

二、信息报告

信息报告，是指纳税人、扣缴义务人、缴费人根据法律、法规的规定，向税务机关报告身份信息、制度信息、跨区域涉税信息、资格信息等内容的一项法定制度，是税务机关实施税费管理的基础工作，也是纳税人、扣缴义务人、缴费人依法履行义务的法定手续。

（一）身份信息报告

1. “一照一码”户信息确认

（1）已实行“多证合一、一照一码”登记模式的纳税人，领取由市场监督管理部门核发加载法人和其他组织统一社会信用代码的营业执照后，无须再次进行税务登记，不再领取税务登记证。纳税人首次办理涉税事宜时，税务机关依据市场监督管理部门共享的登记信息制作《“多证合一”登记信息确认表》，提醒纳税人对其中不全的信息进行补充，对不准的信息进行更正，对需要更新的信息进行补正。在完成相关信息采集后，企业凭加载统一社会信用代码的营业执照可代替税务登记证使用。

（2）税务部门与民政部门之间可以参照企业“多证合一”的做法，由民政部门受理申请，只发放标注统一社会信用代码的社会组织（社会团体、基金会、民办非企业单位）法人登记证，赋予其税务登记证的全部功能，不再另行发放税务登记证件。

2. “两证整合”个体工商户信息确认

已实行“两证整合”登记模式的个体工商户，由市场监督管理部门核发一个加载法人和其他组织统一社会信用代码的营业执照。当纳税人首次办理涉税事项时，主管税务机关通过外部信息交换系统获取个体工商户登记表单信息及确认其他税务管理信息。针对其他必要涉税基础信息，主管税务机关可在个体工商户办理有关涉税事宜时，及时进行补充确认。

（二）制度信息报告

1. 存款账户、账号报告

从事生产、经营的纳税人应当自开立基本存款账户或者其他存款账户之日起15日内，向主管税务机关书面报告其全部账号；发生变化的，应当自变化之日起15日内，向主管税务机关书面报告。

银行和其他金融机构应当在从事生产、经营的纳税人的账户中登录税务登记证件号码，并在税务登记证件中登录从事生产、经营的纳税人的账户账号。

2. 财务会计制度报告

从事生产、经营的纳税人应当自领取税务登记证件之日起15日内，将其财务、会计制度或者财务、会计处理办法报送主管税务机关备案。纳税人采用计算机记账的，应当在使用前将其记账软件、程序和使用说明书及有关资料报送主管税务机关备案。

3. 三方协议签订

纳税人需要使用电子缴税系统缴纳税费的，可以与税务机关、开户银行签署委托银行代缴税款三方协议或委托划转税款协议，实现使用电子缴税系统缴纳税费、滞纳金和罚款。

（三）跨区域涉税事项报告

纳税人跨省（自治区、直辖市和计划单列市）临时从事生产经营活动的，向机构所在地的税务机关填报《跨区域涉税事项报告表》。纳税人跨区域经营活动结束后，应当结清经营地税务机关的应纳税款以及其他涉税事项，向经营地税务机关填报《经营地涉税事项反馈表》。

三、发票管理

发票，是指在购销商品、提供或接受服务以及从事其他经营活动中，开具、收取的收付款凭证。税务机关开展发票管理工作的法律依据是《税收征管法》及其实施细则和《中华人民共和国发票管理办法》及其实施细则。在我国境内印制、领用、开具、取得、保管、缴销发票的单位和个人，必须遵守发票管理规范。

（一）发票印制

税务机关应当以招标方式确定印制发票的企业，并发给企业发票准印证。

增值税专用发票由国务院税务主管部门确定的企业印制；其他发票，按照国务院税务主管部门的规定，分别由省、自治区、直辖市税务机关确定企业印制。

（二）发票领用和缴销

纳税人办理税务登记后需领用发票的，向主管税务机关申请办理发票领用手续。主管税务机关根据纳税人的经营范围和规模，确认领用发票的种类、数量、领用方式。纳税人在发票票种核定的范围（发票的种类、领用数量、开票限额）内领用发票。

已办理发票票种核定的纳税人，当前领用发票的种类、数量或者开票限额不能满足经营需要的，可以向主管税务机关提出调整。

纳税人因信息变更或清税注销，跨区域经营活动结束，发票换版、损毁等原因按规定需要缴销发票的，到税务机关进行缴销处理。

（三）发票开具、取得与保管

1. 开具

（1）销售商品、提供服务以及从事其他经营活动的单位和个人，对外发生经营业务收取款项，收款方应当向付款方开具发票；特殊情况下，由付款方向收款方开具发票。

（2）开具发票应当按照规定的时限、顺序、栏目，全部联次一次性如实开具，并加盖发票专用章。

（3）任何单位和个人不得有下列虚开发票行为：

①为他人、为自己开具与实际经营业务情况不符的发票；

②让他人为自己开具与实际经营业务情况不符的发票；

③介绍他人开具与实际经营业务情况不符的发票。

（4）安装税控装置的单位和个人，应当按照规定使用税控装置开具发票，并按期向主管税务机关报送开具发票的数据。

使用非税控电子器具开具发票的，应当将非税控电子器具使用的软件程序说明资料报主管税务机关备案，并按照规定保存、报送开具发票的数据。

2. 取得

（1）所有单位和从事生产、经营活动的个人在购买商品、接受服务以及从事其他经营活动支付款项时，应当向收款方取得发票。取得发票时，不得要求变更品名和金额。

（2）不符合规定的发票，不得作为财务报销凭证，任何单位和个人有权拒收。

3. 保管

（1）开具发票的单位和个人应当建立发票使用登记制度，设置发票登记簿，并定期向主管税务机关报告发票使用情况。

（2）开具发票的单位和个人应当按照税务机关的规定存放和保管发票，不得擅自损毁。已开具的发票存根联和发票登记簿，应当保存 5 年。保存期满，报经税务机关查验后销毁。

（四）代开发票

需要临时使用发票的单位和个人，可以凭购销商品、提供或者接受劳务以及从事其他经营活动的书面证明、经办人身份证明，直接向经营地税务机关申请代开发票。依照税收法律、行政法规规定应当缴纳税款的，税务机关应当先征收税款，再开具发票。税务机关根据发票管理的需要，可以按照国务院税务主管部门的规定，委托其他单位代开发票。禁止非法代开发票。

（五）发票违法行为

任何单位和个人应当按照发票管理规定使用发票，不得有下列行为：

1. 转借、转让、介绍他人转让发票、发票监制章和发票防伪专用品。

2. 知道或者应当知道是私自印制、伪造、变造、非法取得或者废止的发票而受让、开具、存放、携带、邮寄、运输。

3. 拆本使用发票。

4. 扩大发票使用范围。

5. 以其他凭证代替发票使用。

除国务院税务主管部门规定的特殊情形外，任何单位与个人不得跨规定的使用区域携带、邮寄、运输空白发票。禁止携带、邮寄或者运输空白发票出入境。

四、账簿凭证管理

纳税人、扣缴义务人按照有关法律、行政法规和国务院财政、税务主管部门的规定设置账簿，根据合法、有效凭证记账，进行核算。

（一）账簿、凭证设置

从事生产、经营的纳税人应当自领取营业执照或者发生纳税义务之日起 15 日内设置账簿。扣缴义务人应当自税收法律、行政法规规定的扣缴义务发生之日起 10 日内，按照所代扣、代收的税种，分别设置代扣代缴、代收代缴税款账簿。

生产、经营规模小又确无建账能力的纳税人，可以聘请经批准从事会计代理记账业务的专业机构或者财会人员代为建账和办理账务。

账簿、会计凭证和报表，应当使用中文。民族自治地方可以同时使用当地通用的一种民族文字。外商投资企业和外国企业可以同时使用一种外国文字。

（二）账簿、凭证保管

从事生产经营的纳税人、扣缴义务人必须按照国务院财政、税务主管部门规定的保管期限保管账簿、记账凭证、完税凭证及其他有关资料。账簿、记账凭证、报表、完税凭证、发票、出口凭证以及其他有关涉税资料不得伪造、变造或者擅自损毁。

账簿、记账凭证、报表、完税凭证、发票、出口凭证以及其他有关涉税资料，除另有规定外，应当保存10年。

五、纳税申报

纳税申报是纳税人、扣缴义务人依法自行计算应纳税额和扣缴税款，依照法律、行政法规规定或者税务机关依照法律、行政法规的规定确定的申报期限、申报内容如实办理纳税申报，报送纳税申报表、财务会计报告或者代扣代缴、代收代缴税款报告表以及税务机关根据实际需要要求纳税人报送的其他纳税资料的法律行为。纳税人、扣缴义务人对纳税申报、扣缴税款申报的真实性和合法性承担责任。

（一）纳税申报主体

负有纳税义务的单位和个人，在发生纳税义务之后，按税法规定或税务机关依照法律、行政法规的规定确定的纳税申报期限，如实向主管税务机关办理纳税申报。扣缴义务人必须在法律、行政法规规定或者税务机关依照法律、行政法规的规定确定的申报期限内办理扣缴申报。

（二）纳税申报资料

纳税人办理纳税申报时，应当如实填写纳税申报表，并根据不同的情况相应报送有关证件、资料。纳税人采取电子方式办理纳税申报的，应当按照税务机关规定的期限和要求保存有关资料，并定期书面报送主管税务机关。

（三）纳税申报期限

纳税申报期限，是指纳税人或扣缴义务人办理纳税申报的时间限定。纳税人和扣缴义务人必须依照法律、行政法规规定的或税务机关依照法律、行政法规确定的申报期限办理纳税申报。

1. 申报期限顺延

申报规定期限的最后 1 日是法定休假日的，以休假日期满的次日为期限的最后 1 日；在期限内有连续 3 日以上法定休假日的，按休假日天数顺延。

2. 延期纳税申报

纳税人、扣缴义务人按照规定的期限办理纳税申报或者报送代扣代缴、代收代缴税款报告表确有困难，需要延期的，应当在规定的期限内向税务机关提出书面延期申请，经税务机关核准，在核准的期限内办理。

经核准上述延期办理规定的申报、报送事项的，应当在纳税期内按照上期实际缴纳的税额或者税务机关核定的税额预缴税款，并在核准的延期内办理税款结算。

（四）纳税申报方式

1. 直接申报。直接申报也称上门申报，是指纳税人、扣缴义务人直接到税务机关报送办理纳税申报或者报送代扣代缴、代收代缴税款报告表以及财务会计报告。

2. 邮寄申报。邮寄申报是指纳税人、扣缴义务人使用统一纳税申报专用信封将纳税申报资料以邮寄的方式送达税务机关，以邮政部门收据作为申报凭据，以寄出的邮戳日期为实际申报日期。

3. 数据电文申报。数据电文申报也称电子申报，是指纳税人、扣缴义务人通过电话语音、电子数据交换和网络传输等形式办理的纳税申报，电子申报以税务机关收到申报数据的时间为实际申报日期，申报的电子数据应当与书面材料保持一致。

税务部门不断优化办税流程、减轻办税负担、提高办税质效，推出一系列简化纳税申报的措施。一是为了进一步方便纳税人，减少征收成本，实行定期定额缴纳税款的纳税人可以实行简易申报、简并征期等申报纳税方式。二是税种合并申报。自 2021 年 6 月 1 日起，纳税人申报缴纳城镇土地使用税、房产税、车船税、印花税、耕地占用税、资源税、土地增值税、契税、环境保护税、烟叶税中一个或多个税种时，使用《财产和行为税纳税申报表》，实现 10 个税种一次性合并申报。三是主附税费合并申报。自 2021 年 8 月 1 日起，纳税人申报缴纳增值税、消费税、城市维护建设税、教育费附加、地方教育附加时，可以通过“主附税费合并申报”功能，填写增值税及附加税费申报表、消费税及附加税费申报表、文化事业建设费申报表，实现6个主附税费一次性合并申报。

纳税人在纳税申报需注意的内容包括：一是纳税人办理纳税申报后，发现申报存在错误，可以更正错误申报；二是纳税人在纳税期内没有应纳税款的，也应当按照规定办理纳税申报；三是纳税人享受减税、免税待遇的，在减税、免税期间应当按照规定办理纳税申报。

六、税款征收

税款征收是税务机关依据税法确定的范围和标准，通过法定程序和方式实现应纳税款及时足额征收、缴入国库的活动。税款征收制度是税收征收管理的中心环节和目的归属，直接影响国家财政收入质量。

税务机关组织收入的原则是：依法征税，应收尽收，坚决不收“过头税”，坚决防止和制止越权减免税，坚决落实各项税收优惠政策。

（一）税款征收的方式

税款征收方式，是指税务机关依照税法规定和纳税人生产经营、财务管理情况，按照便于征收和保证国家税款及时足额入库的原则，采取的具体组织税款入库的方法。主要包括以下几种方式：

1. 自行缴纳

自行缴纳，是指由纳税人自行根据经营情况和税法规定，依照适用税率计算，将税款缴纳入库的方式，这是与纳税人自行申报确定应纳税额的方式相对应的税款征收方式。自行缴纳的前提是纳税人账簿、凭证、会计核算制度等比较健全，能够据以如实核算生产经营情况，正确计算应纳税款。在目前征收管理模式下，纳税人自行缴纳是最为普遍的税款征收方式。

2. 代扣代缴和代收代缴

代扣代缴，是指代扣代缴义务人依法从所支付的纳税人收入中扣缴其应纳税款并向税务机关解缴的行为。

代收代缴，是指代收代缴义务人借助经济往来或管理关系依法向纳税人收取其应纳税款并向税务机关解缴的行为。

代扣代缴与代收代缴税款征收方式，适用于税源零星分散、不易控管的纳税人，是目前除自行缴纳以外最主要的税款征收方式。扣缴义务人依照法律、行政法规的规定履行代扣、代收税款的义务。对法律、行政法规没有规定负有代扣、代收税款义务的单位和个人，税务机关不得要求其履行代扣、代收税款义务。

3. 委托代征

税务机关根据有利于税收控管和方便纳税的原则，可以按照国家有关规定委托有关单位和人员代征零星分散和异地缴纳的税收，并发给委托代征证书。受托单位和人员按照代征证书的要求，以税务机关的名义依法征收税款，纳税人不得拒绝；纳税人拒绝的，受托代征单位和人员应当及时报告税务机关。

4. 核定征收

为保证国家税款及时、足额征收，《税收征管法》赋予税务机关核定应纳税额的权力。

（1）核定情形。

纳税人有下列情形之一的，税务机关有权核定其应纳税额：

①依照法律、行政法规的规定可以不设置账簿的；

②依照法律、行政法规的规定应当设置但未设置账簿的；

③擅自销毁账簿或者拒不提供纳税资料的；

④虽设置账簿，但账目混乱或者成本资料、收入凭证、费用凭证残缺不全，难以查账的；

⑤发生纳税义务，未按照规定的期限办理纳税申报，经税务机关责令限期申报，逾期仍不申报的；

⑥纳税人申报的计税依据明显偏低，又无正当理由的。

（2）核定方法。

纳税人有上述所列情形之一的，税务机关有权采用下列任何一种方法核定其应纳税额：

①参照当地同类行业或者类似行业中经营规模和收入水平相近的纳税人的税负水平核定；

②按照应税收入额或者成本费用支出额定率核定；

③按照耗用的原材料、燃料、动力等推算或者测算核定；

④按照其他合理方法核定。

采用上述所列一种方法不足以正确核定应纳税所得额或应纳税额的，可以同时采用两种以上的方法核定。

纳税人对税务机关采取规定的方法核定的应纳税额有异议的，应当提供相关证据，经税务机关认定后，调整应纳税额。

（二）税款征收的特殊情形

1. 延期缴纳税款

纳税人因有特殊困难，不能按期缴纳税款的，经省、自治区、直辖市税务局批准，可以延期缴纳税款，但是最长不得超过3个月。

特殊困难分为两种情况：一是受不可抗力影响，纳税人发生较大损失，正常生产经营活动受到较大影响；二是当期货币资金在扣除应付职工工资、社会保险费后，不足以缴纳税款。

2. 税款追征

税款追征，是指因纳税人、扣缴义务人未缴或者少缴依法应缴纳的税款，由税务机关在一定期限内予以追缴的制度。纳税人申报之后未缴纳而形成的欠缴税款，以及税务机关已经检查处理但未执行入库的税款不在此追征制度的规定范围。

税款追征的规定主要有下列三种情形：

（1）因税务机关的责任，致使纳税人、扣缴义务人未缴或者少缴税款的，追征期为3年，但不得加收滞纳金。因税务机关的责任具体是指税务机关适用税收法律、行政法规不当或者执法行为违法。

（2）因纳税人、扣缴义务人计算错误等失误，未缴或者少缴税款的，追征期为3年，且同时加收滞纳金。有特殊情况的，追征期可以延长到5年。有特殊情况的是指纳税人或者扣缴义务人因计算错误等失误，未缴或者少缴、未扣或者少扣、未收或者少收税款，累计数额在10万元以上的情形。

（3）纳税人偷税、抗税、骗税的，追征期是无限期，同时追征滞纳金。

3. 退还多缴税款

纳税人超过应纳税额缴纳的税款，税务机关发现后应当立即退还；纳税人自结算缴纳税款之日起3年内发现的，可以向税务机关要求退还多缴的税款并加算银行同期存款利息，税务机关及时查实后应当立即退还。

（三）税款强制措施

1. 一般税收保全措施

税收保全，是指税务机关为防范因纳税人的行为或者其他可能原因造成应征税款不能及时足额入库的情况，所采取的限制纳税人特定财产权的一种行政强制措施。

（1）税收保全的前置程序。

①限期缴纳税款。税务机关有根据认为从事生产、经营的纳税人有逃避纳税义务行为的，可以在规定的纳税期之前，向纳税人发出《税务事项通知书》，责令限期缴纳应纳税款。

②责成提供纳税担保。在限期内税务机关发现纳税人有明显的转移、隐匿其应纳税商品、货物以及其他财产或者应纳税收入的迹象的，可以向纳税人发出《责成提供纳税担保通知书》，责成纳税人提供纳税担保。

（2）税收保全的实施。

纳税人不能提供纳税担保的，经县以上税务局（分局）局长批准，税务机关可以采取下列税收保全措施。

①书面通知纳税人开户银行或者其他金融机构冻结纳税人的金额相当于应纳税款的存款；

②扣押、查封纳税人的价值相当于应纳税款的商品、货物或者其他财产。

个人及其所扶养家属维持生活必需的住房和用品，不在税收保全措施的范围之内。

（3）税收保全的解除。

纳税人在规定的期限内缴纳税款的，税务机关应当自收到税款或者银行转回的完税凭证之日起 1 日内解除税收保全措施。

2. 特殊税收保全措施

（1）对未按照规定办理税务登记的从事生产、经营的纳税人以及临时从事经营的纳税人，由税务机关核定其应纳税额，责令缴纳；不缴纳的，税务机关可以扣押其价值相当于应纳税款的商品、货物。扣押后缴纳应纳税款的，税务机关必须立即解除扣押，并归还所扣押的商品、货物；扣押后仍不缴纳应纳税款的，经县以上税务局（分局）局长批准，依法拍卖或者变卖所扣押的商品、货物，以拍卖或者变卖所得抵缴税款。

（2）税务机关对从事生产、经营的纳税人以前纳税期的纳税情况依法进行税务检查时，发现纳税人有逃避纳税义务行为，并有明显的转移、隐匿其应纳税的商品、货物以及其他财产或者应纳税的收入的迹象的，可以按照法定权限和程序采取税收保全措施。

3. 税收强制执行

税收强制执行，是指税务行政管理相对人在规定的纳税期限届满不履行税务机关根据法律、行政法规所作出的已经生效的具体行政行为所确定的义务时，税务机关或税务机关申请人民法院依法强制其履行义务的行为。

税收强制执行的实施程序：

（1）责令限期缴纳。从事生产、经营的纳税人、扣缴义务人未按照规定的期限缴纳或者解缴税款，纳税担保人未按照规定的期限缴纳所担保的税款，由税务机关责令限期缴纳。

（2）批准实施。责令限期缴纳期满，仍未缴纳的，经县以上税务局（分局）局长审查批准，可执行强制措施。

（3）执行强制措施。经县以上税务局（分局）局长批准，税务机关可以采取下列强制执行措施：

①书面通知其开户银行或者其他金融机构从其存款中扣缴税款；

②扣押、查封、依法拍卖或者变卖其价值相当于应纳税款的商品、货物或者其他财产，以拍卖或者变卖所得抵缴税款。

税务机关采取强制执行措施时，对纳税人、扣缴义务人、纳税担保人未缴纳的滞纳金同时强制执行。

（四）欠税管理

欠税是指纳税人、纳税担保人或扣缴义务人超过税法规定的期限或税务机关依法确定的期限应缴未缴或少缴税款，在税务机关发现、核实、确认之后，直至税款得到清缴或核销之前，持续拖欠税款的行为或状态。欠税金额，是指纳税人、扣缴义务人到期应纳或者应解缴税款与纳税人、扣缴义务人实际缴纳或者解缴税款的差额。

1. 欠税管理制度

（1）欠税催缴。申报期结束后，税务机关应根据逾期未纳税情况，由税务机关发出《税务事项通知书》，责令纳税人限期缴纳。

（2）加收滞纳金。纳税人未按照规定期限缴纳税款的，扣缴义务人未按照规定期限解缴税款的，税务机关除责令限期缴纳外，从滞纳税款之日起，按日加收滞纳税款万分之五的滞纳金。

（3）欠税公告。为督促纳税人依法缴纳欠税，税务机关应当按期在办税场所或者通过广播、电视、报纸、期刊、网络等新闻媒体公告纳税人的欠缴税款情况。

（4）阻止出境。欠缴税款的纳税人或者其法定代表人需要出境的，应当在出境前结清应纳税款、滞纳金或者提供担保。未结清税款、滞纳金，又不提供担保的，税务机关可以通知出入境管理机关阻止其出境。

（5）重要事项报告。欠缴税款数额较大的纳税人在处理其不动产或者大额资产之前，应当向税务机关报告。按照《税收征管法实施细则》的规定，数额较大指欠缴税款5万元以上。凡纳税人没有缴清欠税的，应定期向主管税务机关报告其生产经营、资金往来、债权债务、投资和欠税原因、清欠计划等情况，报告间隔期依据欠税程度确定，但最长不得超过3个月。欠税人有合并、分立、撤销、破产和处置大额资产行为的，应随时向主管税务机关报告。

（6）强制执行。税务机关对于欠缴税款的纳税人、扣缴义务人可以采取强制执行措施。

（7）税务机关追缴欠税享有优先权、代位权和撤销权。税务机关征收税款，税收优先于无担保债权，纳税人欠缴的税款发生在纳税人以其财产设定抵押、质押或者纳税人的财产被留置之前的，税收应当先于抵押权、质权、留置权执行；纳税人欠缴税款，同时又被行政机关决定处以罚款、没收违法所得的，税收优先于罚款、没收违法所得。欠缴税款的纳税人因怠于行使到期债权，或者放弃到期债权，或者无偿转让财产，或者以明显不合理的低价转让财产而受让人知道该情形，对国家税收造成损害的，税务机关可以依照《中华人民共和国民法典》的规定行使代位权、撤销权。税务机关依照规定行使代位权、撤销权的，不免除欠缴税款的纳税人尚未履行的纳税义务和应承担的法律责任。

（8）欠税抵顶退税。当纳税人既有应退税款又有欠缴税款的，税务机关可以将应退税款和利息先抵扣欠缴税款；抵扣后有余额的，退还纳税人。

2. 欠税的解除

纳税人在规定的期限内清缴了应缴未缴的税款和滞纳金，欠税情形自动解除。税务机关采取的与欠税相关的税收保全、停售发票、阻止出境等措施应及时解除。

（五）减免税管理

减免税享受形式分为申报享受税收减免、税收减免备案和税收减免核准三种。

1. 申报享受税收减免

申报型税收减免主要是指需要在申报时进行相关操作的税收优惠政策。

一般是在首次申报时进行操作，分为直接在申报表中填列减免税信息无须报送资料、随申报表报送附列资料两种。

2. 税收减免备案

符合备案类税收减免的纳税人，如需享受相应税收减免，在首次享受减免税的申报阶段或在申报征期后的其他规定期限内提交相关资料向主管税务机关申请办理税收减免备案。纳税人在符合减免税条件期间，备案材料一次性报备，在政策存续期可一直享受，当减免税情形发生变化时，应当及时向税务机关报告。

3. 税收减免核准

符合核准型税收减免相关政策的纳税人，应当在政策规定的减免税期限内，向税务机关提出书面申请，并按要求报送相应的材料，经依法具有批准权限的税务机关按规定核准确认后方可享受。未按规定申请或虽申请但未经有批准权限的税务机关核准确认的，纳税人不得享受。

基于“放管服”改革的要求，税收核准减免的事项逐步减少，目前，税收核准减免主要针对企业资金困难，重大事故，自然灾害，因城市实施规划、国家建设需要而搬迁等方面。

七、税务检查

（一）税务机关的法定检查权力

1. 检查纳税人的账簿、记账凭证、报表和有关资料，检查扣缴义务人代扣代缴、代收代缴税款账簿、记账凭证和有关资料。

2. 到纳税人的生产、经营场所和货物存放地检查纳税人应纳税的商品、货物或者其他财产，检查扣缴义务人与代扣代缴、代收代缴税款有关的经营情况。

3. 询问纳税人、扣缴义务人与纳税或者代扣代缴、代收代缴税款有关的问题和情况。

4. 责成纳税人、扣缴义务人提供与纳税或者代扣代缴、代收代缴税款有关的文件、证明材料和有关资料。

5. 到车站、码头、机场、邮政企业及其分支机构检查纳税人托运、邮寄应纳税商品、货物或者其他财产的有关单据、凭证和有关资料。

6. 经县以上税务局（分局）局长批准，凭全国统一格式的检查存款账户许可证明，查询从事生产、经营的纳税人、扣缴义务人在银行或者其他金融机构的存款账户。税务机关调查税收违法案件时，经设区的市、自治州以上税务局（分局）局长批准，可以查询案件涉嫌人员的储蓄存款。

7. 对采用电子信息系统进行管理和核算的被查对象，可以按照规定程序和手续对电子信息系统进行直接检查，或者提取、复制电子数据进行检查。

（二）税务机关的法定检查责任

1. 按照法律法规规定的权限、程序行使检查权。

2. 检查前，应当告知被查对象检查时间、需要准备的资料等，但预先通知有碍检查的除外。

3. 检查应当由两名以上检查人员共同实施。

4. 进行税务检查时，应当出示税务检查证和税务检查通知书。

5. 符合规定情形应当回避。

6. 保守纳税人的商业秘密和个人隐私。

第二节　税费服务

一、税费服务概述

（一）税费服务原理

1. 税收遵从理论

税收遵从度，是指纳税人受主观心理态度的支配所表现出来的对税法的遵从程度，简单来说就是遵守税法的程度。税务机关对税收遵从的管理至少包含两个方面：一是对纳税人有清晰的认识，并能进行必要的分类；二是需要在分类的基础上，制定相应的针对性管理措施，鼓励引导纳税人保持在自愿遵从状态下。

2. 新公共服务理论

新公共服务理论强调效率结果和服务质量，为税务机关提供了一个新的视角来审视征纳关系。

一是税务机关树立良好的服务理念与意识，为纳税人缴费人提供高效、便捷的服务，提高纳税人缴费人的满意度与获得感。同时也要做好内部服务，重视工作人员，给予他们尊重、尊严，这不仅有利于纳税服务机关提高服务质量，更对建设服务型政府起到至关重要的作用。

二是在纳税服务工作中，税务机关切实保障纳税人缴费人合法权益，重视其真实需求，才能在真正意义上实现高水平的税费服务，打造服务型的税务机关。

（二）税费服务内容

税费服务贯穿于整个纳税和缴费的过程：一是在纳税与缴费之前为纳税人提供咨询与辅导服务，提高其办税和缴费的能力；二是纳税与缴费的过程中，为其提供方便、快捷的渠道，保障其依法办理相关事项；三是纳税与缴费流程完成之后，为其监督投诉、争议处理、损害赔偿提供权益保障服务。具体内容见表 10-1。

表 10-1　税费服务的六大内容

工作内容	具体内容
税费宣传辅导	税务机关应当及时、广泛地对税收、社会保险费与非税收入法律法规和相关政策进行宣传辅导
税费咨询	税务机关通过多样化渠道无偿向纳税人缴费人提供政策咨询，帮助其更全面、准确地了解权利和义务，避免对政策了解不及时、不全面而出现增加遵从成本
办税缴费服务	税务机关不断创新模式，拓展服务功能，优化流程，精简资料，帮助纳税人更轻松、快捷地履行义务
权益保护	通过切实保障纳税人权益和及时满足纳税人的合理需求，提高纳税人的税法遵从度和满意度
信用管理	通过加强纳税信用管理，强化纳税信用级别结果应用
涉税专业服务	税务部门支持第三方按市场化原则为纳税人缴费人提供个性化服务，并对涉税专业服务机构与人员的实施监督，充分发挥涉税专业服务的优势和积极作用

（三）税收营商环境

根据《优化营商环境条例》（国务院令第 722 号）规定，营商环境是指企业等市场主体在市场经济活动中所涉及的体制机制性因素和条件。

优化营商环境应当坚持市场化、法治化、国际化原则，内容包括市场主体保护、市场环境优化、政务服务提示、严格监管执法和提高法治保障等五个方面。

自 2003 年起，世界银行每年发布《营商环境报告》，对各经济体的营商环境进行指标化的定量分析，其中包括纳税指标的分报告。作为主流评价体系，世界银行评价各经济体营商环境中的纳税情况主要依据见表 10-2。

表 10-2　营商环境中纳税情况指标体系

总税率和社会缴纳费率	纳税时间	纳税次数	税后流程指数
利润税率 劳务税率 其他税率	企业所得税纳税时间 增值税纳税时间 劳动力税费纳税时间（个人所得税和社会保险费、公积金）	利润税纳税次数 劳务税纳税次数 其他税纳税次数	增值税退税合规时间 获得增值税退税合规时间 企业所得税审计合规时间 完成企业所得税审计合规时间

从税收营商环境的指标体系可以看出，税收对营商环境的影响主要来自两个方面：一是减轻税收负担，二是优化征管与税费服务。以上两个方面相结合能够较为全面地反映企业在所在地经营的容易度、便捷度以及活跃度等情况[①]。

二、宣传咨询辅导

宣传咨询辅导是税务机关的法定职责。根据《税收征管法》的要求，税务机关应当广泛宣传税费法律、行政法规，普及知识，无偿地为纳税人缴费人提供咨询服务。

（一）税费政策宣传辅导

税费宣传辅导主要是通过为纳税人缴费人提供税费法律、法规及纳税、缴费程序等信息服务，使纳税人缴费人理解国家政策的主要内容，增强纳税缴费意识。主要包括日常宣传、专题宣传和培训辅导。

日常宣传是税务机关在日常工作中开展的常态化宣传，可以分为税费政策宣传和办税缴费流程宣传。

专题宣传是税务机关根据特定的宣传主题，进行集中有针对性的宣传，可以分为热点问题宣传、重点专题宣传、税收宣传月宣传三大类。

① 岳树民，张萌．优化我国税收营商环境的借鉴与路径选择［J］．税务研究，2021（2）：133-138.

培训辅导是税务机关通过主动对纳税人缴费人开展有针对性的培训辅导，提高纳税人缴费人对税费政策的掌握和遵从度。培训辅导的方式有新办纳税人培训辅导、税收专项培训辅导及纳税人学堂。

（二）纳税缴费咨询辅导

通过税费咨询，帮助纳税人缴费人准确理解税费政策、掌握办税缴费程序。

税务机关通过电话、网站、微信、短信、传真、信函和面对面等多种方式为纳税人缴费人提供准确高效的税费咨询解答。通过在办税服务厅设置咨询辅导场所，为纳税人缴费人提供预约咨询和集中解答。

（三）税费政策精准推送

为了能够将税费优惠政策及时精准推送至符合条件的纳税人缴费人，帮助纳税人缴费人快速准确享受相关的政策，税务机关依托信息化平台和大数据技术，建立税费优惠政策精准推送机制，在优惠政策文件发布后，根据优惠政策措施的要点和使用纳税人的条件抽取数据，由各地税务机关通过电子税务局“政策速递”模块、微信平台等渠道向纳税人主动推送，将税费政策宣传有“人找政策”升级为“政策找人”模式，有效提高了政策宣传辅导的针对性。

一是通过税收大数据分析，建立税费优惠政策和纳税人缴费人的关联关系，形成精准推送的算法模型，确保推送对象和适用政策的准确度。二是内部打通信息系统之间的传输渠道，实现数据共享与实时传输，保障推送的及时性。三是利用网格化管理及时弥补推送错误，各级税务机关也不断校正信息以确保推送效果良好。

三、办税缴费服务

办税缴费服务是税务机关为方便纳税人缴费人准确及时办理相关事项、履行义务的重要措施，通过完善服务功能，拓展多元办税，优化办税流程，精简涉税资料，帮助纳税人缴费人更便捷高效地行使权利和履行义务。

（一）改进办税缴费方式

1. 企业税费事项能网上办理，个人税费事项能掌上办理。通过构建全国统一规范电子税务局，不断拓展“非接触式”“不见面”办税缴费服务。

2. 逐步改变以表单为载体的传统申报模式，实现信息系统自动提取数据、自动计算税额、自动预填申报的数据报送模式，纳税人缴费人只需确认或补正后即可线上提交。

3. 进一步精简享受优惠政策办理流程和手续，持续扩大“自行判别、自行申报、事后监管”范围，确保便利操作、快速享受、有效监管。

（二）减轻办税缴费负担

1. 积极通过信息系统采集数据，加强部门间数据共享，着力减少纳税人缴费人重复报送。

2. 全面推行税务证明事项告知承诺制，拓展容缺办理事项，持续扩大涉税资料由事前报送改为留存备查的范围。

（三）压减纳税缴费次数和时间

1. 落实《优化营商环境条例》，推进税（费）种综合申报，依法简并部分税种征期，减少申报次数和时间。

2. 扩大部门间数据共享范围，加快企业出口退税事项全环节办理速度，利用纳税信用制度，对高信用级别企业可进一步缩短办理时间。

四、纳税人权益保护

（一）纳税人的权利与义务

党的十八大以来，以习近平同志为核心的党中央坚持把尊重和保障人权作为治国理政的一项重要工作。税务部门在尊重人民主体地位要求下，结合纳税人缴费人切实需求，坚持依法保障纳税人权利，推出系列措施维护纳税人缴费人权利，在发展中使广大纳税人缴费人提高获得感与满意度。

纳税人权益保护是指纳税人在依法履行纳税义务时，由法律确认、保障与尊重的权利和利益，以及合法权益受到侵害时，纳税人所应获得的救助与补偿的权利。国家税务总局发布的《关于纳税人权利与义务的公告》中纳税人的14项权利和10项义务，见表10-3。

（二）合法权益的保障

1. 畅通诉求有效收集、快速响应和及时反馈渠道。

税务机关坚持尊重人民主体地位，以纳税人缴费人为中心，运用信息化手段开展纳税人缴费人需求征集、分析和反馈工作，准确掌握其个性和共性诉求，采取针对性措施，积极响应纳税人合理诉求，持续提升税收管理和服务水平，不断提高纳税人满意度。

表 10-3 纳税人权利与义务

纳税人权利	纳税人义务
1. 知情权 2. 保密权 3. 税收监督权 4. 纳税申报方式选择权 5. 申请延期申报权 6. 申请延期缴纳税款权 7. 申请退还多缴税款权 8. 依法享受税收优惠权 9. 委托税务代理权 10. 陈述与申辩权 11. 对未出示税务检查证和税务检查通知书的拒绝检查权 12. 税收法律救济权 13. 依法要求听证的权利 14. 索取有关税收凭证的权利	1. 依法进行税务登记的义务 2. 依法设置账簿、保管账簿和有关资料以及依法开具、使用、取得和保管发票的义务 3. 财务会计制度和会计核算软件备案的义务 4. 按照规定安装、使用税控装置的义务 5. 按时、如实申报的义务 6. 按时缴纳税款的义务 7. 代扣、代收税款的义务 8. 接受依法检查的义务 9. 及时提供信息的义务 10. 报告其他涉税信息的义务

2. 坚持依法保障人权，维护纳税人合法权益，完善纳税人缴费人权利救济和税费争议解决机制。

一是税务机关按照《纳税服务投诉管理办法》规范高效处理纳税服务投诉。

二是实施大企业税收事先裁定并建立健全相关制度。

三是健全纳税人缴费人个人信息保护等制度，依法加强税费数据查询权限和留痕等管理，严格保护纳税人缴费人及扣缴义务人的商业秘密、个人隐私等，严防个人信息泄露和滥用等。

四是对税务机关和税务人员违反有关法律法规规定、因疏于监管造成重大损失的，依法严肃追究责任。

五、纳税信用管理

（一）纳税信用制度

纳税信用管理，是指税务机关对纳税人的纳税信用信息开展的采集、评价、确定、发布和应用等活动。纳税信用评价是税务机关采取年度评价指标得分和直接判级的方式对企业纳税人纳税信用状况进行的评价，由高到低分为 A、B、M、C、D 五级，对不同信用级别的纳税人实施分类服务与动态管理，纳税信用等级越高，企业享受便利就越多。

税务机关实行纳税信用动态管理，纳税人可在规定期限内向主管税务机关申请纳税信用修复。

税务机关提供公开便捷的纳税信用自助查询渠道，纳税人可实时查询自身纳税信用级别及纳税信用扣分明细。

(二) 纳税信用与社会信用的协同

税务机关健全守信激励和失信惩戒制度，推动纳税信用体系融入社会信用体系：

1. 建立健全纳税缴费信用评价制度，对纳税缴费信用高的市场主体给予更多便利。

2. 在全面推行实名办税缴费制度基础上，实行纳税人缴费人动态信用等级分类和智能化风险监管，既以最严格的标准防范逃避税，又避免影响企业正常生产经营。

3. 对重大涉税违法犯罪案件，依法从严查处曝光并按照有关规定纳入企业和个人信用记录，共享至全国信用信息平台，充分发挥纳税信用在社会信用体系中的基础性作用。

六、涉税专业服务

(一) 涉税专业服务监管制度

1. 涉税专业服务的概述

涉税专业服务，是指涉税专业服务机构接受委托，利用专业知识和技能，就涉税事项向委托人提供的税务代理等服务。

提供涉税专业服务的机构包括：税务师事务所和从事涉税专业服务的会计师事务所、律师事务所、代理记账机构、税务代理公司、财税类咨询公司等机构。

涉税专业服务机构从事的涉税业务包括：纳税申报代理、日常办税事项税务咨询、专业税务顾问、税收策划、涉税鉴证、纳税情况审查、其他税务事项代理等。

2. 涉税专业服务的监管内容

(1) 对税务师事务所实施行政登记管理，其他涉税专业服务机构则是建立业务信息采集制度。

(2) 税务机关对涉税专业服务机构从事涉税专业服务的执业情况进行检查，根据举报、投诉情况进行调查。

(3) 税务机关对税务师行业协会的监督指导，与其他相关行业协会建立工作联系制度，并委托行业协会对涉税专业服务机构从事涉税专业服务的执业质量进行评价。

（4）税务机关在门户网站、电子税务局和办税服务场所公告纳入监管的涉税专业服务机构名单及其信用情况，同时公告未经行政登记的税务师事务所名单。

（二）涉税专业服务机构与个人的信用管理

税务机关建立信用评价管理制度，对涉税专业服务机构从事涉税专业服务情况进行信用评价，对其从事涉税服务人员进行信用记录。以统筹考虑涉税专业服务机构的纳税信用、委托人纳税信用、纳税人评价、税务机关评价、实名办税、业务规模、服务质量、执业质量检查、业务信息质量等情况，建立科学合理的信用评价指标体系，进行信用等级评价或信用记录。

第三节　税费收入统计分析①

一、概述

组织收入管理是税务机关为保证税收和其他收入的稳定实现，依据国家预算管理体制和国家经济发展规划，对组织收入工作进行的总体安排设计。

组织收入管理内容包括税收预测、税收分析、收入监控和税收收入质量考核等各个环节。

二、税费收入管理

（一）税收预测

1. 税收预测的概念

税收预测是以国民经济发展目标和政府宏观调控政策为指导，以充分掌握影响税收收入变化的因素和税收历史资料为基础，运用数理统计和逻辑思维方法等手段，经过推理判断，对未来税收收入的前景作出趋势分析的一项工作方法。税收预测具体内容主要包括：经济税源的发展变化、税收收入预期目标完成进度、税收政策实施情况和税收征管措施落实效果。

---

① 编者注：本部分内容以税收收入统计内容为主，社会保险费与非税收入的内容在其他部分提及。

税收预测具有定量性、模型性、可控性的特点，准确的税收预测能够为税务机关组织收入工作、开展有针对性的税收征管以及为领导决策提供重要的数据支持。

2. 税收预测的指标

税收预测指标体系包括经济指标、税收收入指标、重点税源企业指标三类，具体指标内容举例见表 10-4。

表 10-4　税收预测的指标体系

指标类型	具体内容
经济指标	国内生产总值（GDP）、生产价格指数（PPI）、工业增加值、固定资产投资等
税收收入指标	历年税收收入指标、分地区税收收入、分行业税收收入等
重点税源企业指标	重点税源企业税收收入、重点税源企业营业收入、重点税源企业利润等

（二）税收分析

1. 税收分析的概念

税收分析是运用科学理论和方法，对一定时期内税收与经济运行、税源发展、税收政策、税收征收管理、纳税服务等相关影响因素及其相互关系进行分析、评价，揭示经济运行规律，发现经济税源发展问题，查找税收管理漏洞和问题，进而提出辅助领导决策、促进税源发展、完善税收政策、加强税收征收管理、优化纳税服务的措施建议的一项综合性管理活动。

2. 税收分析的内容

（1）税收形势分析。

总结税收收入运行状况和特点，分析收入增减变化原因，反映税收运行和组织收入工作中存在的问题，判断未来收入走势情况，提出加强组织收入工作的对策建议。

（2）政策效应分析。

从事前、事中和事后密切跟踪税制改革和税收政策变动的实施情况，测算税收政策变动对经济、税收的定量影响，提出调整和优化建议。

（3）经济运行分析。

利用税收大数据优势，从税收角度观察和反映我国经济运行状况，把握经济发展方式转变进程，折射经济社会发展中值得关注的问题。

（三）重点税源监控

1. 重点税源监控的概念

重点税源监控是税源管理工作的重要组成部分和实现方式，是通过对确定的重点纳税企业经营状况、相关财务数据以及税收完成情况的监控和分析，掌握企业税源变化状况，并运用统计分析的方法，对重点企业税源监控各类数据形成的数据库进行管理和样本分析，为税收管理和决策提供依据。

重点税源监控包括独立纳税企业监控、重点企业集团监控、重点行业监控、重大项目监控和重点区域监控等类别，随着税务工作的不断深化，监控类别可继续扩大。纳入重点税源监控的纳税人一般每年认定一次。由主管税务机关根据本年监控标准和上年实际纳税情况进行认定。对上年度因特殊情况一次性达到监控标准而本年不再可能达到标准的纳税人，可以不纳入监控范围，但应作出说明。

2. 重点税源监控的职能

宏观税源分析和微观税源监控是重点税源监控工作的两大职能。

宏观税源分析以行业分析为主线开展，建立完善税源景气指数、专题分析指标特征库，从税收视角反映宏观经济运行状况，预测税收变动趋势，打造分析拳头产品，为宏观调控、税收收入管理和税收政策调整提供决策依据。

微观税源监控以建立行业运行监测指标体系和收入质量特征库为主线开展，建立健全监测预警系统，定期识别重点税源纳税人运行中值得关注的苗头性问题，积极开展分析应对，提高税收管理水平。

三、税收会计

（一）税收会计的概念

税收会计是运用会计方法和手段，对税收业务进行全面、综合、连续、系统地核算、反映与监督的税收管理活动。

税收会计工作的主要任务包括四个方面：一是组织税收会计核算，记录和反映税收业务活动，提供税收会计信息；二是加强税收缴库、退库、调库业务管理，保障税款安全；三是实施税收会计监督，规范税收业务行为；四是开展税收会计分析，反映税收、经济运行情况，服务税收决策。

（二）税收会计核算

税收资金可以分为资金来源和资金占用两类。税收资金的来源形态，是指税收资金形成的具体渠道，包括应征税金、多缴税金和暂收款。税收资金的占用形态，是指税金形成以后的存在形态，具体有待征税金、待解税金、在途税金、减免税金、入库税金、提退税金、损失税金和保管款等形态。

税收会计核算应当以实际发生的税收业务为依据，收集和填制会计凭证，登记会计账簿，编制会计报表，对申报、查补、评估、征收、减免、缓征、缴库、退库、调库等税收业务进行全面的记录和反映。税收会计核算应当坚持客观性、相关性、连续性原则。

税收会计报表是用特定的表式，以会计账簿资料为主要依据，以货币为计量单位，通过一系列的税收指标，集中反映会计报告期内税收资金运动情况的书面报告。税收会计报表应当依据会计账簿和有关资料，按照税收会计资料归类汇总的要求编制。税收会计报表一般包括日报、月报和年报等，除国家税务总局确定编制周期的报表外，其他报表的具体编制周期由各省税务机关确定。

四、税收票证

（一）税收票证概述

税收票证，是指税务机关、扣缴义务人依照法律法规，代征代售人按照委托协议，征收税款、基金、费、滞纳金、罚没款等各项收入（以下统称税款）的过程中，开具的收款、退款和缴库凭证。税收票证是纳税人实际缴纳税款或者收取退还税款的法定证明。

税收票证包括纸质形式和数据电文形式。

税收票证的基本要素包括：税收票证号码、征收单位名称、开具日期、纳税人名称、纳税人识别号、税种（费、基金、罚没款）、金额、所属时期等。

（二）税收票证的种类和适用范围

税收票证包括税收缴款书、税收收入退还书、出口货物劳务专用税收票证、印花税专用税收票证、税收完税证明以及国家税务总局规定的其他税收票证。

1. 税收缴款书

税收缴款书是纳税人据以缴纳税款，税务机关、扣缴义务人以及代征代售人据以征收、汇总税款的税收票证。具体包括：《税收缴款书（银行经收专用）》《税收缴款书（税务收现专用）》《税收缴款书（代扣代收专用）》。

2. 税收收入退还书

税收收入退还书是税务机关依法为纳税人从国库办理退税时使用的税收票证。具体包括：《税收收入退还书》《税收收入电子退还书》。

3. 出口货物劳务专用税收票证

出口货物劳务专用税收票证是由税务机关开具，专门用于纳税人缴纳出口货物劳务增值税、消费税或者证明该纳税人再销售给其他出口企业的货物已缴纳增值税、消费税的纸质税收票证。具体包括：《税收缴款书（出口货物劳务专用）》《出口货物完税分割单》。

4. 印花税专用税收票证

印花税专用税收票证是税务机关或印花税票代售人在征收印花税时向纳税人交付、开具的纸质税收票证。具体包括：印花税票、《印花税票销售凭证》。

5. 税收完税证明

税收完税证明是税务机关为证明纳税人已经缴纳税款或者已经退还纳税人税款而开具的纸质税收票证。

列入税收票证管理的税收票证专用章戳是指税务机关印制税收票证和征、退税款时使用的各种专用章戳，包括：税收票证监制章、征税专用章、退库专用章、印花税收讫专用章和国家税务总局规定的其他税收票证专用章戳。

第四节　税费风险管理

一、概述[①]

（一）税收风险

税收风险，是指在征税过程中，由于制度、管理、执行以及种种不可预知和不可控制的因素所引发的不确定的结果。税收风险存在于税收管理的整个过程和各个环节。税收风险的主要类型包括：

1. 按照风险来源，可分为税务部门税收执法风险和企业税收遵从风险；

① 编者注：本部分内容以税收风险管理为主，社会保险费与非税收入的风险管理在其他部分提及。

2. 按照风险可测程度，可分为指标性税收风险和非指标性税收风险；

3. 按照风险等级评定，可分为一般税收风险和重大税收风险。

（二）税收风险管理

税收风险管理是税务机关运用风险管理理论和方法，在全面分析纳税人税法遵从状况的基础上，针对纳税人不同类型、不同等级的税收风险，合理配置税收管理资源，通过风险提醒、纳税评估、税务审计、反避税调查、税务稽查等风险应对手段，防控税收风险，提高纳税人的税法遵从度，提升税务机关管理水平的税收管理活动。

税收风险管理贯穿于税收工作的全过程，是推进税收治理现代化的必然要求，是促进纳税遵从的根本途径，是提高税务机关主观能动性的重要抓手。

二、税收风险管理流程

税收风险管理是一个良性互动、持续改进的管理闭环。其基本内容包括目标规划、信息收集、风险识别、等级排序、风险应对、过程监控和评价反馈，并通过评价成果对规划目标修订校正。

（一）制定目标规划

目标规划是税收风险管理工作的起点，通过制定目标规划，准确定位风险管理的方向，明确风险管理的主要目标、主要原则，确立风险管理的主要流程、主要内容，建立必要的运行机制，明确各层级在风险管理中的主要职责，确立一定时期内的重点工作，重点风险应对事项。

（二）收集涉税信息

落实以数治税工作理念，运用大数据技术将挖掘和利用好内外部涉税信息作为税收风险管理工作的基础。注重收集宏观经济信息、第三方涉税信息、企业财务信息、生产经营信息、纳税申报信息，整合不同应用系统信息。

（三）开展风险识别

风险识别，是指税务机关依托税收风险管理系统，建立覆盖征收管理全流程、各环节、各税费、各行业的风险识别指标体系、风险特征库和分析模型等风险分析工具，统筹安排风险识别工作，并根据风险发生的规律，利用相关数据和建立的风险模型等，采取人机结合的方式，对纳税人缴费人的遵从状况进行扫描、分析和筛选，找出遵从风险易发生的领域、环节和纳税人缴费人群体，为风险管理提供精准指向和具体对象。

（四）确定等级排序

根据风险识别结果，建立风险纳税人库，按纳税人归集风险点，综合评定纳税人的风险分值，并进行等级排序，确定每个纳税人的风险等级。结合征管资源和专业人员的配置情况，按照风险等级由高到低合理确定需采取措施的应对任务数量。

风险等级排序工作包括以下三个环节：

一是风险结果整合。将上级机关推送的风险任务、本级风险分析识别结果和下级提报的风险任务按户归集。

二是风险结果排序。对同一纳税人多个推送结果的各类风险模型进行量化计算，按照风险分值从高到低的次序排列。

三是确定风险等级。根据风险汇总分值的高低，采取定性与定量、计算机扫描和人工分析相结合的方法，将纳税人风险等级分为高、中、低三个级别。

（五）组织风险应对

风险应对，是指风险应对部门采取具体的应对策略和措施消除税收风险点的活动。风险应对任务应扎口管理，可采取的应对策略包括风险提醒、纳税评估、税务审计、反避税调查、税务稽查等差异化手段。高风险应对任务主要采取税务稽查应对方式，中风险应对任务主要采取纳税评估、税务审计、反避税调查等应对方式，低风险应对任务主要采取提示提醒、纳税辅导等应对方式。

（六）实施过程监控及评价反馈

实施过程监控及评价反馈，对税费风险管理全过程实施有效监控，建立健全考核评价机制，及时监控和通报各环节的运行情况，并对风险识别的科学性和针对性、风险等级排序的准确性、风险应对措施的有效性等进行效果评价。将风险应对效果纳入绩效考核体系，加强对过程监控和评价结果的应用，优化识别指标和模型，完善管理措施，提出政策调整建议，实现持续改进。

各级税务机关在遵循税收风险管理规律的基础上，可结合工作实际，灵活运用税收风险管理的基本流程和工作方法开展税收风险管理工作。

第五节　税务稽查

一、概述

税务稽查是税务机关依法组织实施的专业税务检查，是税收征收管理工作的重要环节。

税务稽查由稽查局依法实施。稽查局在办理税务稽查案件时应当以事实为根据，以法律为准绳，坚持公平、公正、公开、效率的原则。

（一）稽查局的职责

稽查局主要职责是依法对纳税人、扣缴义务人和其他涉税当事人履行纳税义务、扣缴义务情况及涉税事项进行检查处理，以及围绕检查处理开展的其他相关工作。

（二）税务稽查的管辖

税务稽查的管辖是税务部门对于稽查案件管辖权的划分。稽查局应当在税务局向社会公告的范围内实施税务稽查，上级税务机关可以根据案件办理的需要指定管辖。当税收法律、行政法规和国家税务总局规章对税务稽查管辖另有规定的，以税收法律、行政法规和国家税务总局规章的规定为准。

稽查的管辖类型划分。一是级别管辖，主要是根据上下级稽查局之间实施稽查分工权限。二是地域管辖，是不同区域的稽查局之间的稽查权限分工。三是指定管辖，是当税务稽查管辖有争议的，本着有利于案件办理的原则，由争议各方逐级协商解决，不能协商一致的要报请共同的上级税务机关决定。四是移送管辖，已受理案件稽查局将不属于本管辖权的案件移交给具有管辖权的稽查局。

二、税务稽查办案流程

税务稽查局办理税务稽查案件时，实行选案、检查、审理、执行分工制约原则。

（一）选案

稽查局通过稽查案源管理方式，全面收集整理案源信息，合理、准确地选择待查对象。待查对象确定后，经稽查局局长批准实施立案检查。必要时依照法律法规的规定，稽查局可以在立案前进行检查。

基于优化营商环境的需要，稽查局应当统筹安排检查工作，严格控制对纳税人、扣缴义务人的检查次数。

（二）检查

1. 检查准备

检查前，稽查局应当告知被查对象检查时间、需要准备的资料等，但预先通知有碍检查的除外。

2. 检查开始

检查应当由两名以上具有执法资格的检查人员共同实施，并向被查对象出示税务检查证件、出示或者送达税务检查通知书，告知其权利和义务。

3. 检查方法

稽查人员按照规定可采取实地检查、调取账簿资料、询问、查询存款账户或者储蓄存款、异地协查等方法。检查实施过程中应当依照法定权限和程序收集证据材料，并且收集的证据必须经查证属实，且与证明事项相关联。

（1）实地检查。

检查人员实地调查取证时，可以制作现场笔录、勘验笔录，对实地调查取证情况予以记录，载明时间、地点和事件等内容，并由检查人员签名和当事人签章。

（2）调取账簿凭证资料。

检查人员在调取账簿、记账凭证、报表和其他有关资料时，应当向被查对象出具调取账簿资料通知书，并填写调取账簿资料清单交其核对后签章确认。

若调取纳税人、扣缴义务人以前会计年度的账簿、记账凭证、报表和其他有关资料的，应当经县以上税务局局长批准，并在3个月内完整退还。

若调取纳税人、扣缴义务人当年的账簿、记账凭证、报表和其他有关资料的，应当经设区的市、自治州以上税务局局长批准，并在30日内退还。

退还账簿资料时，应当由被查对象核对调取账簿资料清单，并签章确认。

（3）检查存款账户。

检查人员查询从事生产、经营的纳税人、扣缴义务人存款账户，应当经县以上税务局局长批准，凭检查存款账户许可证明向相关银行或者其他金融机构查询。查询案件涉嫌人员储蓄存款的，应当经设区的市、自治州以上税务局局长批准，凭检查存款账户许可证明向相关银行或者其他金融机构查询。

（4）询问。

询问实施前检查人员应当向被询问人送达询问通知书，询问实施过程中应当由两名以上检查人员负责，同时应当告知被询问人有关权利义务，询问笔录应当交被询问人核对或者向其宣读，核对无误后，由被询问人按规定确认。

（5）异地境外调查取证。

检查人员异地调查取证的，当地税务机关应当予以协助；采用发函委托相关稽查局调查取证的，受托地稽查局应当根据协查请求，依照法定权限和程序调查；委托地稽查局必要时可以派人参与受托地稽查局的调查取证。稽查局可以提请国际税收管理部门依照有关规定程序获取境外资料。

4. 检查的中止与终结

（1）检查的中止。

在检查过程中出现符合中止检查规定情形，致使检查暂时无法进行的，经稽查局局长批准后，实施中止检查程序。

（2）终结检查。

终结检查是指出现某些特定情形致使检查确实无法进行的，经稽查局局长批准后可终结检查。

（三）审理

检查结束后，稽查局应当对案件进行审理。符合重大税务案件标准的，稽查局审理后提请税务局重大税务案件审理委员会审理。

审理部门主要职能是在实施部门查明案件事实的基础上，依法核准案件事实、审查辨别证据、分析认定案件性质并提出处理意见。

1. 案件审理的内容

案件审理重点是审核检查程序流程合法、基本要素完整与形式规范，具体包括：执法主体是否正确；被查对象是否准确；税收违法事实是否清楚，证据是否充分，数据是否准确，资料是否齐全；适用法律、行政法规、规章及其他规范性文件是否适当，定性是否正确；是否符合法定程序；是否超越或者滥用职权；税务处理、处罚建议是否适当；其他应当审核确认的事项或者问题。

2. 处理结果

经审理后，处理结果分为税务处理决定、税务行政处罚决定、不予税务行政处罚决定和税务稽查结论。

（四）执行

稽查局应当依法及时将载明处理结果的税务文书送达被查对象，告知审理结论，督促被检查人依法履行税务处理、处罚决定。符合规定条件的，经县以上税务局局长批准，稽查局可以依法强制执行，或者依法申请人民法院强制执行。

执行过程中出现符合中止执行规定情形，致使执行暂时无法进行的，经稽查局局长批准后中止执行。符合法定终结执行情形的，经税务局局长批准后终结执行。

本章小结

知识点		主要内容
税收征收管理	概述	税收征收管理概念
	信息报告	身份信息报告
		制度信息报告
		跨区域涉税事项报告
	发票管理	发票印制
		发票领用和缴销
		发票开具、取得与保管
		代开发票
		发票违法行为
	账簿凭证管理	账簿、凭证设置
		账簿、凭证保管
	纳税申报	纳税申报主体
		纳税申报资料
		纳税申报期限
		纳税申报方式
	税款征收	税款征收的方式
		税款征收的特殊情形
		税款强制措施
		欠税管理
		减免税管理
	税务检查	税务机关的法定检查权力
		税务机关的法定检查责任

续表

知识点		主要内容
税费服务	概述	税费服务概念与原理
		税费服务内容
		税收营商环境
	税费服务内容	宣传咨询辅导
		办税缴费服务
		纳税人权益保护
		纳税信用管理
		涉税专业服务
税费收入统计分析	概述	组织收入管理概念与内容
	税费收入管理	税收预测
		税收分析
		重点税源监控
	税收会计	税收会计的概念、税收会计核算
	税收票证	税收票证概述
		税收票证的种类和适用范围
税费风险管理	概述	税收风险、税收风险管理
	税收风险管理流程	制定目标规划、收集涉税信息、开展风险识别、确定等级排序、组织风险应对、实施过程监控和评价反馈
税务稽查	概述	税务稽查局的职责
		税务稽查的管辖
	税务稽查办案程序	选案、检查、审理、执行

本章练习题请通过学习兴税 App 扫描左侧二维码阅览

第十一章 税收信息化建设

本章导读：税收征管数字化升级和智能化改造的发展方向，昭示着税收征管信息化水平将从电子化跨越到自动化、智能化进而跨越到智慧化阶段，这将为贯彻现代税收征管理念提供技术保障，也将为新一轮征管改革提供新动力。本章以我国税收信息化建设目标和取得的成就为基础，重点说明目前税务工作主要应用软件的功能和相互关系，目标是正确理解“智慧税务”的科学内涵和实现路径，从而明确税收信息化的建设理念和发展方向。

第一节 税收信息化建设概述

一、税收信息化的概念

税收信息化是将信息技术广泛应用于税务管理，深度开发和利用信息资源，提高执法、服务和监管水平，并由此推动税务部门业务重组、流程再造、文化重塑，进而推进税务管理现代化建设的综合过程。税收信息化包含以下三个层次的含义：

1. 税收信息化是信息技术的应用活动

科学技术是第一生产力。通过现代信息技术改造原来基于手工的工作方式，大幅提高工作效率，为税收管理现代化提供现代化手段。

2. 税收信息化是利用信息化技术进行税收管理的实践活动

根据税收法规和制度规范，将税收业务进行科学分析和技术实现，通过文书报表的格式规范化、业务数据的数字标准化、事务的工作流程化、通讯的互联网化，实现功能齐全、协调高效、信息共享、监控严密、安全稳定、保障有力的税收管理现代化。

3. 税收信息化是提升税收治理现代化水平的创新活动

通过新技术的应用，引领管理和服务创新，实现办税缴费方式更便利、税费服务更智能、税务监管更精准、数据治理更深入，推动建立与现代信息技术相适应的管理理念和管理模式，促进传统税务管理向现代税务管理的转变。

二、税收信息化阶段性建设目标

（一）金税一期工程和金税二期工程的建设目标（1994—2008 年）

我国税收信息化的快速发展源于 1994 年实施以增值税为核心的税制改革。为加强增值税专用发票监控管理、打击利用增值税专用发票进行的犯罪活动，国家决定建设金税工程。

金税一期工程和金税二期工程的建设目标是“科技加管理”，即充分利用计算机和网络为核心的现代信息技术，为税收管理提供现代化手段，同时在管理理念、管理体制、管理方法上有所创新，使之与现代化手段相适应，实现人机的最佳结合。

（二）金税三期工程的建设目标（2008—2020 年）

2008 年 9 月，金税三期工程正式启动。金税三期工程建设的总体目标是：根据一体化原则，建立基于统一规范的应用系统平台，依托计算机网络，总局和省局高度集中处理信息，覆盖所有税种、所有工作环节、国地税局，并与有关部门联网，包括征管业务、行政管理、外部信息、决策支持等四大子系统的功能齐全、协调高效、信息共享、监控严密、安全稳定、保障有力的税收管理信息系统。简而言之，就是“一个平台，两级处理，三个覆盖，四个系统”。

“一个平台”是指包含网络硬件和基础软件的统一的技术基础平台。

“两级处理”是指依托统一的技术基础平台，逐步实现数据信息在总局和省局集中处理。

“三个覆盖”是指应用内容逐步覆盖所有税种，覆盖所有工作环节，覆盖国地税局，并与有关部门联网。

“四个系统”是指通过业务的重组、优化和规范，逐步形成一个以征管业务为主，包括行政管理、外部信息和决策支持在内的四大子系统的应用软件。

随着 2018 年国税地税征管体制改革，税收信息化也经历了一厅通办、界面集成到金税三期工程“并库”、社保费征收管理系统和个人税收管理系统上线、出口退税审核系统业务整合等信息化集成工作。税收征管方式从“收税”到“报税”再到“算税”升级，税收征管流程从“上机”到“上网”再到“上云”转变，税收征管效能从“经验管税”到“以票控税”再到“以数治税”

提升。金税三期圆满达到了系统建设目标。

(三) 金税工程四期的建设目标 (2020 年至今)

发票电子化改革（金税四期）是推进税收现代化的系统性改革，要通过理念思维、业务制度、岗责体系、技术平台的转型升级，打造智慧税务，推动“以票控税”向“以数治税”转变，实现“以数治队”。

发票电子化改革（金税四期）是智慧税务建设的突破口，是实现税收治理体系和治理能力现代化的引领和支撑。

从技术和平台上，将运用成熟可靠的国产云技术，通过新建新一代税务信息系统支撑发票全面电子化、执法方式优化和监管体系健全，新建关键系统应用级灾备和云安全管理体系，继承自然人税收管理系统、大数据云平台，推广学习兴税平台，优化整合金税三期主体应用、党务政务业务系统，构建智能、稳定、高效、安全的税收治理大平台。

三、税收信息化的建设原则

(一) 先进性原则

充分利用先进成熟的云计算、大数据、移动互联等技术，为系统提供稳健支撑，适应国家信息化发展趋势和税收现代化要求。

(二) 标准化原则

系统建设中涉及的各项技术均遵循国际标准、国家标准、税务行业标准以及相关规范。

(三) 扩展性原则

技术架构采用模块化、组件设计，虚拟化、冗余化部署，具有高扩展性、高可维护性、高兼容性，充分满足业务和用户未来发展的需要。

(四) 开放性原则

系统可以对第三方数据进行采集存储和整合利用，实现信息资源共享。

(五) 易用性原则

充分重视用户使用体验，界面友好、操作简单、功能易用、管理方便、运行顺畅、问题和故障处理快速响应。

(六) 安全性原则

系统高度安全可靠，能够有效防范非法攻击，避免未经授权的访问，保障关键信息数据的传输、存储、交换安全，确保系统运行安全。

（七）高可用性原则

系统应保证“7×24 小时”可以使用，一年内系统平稳运行的可用性大于99.99%。

四、税收信息化建设的主要内容

（一）标准规范建设

标准规范建设是税收信息化建设的基础。主要内容是制定税收信息化建设相关的业务标准、技术标准，形成科学、合理的标准体系，规范和指导税收信息化建设工作。

（二）应用系统建设

应用系统建设是税收信息化的核心内容，是为了实现项目的建设目标，按照建设原则，对业务需求进行分析，按照信息化环境下运行要求进行设计实现，完成相应的信息系统建设，最终实现上线运行。应用系统建设主要包括业务功能规划、技术架构确定、部署运行模式选择、系统平台软件选择和上线方案制订等。

（三）基础设施建设

按功能集中统一、集中管理的原则，充实配备必要的计算机硬件设备，用于业务处理、在线分析、存储系统、数据交换、网络安全和系统管理等各方面。主要包括资源规划、设备部署、软件安装和系统集成等。

（四）网络系统建设

根据部署要求和数据处理需要，对广域网络、局域网络等进行架构设计、设备配备、部署实施和运行管理。网络建设一般包括广域网建设、接入网建设、局域网建设和网络管理等。

（五）安全体系建设

根据系统安全需求，建立安全管理体系和安全技术体系，覆盖从物理环境、网络层、系统层、数据库层、应用层信息安全的所有方面。

（六）运维体系建设

通过工作制度、流程、跟踪系统、知识库、信息库等的建立，完成税务系统运行维护支持体系建设，全面保障税务管理信息系统高效、稳定、安全运行。

第二节 税收信息化建设的成就

我国税收信息化经过金税一期工程、金税二期工程和金税三期工程建设，已建成了以金税三期应用系统、社保费征管系统、自然人税收管理系统（ITS系统）、增值税发票管理系统等系统为核心，覆盖全部税费业务、行政管理和管理决策的应用系统集群，对税务工作的支撑作用日益明显。

一、金税三期应用系统

金税三期工程运用国内外先进、成熟的税收管理理念和信息技术，借鉴政府和金融、电信等行业信息化建设规划和实践经验，通过业务重组、技术重构、功能整合，初步建成“国际先进、中国特色”的税收管理信息系统。自 2013 年上线以来，统一了全国征管应用系统版本，规范全国税收执法；实施全国征管数据集中，实现监控全国征管数据；规范纳税服务平台，优化纳税服务；建设决策支持平台，及时、完整、准确地为决策、管理提供信息服务。

目前，金税三期系统主要由核心征管软件、管理决策一包、管理决策二包、外部信息交换系统、税库银系统、应用安全支撑平台组成。

（一）核心征管软件

核心征管软件是金税三期工程的重要组成部分，建设内容主要包括核心征管、集成平台、应用总集成。

核心征管软件涵盖自主办理事项、税务管理基础事项、纳税信用与风险监控事项、法律追责与救济事项四大类税收征管业务事项，包含登记、发票、优惠、认定、证明、申报、征收、出口退税、票证、评估审计、稽查、法制以及综合等业务域，是金税三期，乃至全部税费工作的核心业务系统。

集成平台主要实现应用系统间的业务协同和共享。通过数据交换和共享，提供工作流程处理和批量数据交换，形成标准统一、操作简明、页面规范的应用格局。

应用总集成是金税三期的综合应用，它将各种不同应用软件和系统按照技术规范，有机地集成为统一接入、应用集成、数据共享、界面规范的单一系统中，保证金税三期应用体系的平稳运行。

（二）管理决策一包

管理决策一包是金税三期中主要进行数据统计分析的应用系统。管理决策一包建立了统一、通用的数据仓库，实现了多个生产系统的数据汇集、数据分析和数据利用，全方位、多角度展示税务系统的运行成果，为各级税务机关的管理和决策提供了坚实的数据支撑。

管理决策一包包括数据仓库和数据应用两个部分。数据仓库是进行数据分析的数据基础，集成了核心征管、发票管理系统、外部交换、税库银、社保费管理等多个核心生产系统的数据表，为决策支持系统、核心征管、内部控制监督平台等应用系统提供数据服务。数据应用是根据业务需求进行的数据处理和模型展现，包括会统核算、查询统计、征管质量监控评价、报表管理、减免税核算分析、减税降费分析、社保费分析等 7 类应用。

（三）管理决策二包

管理决策二包是金税三期的数据综合利用及管理平台。通过全国统一管理，国家税务总局、省税务局两级，国家税务总局大数据云平台和省税务局分布式数据加工的协同处理，管理决策二包建立了全量涉税涉费数据的加工处理，从宽度和广度上为税收信息化提供了风险防控、以数治税的数据应用环境。

管理决策二包主要包括十个子系统，分别为风险管理子系统、信用管理子系统、稽查双随机工作平台、企业所得税风险提示子系统、跨区域风险管理协作子系统、涉税专业服务信用评价子系统、税务稽查指挥管理子系统、增值税发票全链条快反子系统、征管质量 5C［征收（Collection）、服务（Customer）、风控（Control）、检查（Check）、纠正（Correct）］监控评价子系统、出口退税风险管理子系统。

（四）外部信息交换系统

外部交换系统为国家税务总局、省级税务局与同级外部部门应用系统之间提供支持，完成业务信息及数据安全可靠的交换与共享，实现车辆合格证电子数据、免税图册汇审数据、外汇管理局服务贸易数据等相关涉税数据的电子传输，满足了税务部门与第三方涉税数据交换的需求。

（五）税库银系统

财税库银横向联网系统（税库银系统）是财政部、国家税务总局、中国人民银行在全国推广的一个跨部门信息系统，它依托税收征管系统、人民银行资金清算系统、商业银行行内系统等系统资源，利用先进的信息和网络技术，实现纳税申报、税费款收纳、入库、退库的电子化处理，为纳税人提供高效、便利的纳税服务。

（六）应用安全支撑平台

应用安全支撑平台实现税务系统内部用户和外部用户集中统一的用户和权限管理、系统级访问控制管理。应用安全支撑平台为金税三期各业务系统、社保费征管信息系统提供用户统一管理和统一身份认证及单点登录等功能。主要包括：单位登录、用户管理、统一身份存储和签名验签及认证服务。

二、社保费征管系统

社保费征管系统是按照金税三期系统架构来设计部署，主要由社保费管理子系统、社保费征收子系统、税银子系统、信息共享平台等组成。

（一）社保费管理子系统

社保费管理子系统是社保费征管信息系统的核心业务系统之一，实现对各类缴费主体、缴费人群的管理及业务办理需要。管理范围主要包括单位缴费人（企业、机关事业、虚拟户）和个人缴费人（职工、灵活就业、城乡居民），社会保险主要有基本养老保险、基本医疗保险、生育保险、工伤保险、失业保险、其他医疗保险、企业年金、职业年金等。

（二）社保费征收子系统

社保费征收子系统是社保费征管信息系统的主要业务系统，包括银行账户信息采集、三方协议采集及验证、缴费、退费缓缴、对账等业务，并完成对社保费未及时足额缴纳等违法行为的相关处理，对接特色软件完成社会保险费缴纳业务。

（三）税银子系统

税银子系统是税务机关、商业银行、银联等金融机构利用信息网络技术，搭建电子缴费的渠道，将费款直接缴入国库经收处的社会保险费待报解账户，实现费款税银征缴模式。

（四）信息共享平台

社保费信息共享平台实现人社部门和税务部门之间实时和异步批量数据交换任务，实现信息共享和业务协同，保证数据的真实性、及时性和完整性。

三、自然人税收管理系统

自然人税收管理系统是支撑国家财税体制改革的重要组成部分，是“个人所得税改革”的核心生产系统，由税务端办税门户 WEB、自然人办税门户（含 WEB 和 App）、扣缴客户端组成。

（一）税务端办税门户 WEB

税务端办税门户 WEB 是税务机关对个人所得税统一管理的门户，主要包括业务办理、查询统计、征纳互动、运营中心等。

（二）自然人办税门户

自然人办税门户（含 WEB 和 App）是提供给自然人进行个人所得税业务办理的统一办税服务工作门户，为自然人提供实名办税管理、自然人信息采集、个人所得税申报、个人所得税征收、个人所得税优惠、证明开具、纳税人信息查询、消息风险推送等服务。自然人通过实名认证后，可以进行报送专项附加扣除信息、在线填写申报表、在线缴税，并实现纳税记录的在线查询开具等业务。

（三）扣缴客户端

扣缴客户端是用于扣缴义务人对个人所得税相关业务进行集中登录后办理的统一应用服务，具体实现实名登录、办税授权校验、自然人信息采集、专项附加扣除信息采集、申报表报送、税款缴纳和查询统计等功能。

四、增值税发票管理系统

增值税发票管理系统（发票系统 2.0 版）包括增值税发票税控系统 V2.0、增值税发票电子底账系统、增值税发票查验平台、增值税发票综合服务平台、数字证书系统、统一受理平台等业务系统。

（一）增值税发票税控系统 V2.0

税控系统 V2.0 是增值税发票管理系统的基础系统，能对所有的税控设备和发票票种进行发行管理、发票管理、抄报管理、发票认证管理、税收编码管理、成品油库存管理、红字信息表管理、查询统计管理、税收设备应用检测、基准版本号维护、服务评价管理、系统工具管理、可信任服务管理、稀土企业维护、系统管理和审计等。

（二）增值税发票电子底账系统

增值税发票电子底账系统是增值税发票管理系统的核心系统，主要实现了全国增值税发票数据的汇总采集、跨省交易发票的数据清分传输、纳税人申报抵扣发票明细数据的比对以及发票信息的验签处理等功能。

（三）增值税发票查验平台

增值税发票查验平台依托互联网、分布式计算等云计算技术构建，是国家税务总局为公众提供统一、权威、及时、可靠的发票查验系统。依托增值税发票电子底账管理系统的基础业务数据，平台可以向纳税人提供增值税专用发票、机动车销售统一发票、增值税普通发票、增值税电子普通发票、增值税普通发票（卷式）的查验服务。

（四）增值税发票综合服务平台

通过增值税发票综合服务平台，纳税人可以进行“一站式”的发票用途确认、“集成化”的发票风险提示和“全票种”的发票信息下载服务，有效提升增值税扣税凭证的精细化、标准化和信息化管控水平。

第三节 税收征管数字化升级和智能化改造

征管数字化升级就是对现有税收信息化的信息采集进一步扩大范围，增加广度和深度；信息处理进一步深入，挖掘信息更大的价值；完善税收治理的闭环迭代，推动征管业务的变革。

征管智能化改造就是充分发挥科技创造力，通过信息触发，实现自主业务的发起，自动任务的流转，自适应工作的处理和自动学习能力的提升。

一、智慧税务建设

近年来，税务部门逐步构建起优化高效统一的税收征管体系，金税三期工程在全国上线，全面实施“互联网+税务”行动计划，建设全国规范统一的电子税务局。大数据、云计算、人工智能等先进技术，成为税收征管更有力的抓手，智慧税务应运而生。

（一）建设意义

实现税收征管数字化升级和智能化改造，有助于推进以纳税人缴费人为中心的精细服务，在加强重点领域风险防控的同时，实现科学精确执法，可以充分运用大数据提升税收治理现代化水平，高质量推进新时代税收现代化。

（二）建设内容

坚持科技创新和深化大数据应用，全面推进税收征管数字化升级和智能化改造，建成具有高集成功能、高安全性能、高应用效能的智慧税务。由此带来的税收征管技术变革，主要体现在以下三个方面：

一是建设统一信息平台。平台是作为数据存储的载体，只有平台统一才能标准统一，才能有效聚集数据。智慧税务将建成纳税人缴费人端服务平台、税务人端工作平台、决策人端指挥平台，形成国内外一流的智能化行政应用系统。

二是汇聚共享各方数据。数据量越大，质效越好。智慧税务将着力推进内外部涉税数据汇聚联通、线上线下有机贯通，逐步实现法人税费信息“一户式”、自然人税费信息“一人式”、税务机关信息“一局式”、税务人员信息“一员式”智能归集，从而打造规模大、类型多、价值高、颗粒度细的税收大数据。

三是深化数据分析应用。智慧税务将依托先进技术手段，加强智能化税收大数据分析，如同一个拥有数据生命的“智慧人”一样，能够及时感知各方需求并自动灵敏地作出反应，为纳税人缴费人提供精细化、智能化、个性化服务，为税务人提供自主推送任务、自控监督履责、自动考核考评的管理手段，为决策者提供微观、中观、宏观经济运行研判参考和决策支持。

（三）建设计划

2022年基本实现法人纳税人信息“一户式”归集、自然人纳税人缴费人信息“一人式”归集，2023年基本实现税务机关信息“一局式”、税务人员信息“一员式”归集，实现对纳税人缴费人行为的自动性分析管理、对税务人员履责的全过程自控性考核考评、对税务决策信息和任务的自主性推送。2025年实现税务执法、服务、监管与大数据智能化应用的深度融合、高效联动、全面升级。

二、发票电子化改革

实施全面数字化电子发票改革是税收征管数字转型战略的突破口，对于推动税收征管的数字化升级和智能化改造，打造高集成功能、高安全性能、高应用效能的智慧税务平台有着非常重要的基础性作用。

（一）改革意义

发票电子化改革不仅是一个信息化项目，更是推进税收现代化的系统性改革，要通过理念思维、业务制度、岗责体系、技术平台的转型升级，打造智慧税务，推动“以票控税”向“以数治税”转变。

电子发票服务平台应遵循一体化的建设要求，实行发票电子化，可以降低纳税人发票管理成本和风险，助力企业创建全新的财税管理模式；可以提高税务部门发票管理智能化程度，助力发展数字经济，助力提升社会治理能力，服务国家治理现代化，做到“无票胜有票”，让“各方均受益”，实现发票电子化改革利国利民利企利税的多重目标。

（二）建设内容

建设电子发票服务平台，为企业和社会提供全国统一、规范可靠、便捷高效的电子发票服务，面向纳税人提供发票开具、交付、查验、咨询等发票服务，面向税务端支撑发票管理、信用管理、风险应对及决策指挥，着力建设云计算平台、网络可信身份体系、动态“信用+风险”等支撑系统。

实现发票从申请、开具、交付、确认、查验、抵扣、风险控制、决策指挥、服务保障等全流程、全生命周期的管理。

电子发票服务平台建设新应用系统主要包括：纳税人服务系统、税务管理系统、决策指挥系统。纳税人服务系统是以电子发票的业务办理和征纳互动服务为基本内容。其主要作用：一是实现纳税人多渠道开票、用票等电子发票全业务功能，直接面向全国纳税人提供发票开具、使用、交付等服务。二是建立税企直通、征纳互动通道，满足发票电子化改革纳税人办税问题、咨询辅导等工作需要。三是与各省电子税务局协同完成纳税人相关办税和服务功能。税务管理系统对接办理纳税人发起的业务申请事项、咨询事项和税务机关内部发起的发票管理、信用管理、风险应对等管理事项，是税务人的工作平台。决策指挥系统主要面向税务部门各级管理层提供管理决策和调度指挥支持。

（三）改革计划

2021 年建成全国统一的电子发票服务平台，24 小时在线免费为纳税人提供电子发票申领、开具、交付、查验等服务。制定出台电子发票国家标准，有序推进铁路、民航等领域发票电子化。2025 年基本实现发票全领域、全环节、全要素电子化，着力降低制度性交易成本。

三、大数据应用

大数据是以容量大、类型多、存取速度快、应用价值高为主要特征的数据集合，最早应用于IT行业，目前正快速发展为对数量巨大、来源分散、格式多样的数据进行采集、存储和关联分析，从中发现新知识、创造新价值、提升新能力的新一代信息技术和服务业态。

（一）建设意义

税收部门拥有海量数据资源，数据量庞大、覆盖面广泛，且具有颗粒度细、类型多、价值高等特点，是税务部门独有的“金山银库”，已成为税务部门最核心和关键的征管资源。以税收大数据为驱动建设的智慧税务，能够揭示传统技术方式难以展现的关联关系，促进数据融合和资源整合，为推进税收治理体系和治理能力现代化提供有力支撑。

税收大数据是智慧税务的重要基础。通过对税收大数据进行挖掘与分析，可以发现数据之间的关联性或因果结构，揭示过去的规律、预测未来的趋势；通过大数据方法论，掌握新经济新业态新模式的行业特点和管理服务需求，让税务执法、服务和管理更加有的放矢，敏锐精准；进一步拓展了税收服务国家治理的新手段、新方式。

（二）建设内容

通过不断完善税收大数据云平台，加强数据资源开发利用，持续推进与国家及有关部门信息系统互联互通。持续推进各类系统数据向大数据云平台集成，规范管理已集成的各类数据，夯实大数据基础；不断优化数据服务功能，丰富云平台应用，提供更加便捷高效的分析工具；持续推进与外部门数据共享，加大信息共享力度，促进跨领域跨部门合作，提升资源利用率。

探索区块链技术在社会保险费征收、房地产交易和不动产登记等方面的应用，并持续拓展在促进涉税涉费信息共享等领域的应用。

完善税收大数据安全治理体系和管理制度，加强安全态势感知平台建设，常态化开展数据安全风险评估和检查，健全监测预警和应急处置机制，确保数据全生命周期安全。

加强智能化税收大数据分析，不断强化税收大数据在经济运行研判和社会管理等领域的深层次应用。

（三）建设计划

2025年建成税务部门与相关部门常态化、制度化数据共享协调机制，依法保障涉税涉费必要信息获取；健全涉税涉费信息对外提供机制，打造规模大、类型多、价值高、颗粒度细的税收大数据，高效发挥数据要素驱动作用。

本章小结

知识点		主要内容
概述	概念	税收信息化是将信息技术广泛应用于税务管理，深度开发和利用信息资源，提高执法、服务和监管水平，并由此推动税务部门业务重组、流程再造、文化重塑，进而推进税务管理现代化建设的综合过程
概述	建设目标	金税一期工程和金税二期工程，科技加管理
		金税三期工程：一个平台，两级处理，三个覆盖，四个系统
		发票电子化改革（金税四期）
	建设原则	先进性原则、标准化原则、扩展性原则、开放性原则、易用性原则、安全性原则、高可用性原则
	建设内容	标准规范建设、应用系统建设、基础设施建设、网络系统建设、安全体系建设、运维体系建设
主要税费应用系统	金税三期应用系统	核心征管软件、管理决策一包、管理决策二包、外部信息交换系统、税库银系统、应用安全支撑平台
	社保费征管系统	社保费管理子系统、社保费征收子系统、税银子系统、信息共享平台
	自然人税收管理系统	税务端办税门户 WEB、自然人办税门户（含 WEB 和 App）、扣缴客户端
	增值税发票管理系统	增值税发票税控系统 V2.0、增值税发票电子底账系统、增值税发票查验平台、增值税综合服务平台、数字证书系统、统一受理平台
税收征管数字化升级和智能化改造	内容	建设以服务纳税人缴费人为中心、以发票电子化改革为突破口、以税收大数据为驱动力的具有高集成功能、高安全性能、高应用效能的智慧税务，全面推进税收征管数字化升级和智能化改造
	智慧税务建设	2022年，基本实现法人纳税人信息“一户式”归集、自然人纳税人缴费人信息“一人式”归集
		2023年，基本实现税务机关信息“一局式”、税务人员信息“一员式”归集，实现对纳税人缴费人行为的自动性分析管理、对税务人员履责的全过程自控性考核考评、对税务决策信息和任务的自主性推送
		2025年，实现税务执法、服务、监管与大数据智能化应用的深度融合、高效联动、全面升级

续表

知识点		主要内容
税收征管数字化升级和智能化改造	发票电子化改革	2021 年，建成全国统一的电子发票服务平台，24 小时在线免费为纳税人提供电子发票申领、开具、交付、查验等服务。制定出台电子发票国家标准，有序推进铁路、民航等领域发票电子化
		2025 年，基本实现发票全领域、全环节、全要素电子化，着力降低制度性交易成本
	大数据应用	2025 年，建成税务部门与相关部门常态化、制度化数据共享协调机制，依法保障涉税涉费必要信息获取；健全涉税涉费信息对外提供机制，打造规模大、类型多、价值高、颗粒度细的税收大数据，高效发挥数据要素驱动作用

本章练习题请通过学习兴税 App 扫描左侧二维码阅览

第十二章　国际税收

本章导读：本章从国际税收的基本概念入手，内容涵盖税收管辖权及其判定，国际重复征税问题及其消除方法，国际税收协定，国际避税与反避税，国际税收合作与“一带一路”税收征管合作机制。学习本章应了解国际税收相关概念、国际税收的形成与发展、国际税收协定两个范本、税收协定主要内容、我国缔结税收协定的情况、国际税收合作的方式，熟悉国际重复征税的产生和影响、国际避税概念及产生的原因、国际税收情报交换与征管互助、税基侵蚀与利润转移行动计划，掌握税收管辖权内涵及类型、居民身份与所得来源地的判定标准、消除重复征税的方法、国际避税的方法及反避税管理、“一带一路”税收征管合作机制。

第一节　国际税收概论

一、概念

国际税收是两个或两个以上国家（地区），对纳税人跨境交易产生的所得行使各自征税权力而形成的税收分配关系。

（一）国际税收体现国家与国家之间的税收分配关系

国际税收涉及国与国之间对同一征税对象的税收权益划分问题，如果一国征税使得他国不能征税或者少征税时，国家间的税收分配关系就产生了，避免国际重复征税和防止国际避税是国际税收的主要课题。

（二）国际税收体现国家与国家之间的税收协调关系

开放经济环境中，一国在制定税收制度时往往需要考虑与其他国家之间的经济关系，最终表现为国家间的税收制度和税收政策达到一定程度的协调。

（三）国际税收与国家税收的关系

国家税收反映的是国家与纳税人之间的利益分配关系，而国际税收反映的是国家与国家之间的税收分配关系和税收协调关系。国家税收是国际税收的基础，国际税收不能脱离国家税收而独立存在；同时，国家税收又受到国际税收方面一些因素的影响，国家在制定本国的税收制度时要考虑国际税收关系。

二、产生与发展

（一）国际税收的产生

国际税收的产生需要两个客观条件：一是收入的国际化，二是所得税制的普遍推行。

国际税收是经济发展到一定历史阶段的产物。19 世纪末 20 世纪初，随着资本输出的增长形成了大量的跨国所得，出现了国家之间对同一笔所得如何分享税收权益的问题，导致了严重的国际重复征税，阻碍了贸易与投资。为了促进国际经济合作和世界经济复苏，消除针对跨境所得的重复征税，20 世纪 20 年代，国际联盟（League of Nations）确定了不同国家（居民国与来源国）对不同类型所得（消极所得与积极所得）的征税原则，奠定了现代国际税收法律框架。

（二）国际税收的发展

国际税收的发展大致经历了三个阶段：一是对国际税收的分配以及国际税收问题的处理，仅从一国国内法的角度通过单方面规范加以解决的萌芽阶段；二是有关国家针对出现的国家间重复征税问题，经过双边或多边谈判，共同签订书面协议，以协调相互之间国际税收分配关系的非规范化税收协定阶段；三是有关国家和国际组织不断总结经验，税收协定由单项向综合、由双边向多边发展，逐步实现税收协定的规范化阶段。

三、税收管辖权

（一）税收管辖权的含义及类型

税收管辖权，是指主权国家根据其法律所拥有和行使的征税权力，是国际法公认的国家基本权利，属于国家主权在税收领域中的体现。税收管辖权大致分为以下三类。

1. 居民管辖权

居民管辖权是指一国对本国税法中规定的居民取得的所得行使征税权。居民包括自然人和法人。

2. 公民管辖权

公民管辖权是指一国对拥有本国国籍的公民取得的所得行使征税权。公民是指取得一国法律资格，具有一国国籍的人。国际税收中所使用的公民概念不仅包括个人，也包括团体、企业或公司，是一个广义的公民概念。

3. 地域管辖权

地域管辖权是指一个国家对来源于本国境内的所得行使征税权。在地域管辖权下，通过确认所得的地域标志来确定该项所得的来源地，从而纳入所在地域的国家税收管辖范围。

（二）税收管辖权的行使

税收管辖权属于国家主权，各国可以根据自己的国情选择适合自己的税收管辖权类型。从各国税制来看，主要有以下三种情况：

1. 仅行使地域管辖权

这种情况下，一国只对来源于本国境内的所得行使征税权，其中包括本国居民的境内所得和外国居民的境内所得，但对本国居民的境外所得不行使征税权。

2. 同时行使地域管辖权和居民管辖权

这种情况下，一国对本国居民的境内所得、境外所得，以及外国居民的境内所得行使征税权。其中，对本国居民境内和境外所得征税所依据的是居民管辖权，对外国居民在本国境内取得的所得征税所依据的是地域管辖权。目前我国采用的是这种类型。

3. 同时行使地域管辖权、居民管辖权和公民管辖权

这种情况主要发生在个别强调本国征税范围的国家，其所得税除了按照地域管辖权和居民管辖权征税之外，还坚持行使公民管辖权。

大多数国家在兼用居民管辖权和地域管辖权的同时，认同并遵循地域税收管辖权优先原则。

（三）居民身份的判定标准

居民身份的判定是实施居民管辖权的前提，对征税权的行使具有十分重要的意义。

1. 自然人居民身份的判定标准

国际上对自然人居民身份的判定，通常有以下三种标准：

（1）住所标准：一个人固定的或永久性的居住地，通常为配偶、家庭和财产的所在地。

（2）居所标准：有不定期居住意愿的住处，即为了某种目的，如谋生、经商、求学等而作为非永久性居住场所的所在地。

（3）停留时间标准：尽管没有住所或居所，但是由于在一个纳税年度内停留在该国的时间较长，超过了规定的天数，被视为该国的税收居民。

2. 法人居民身份的判定标准

国际上对法人居民身份的判定，通常有以下四种标准：

（1）注册地标准：又称为法律标准或组建地标准，该标准以是否在本国依法注册成立来确定是否具有法人居民身份。凡依照本国的法律在本国注册成立的法人，无论其投资者归属哪个国家，都是本国的法人居民。

（2）管理机构所在地标准：该标准以法人的管理机构是否设在本国境内来确定是否具有法人居民身份。凡是法人的管理机构设在本国的，无论其在哪个国家注册成立，都是本国的法人居民。管理机构没有统一的定义，一些国家采取的是管理和控制中心机构的标准，通常为公司董事的居住地或公司董事会开会的地点；还有一些国家采取的是实际管理机构所在地的标准，一般是指公司日常业务的管理机构。

（3）总机构所在地标准：该标准以总机构是否设在本国境内来确定是否具有法人居民身份。凡是总机构设在本国的法人均为本国的法人居民。这里的总机构是指公司内进行重大经营决策，负责统一核算公司盈亏的总公司或总店等。

（4）选举权标准：又称为控股权标准，该标准以拥有公司控股权或控制公司选举权的股东是否为本国居民来确定是否具有法人居民身份，即法人的股东选举权或公司控制权如果被某国居民股东所掌握，则这个法人为该国法人居民。

在上述标准中，最常用的是注册地标准以及管理机构所在地标准。

（四）所得来源地的判定标准

所得来源地的判定是实施地域管辖权的前提，同样对于征税权的行使具有十分重要的意义。

1. 判定经营所得来源地的主要标准

（1）常设机构标准。

常设机构是税收协定中的重要概念，构成了能否对非居民取得的经营所得征税的门槛。常设机构是指企业进行全部或部分营业的固定营业场所，主要包括管理场所、分支机构、办事处、工厂、作业场所、矿场、油井或气井、采石场或者任何其他开采自然资源的场所以及达到一定时间标准的工程或劳务项目。一般情况下，非居民通过设立在一国的常设机构取得经营所得，则可以判定该经营所得来源于该国，该国可以就该笔所得征税。

（2）交易地点标准。

一些国家侧重使用交易或经营地点来判定经营所得的来源地。例如，贸易所得以合同订立地点为标准，制造所得以制造活动发生地为标准。

2. 判定个人劳务所得或受雇所得来源地的标准

（1）劳务提供地标准，以纳税人提供劳务地点或工作地点，来判断其获得的劳务所得或受雇所得的来源国。

（2）劳务所得支付地标准，以支付劳务所得的居民或固定基地、常设机构的所在国为劳务所得或受雇所得的来源国。

（3）劳务合同签订地标准，以劳务合同签订的地点来判定劳务所得或受雇所得的来源地。

3. 判定投资所得来源地的主要标准

（1）股息，一般是以分配股息公司的居民国为股息所得的来源国。

（2）利息，各国判定利息所得来源地标准不同，主要包括：

①以借款人的居住地或借款的使用地为标准；

②以债务利息支付者居住地为标准；

③以借款合同的签订地为标准；

④以贷款的担保物所在地为标准。

（3）特许权使用费，判定标准包括：

①以特许权使用地为标准；

②以特许权所有者的居住地为标准；

③以特许权使用费支付者居住地为标准。

（4）租金，判定标准包括：

①以租赁财产的使用地为标准；

②以租赁合同签订地为标准；

③以租金支付者居住地为标准。

（5）财产转让所得，判定标准包括：

①对于不动产转让所得，一般以不动产所在地作为所得来源地。

②对于动产转让所得，来源地判定标准包括动产销售或转让地、转让者居住地、被转让动产实际所在地。

③对于权益性投资转让所得，各国差异较大，一些国家规定仅由纳税人为其居民的国家征税，但是，如果非居民个人在居民实体中拥有重大权益，则一些来源国也会对该所得征税。此外，部分国家按照被投资企业所在地作为所得来源地。

第二节　国际重复征税及其消除

一、国际重复征税的产生和影响

（一）国际重复征税的含义

国际重复征税又称为国际双重征税，是指两个或两个以上国家对同一纳税人或不同纳税人同一征税对象分别征收所得税。

（二）国际重复征税产生的原因

各国行使税收管辖权的相互重叠是国际重复征税的根本原因。税收管辖权的重叠主要有下述三种情形。

1. 居民（公民）管辖权同地域管辖权的重叠

甲国行使居民（公民）管辖权，乙国行使地域管辖权。在这种情况下，甲国对甲国居民来自境内、境外的全部所得征税，包括甲国居民来自甲国境内的所得和来自乙国的所得；乙国对来自乙国境内的全部所得征税，包括乙国居民来自乙国的所得和甲国居民来自乙国的所得。这样，两国就出现了对甲国居民在乙国取得的所得重复征税。由于多数国家同时实行居民管辖权和地域管辖权，因此这两种税收管辖权的重叠最为普遍。

2. 居民（公民）管辖权与居民（公民）管辖权的重叠

由于各国法律规定及其确定纳税人居民身份的标准不同，会出现同一跨国纳税人被不同国家同时确认为其居民的现象，从而产生不同国家之间居民（公民）管辖权与居民（公民）管辖权之间的重叠，导致国际重复征税问题。例如，对于法人居民身份，甲国采用注册地标准，而乙国采用管理中心标准，如果企业在甲国注册成立，而管理机构在乙国，则甲、乙两国均有可能视该企业为本国居民企业而双重征税。

3. 地域管辖权与地域管辖权的重叠

行使地域管辖权的不同国家，如果判定所得来源地的标准不同，也可能导致国际重复征税。例如，对特许权使用费所得的征税，甲国以特许权使用地为标准确认所得来源地，而乙国以特许权使用费支付者的居住地为标准，若该特许权使用费由乙国居民企业支付，但是专利技术在甲国使用，则两国均可能认为该所得为来源于本国的所得，而对其双重征税。

（三）国际重复征税的影响

国际重复征税对投资者的利益、税负公平原则、国际经济交往、国家间税收权益以及跨国公司行为都会产生消极影响，主要表现在以下几个方面：

1. 加重了跨国纳税人的税收负担

对同一征税对象的重复征税，不合理地加重了跨国纳税人的税收负担，削弱了跨国纳税人在国际竞争中的地位，影响投资者对外投资的积极性。

2. 违背了税收公平原则

税收公平原则要求同等收入纳税人承担同等税负，无论其来自国内还是国外。国际重复征税使跨国纳税人的总体税负高于仅在一国应承担的税负，妨碍了公平竞争，违背了税收公平的原则。

3. 阻碍了国际经济发展

国际重复征税打击了跨国投资者的投资愿望，妨碍了资金、技术、人员和商品在国家间的自由流动，阻碍国际经济的发展。

4. 引起国家间税收摩擦

国际重复征税会引起国与国之间的税收权益冲突，会使冲突各方均认为他国征税是对自己权益的侵害，从而加剧了国际关系的紧张。

所以，国际组织和各国政府非常重视国际重复征税问题，都采取措施避免和消除国际重复征税。

二、消除国际重复征税的方法

各国的国际税收制度和国际税收协定中，最普遍使用的消除国际重复征税的方法是免税法和抵免法。

（一）免税法

免税法，是指实行居民管辖权的国家，对本国居民的境外所得给予全部或部分免税待遇。由于境外所得在居民国免予征税，因此免税法可以有效消除国际重复征税。在国际税收实践中，一些国家对本国居民从境外取得的股息和资本利得实行免税法。

（二）抵免法

抵免法，是指行使居民税收管辖权的国家，对纳税人国内、国外的全部所得征税时，允许纳税人将其在国外已缴纳的所得税税额从应向本国缴纳的税额中抵扣。居住国应征所得税税额的计算公式为：

$$\text{居住国应征所得税税额}=\text{居民国内、国外全部所得}\times\text{居住国税率}-\text{允许抵免的已缴来源国税额}$$

抵免法既可有效消除国际重复征税，使本国纳税人在国际市场有较强的竞争力。同时，抵免法承认所得来源国的优先征税地位，又不要求居民国完全放弃对本国居民境外所得的征税权，有利于协调和维护各国的税收权益。目前我国实行抵免法。

抵免法分为直接抵免和间接抵免两种形式。

1. 直接抵免

直接抵免，是指企业或自然人直接作为纳税人就其境外所得在境外缴纳的所得税税额在居民国应纳税额中抵免。直接抵免主要适用于自然人境外缴纳的个人所得税、企业就来源于境外的营业利润在境外缴纳的企业所得税，以及就来源于境外的股息、红利等权益性投资所得和利息、租金、特许权使用费、财产转让等所得在境外被源泉扣缴的预提所得税。抵免的是本国居民直接缴纳或实际负担的境外税额。居住国应征所得税税额的计算公式为：

$$\text{居住国应征所得税税额}=\text{居民国内、国外全部所得}\times\text{居住国税率}-\text{允许抵免的已缴来源国税额}$$

实施抵免法的国家通常会规定本国纳税人只能在抵免限额以内进行抵免。抵免限额是允许纳税人抵免本国税额的最高数额，通常等于国外所得按照居民国税率计算的应纳税额。纳税人被允许抵免的来源国税额为其在来源国已缴税额与抵免限额相比的较小者，即允许抵免的来源国税额不得超过抵免限额。对于超过部分，各国有不同规定，一些国家允许将超过抵免限额的税额向以后年度结转，《企业所得税法》规定，超过抵免限额的部分，可以在以后 5 个年度内，用每年度抵免限额抵免当年应抵税额后的余额进行抵补。

2. 间接抵免

间接抵免，是指企业作为税款的间接缴纳者，就其境外所得在境外缴纳的所得税税额在居民国应纳税额中抵免。

间接抵免一般适用于股息所得。例如，甲国居民企业A在乙国设立子公司B，B公司取得利润，乙国对B公司的利润征收企业所得税，B公司是纳税人。B公司以税后利润向A公司分配股息，甲国须就A公司的股息收入征税。在间接抵免法下，甲国允许A公司就股息收入在境外已经缴纳的税款从应纳税额中抵免，这部分税款是B公司作为纳税人在乙国缴纳的，但是作为股东，A公司是这部分税额的实际负担者，可以从A公司的应纳税额中进行抵免。

此外，税收饶让抵免是抵免法下的重要问题。税收饶让是指居民国政府对本国居民在国外得到减免的所得税，视同已经缴纳，允许这部分被减免的外国税款在本国应纳税额中抵免。税收饶让的实行，通常需要通过签订双边税收协定的方式予以确定，通常发生在发达国家与发展中国家之间。发展中国家为了吸引外资，往往向外国投资者提供税收优惠待遇，但是如果投资者的居民国采取抵免法，则投资者的所得汇回居民国后还要补税，导致发展中国家提供的税收优惠并未起到任何刺激投资的政策效果，反而造成税收收入由发展中国家向发达国家转移。为了解决这个问题，发展中国家可能要求发达国家实施税收饶让，对其减免的税款视为已经实际缴纳，允许抵免在居民国的应纳税额。我国签订的税收协定中，有近40个包含税收饶让条款。

第三节　国际税收协定

一、国际税收协定及其范本

（一）国际税收协定的含义和法律地位

国际税收协定，又称国际税收条约，是指两个或两个以上主权国家或税收管辖区依照对等原则，通过政府间谈判达成一致后缔结的确定其国际税收分配关系的具有法律效力的书面税收协议，旨在避免对所得及财产双重征税和防止国际逃避税。

国际税收协定是以国内税法为基础的，在处理国际税收协定与国内税法的地位关系时，有两种模式：第一种模式为国际税收协定优于国内税法；第二种模式是国际税收协定与国内税法具有同等的法律效力，当出现冲突时，按照新法优于旧法和特别法优于普通法等处理法律冲突的一般性原则来协调。在我国，一般情况下，当协定与国内法发生冲突时，协定优先，但国内法规定的待遇优于协定时，则适用国内法。

（二）国际税收协定范本

国际上存在两个有影响力的税收协定范本，分别是经济合作与发展组织（OECD）《关于避免对所得和财产双重征税的协定范本》（以下简称经合组织范本）以及联合国《关于发达国家与发展中国家间避免双重征税的协定范本》（以下简称联合国范本）。

1. 经合组织范本

经合组织范本有两个基本前提：一是强调居民管辖权，对所得来源国的征税权进行限制；二是居民国应通过抵免法或免税法消除双重征税。由于 OECD 成员国多数为资本输出国，经济实力较强，该范本更多考虑经济发达国家需求。

2. 联合国范本

联合国范本采用了经合组织范本的体例，其中许多条款与经合组织范本基本相同，主要区别在于较少限制来源国的征税权，从而在一定程度上保护发展中国家的税收权益，促进发达国家与发展中国家以及发展中国家之间缔结税收协定。

二、国际税收协定的主要内容

经合组织范本与联合国范本的产生标志着国际税收领域的协调进入了规范化阶段。从各国所签订的一系列双边税收协定来看，其结构及内容基本上与经合组织范本或联合国范本保持一致，其主要内容包括：

（一）协定适用范围

国际税收协定必须首先明确其适用范围，包括缔约国双方或各方的人和税种的范围。这是协定执行的前提条件。

1. 人的范围。税收协定适用于缔约国一方或者同时为双方居民的人。

2. 税种范围。税收协定一般适用于所得税和对财产征收的直接税。

3. 空间范围。税收协定规定各缔约国各自的全部领土和水域，以及各国有管辖权的区域，比如专属经济区等。

4. 时间范围。指税收协定的生效和效力终止的时间。

（二）协定基本用语的定义

对于在税收协定各条款中经常出现的基本用语的定义，一般会在协定内容中引入专门条款加以明确，以保证对协定的正确理解和执行。

1. 一般用语的定义解释。一般用语的定义解释主要包括“人”“公司”“缔约国一方企业”“缔约国另一方企业”“国际运输”“主管当局”等。

2. 特定用语的定义解释。特定用语对协定的签订和执行具有直接的制约作用，必须对特定用语的内涵和外延作出解释和限定，如“居民”“常设机构”等。

3. 专项用语的定义解释。国际税收协定中有一些只涉及专门条文的用语解释，一般在相关的条款中附带下定义或给予说明。

（三）税收管辖权的划分

对营业利润（经营所得）、投资所得、劳务所得和财产收益等所得征税权的划分，是国际税收协定的主要内容。税收协定中根据各类所得的性质、发生地等规定了不同的征税原则，划分了居民国和来源国的征税权，为缔约方处理具体问题提供了标准和依据。

（四）消除双重征税的方法

消除双重征税是签订国际税收协定的重要内容。缔约国各方对消除国际双重征税所采取的方法和条件，以及同意给予饶让抵免的范围和成果，都必须在协定中加以明确。两个协定范本均提出可以采取免税法或抵免法消除重复征税，具体选择哪种方法，由缔约双方在协定谈签时决定。

（五）税收无差别待遇原则

税收无差别待遇反对任何形式的税收歧视，主要包括国籍无差别待遇、常设机构无差别待遇、支付无差别待遇和资本无差别待遇。

（六）情报（信息）交换

交换税收情报（信息）是加强各国税务机关征管合作，防止国际逃避税的有效手段。根据两个协定范本，可以由缔约国一方自行主动发起，进行信息交换，或应协定伙伴国的具体请求，通过自动信息交换。

（七）相互协商程序

如果缔约国一方居民认为，缔约国一方或双方所采取的措施或将导致不符合协定的征税，则可以向缔约国一方主管当局申请救济。如果主管当局无法单方面解决争议，可通过相互协商程序与缔约国另一方主管当局协商，以解决争议。

三、我国缔结税收协定（安排、协议）的情况

我国税收协定谈签工作始于 1981 年，于 1983 年 9 月签署首个税收协定——《中华人民共和国政府和日本国政府关于对所得避免双重征税和防止偷漏税的协定》。截至 2021 年 12 月底，我国已正式签署 109 个避免双重征税协定；另外，内地与香港、澳门两个特别行政区签署了税收安排，大陆与台湾地区签署了税收协议。[①] 此外，我国还与 10 个国家（地区）签署了税收情报交换协定。同时，在我国与其他国家和地区签署的海运、航空协定中也包括了一些税收条款。这些税收协定（安排、协议）的签署，在加强我国与缔约国家（地区）间的经贸往来，尤其在吸引外资和促进我国企业"走出去"等方面发挥了重要作用。

第四节　国际避税与反避税

一、国际避税产生的原因

国际避税是指纳税人利用两个或两个以上国家的税制差异和征管漏洞，以及国际税收规则存在的缺陷，规避或减轻其全球总体税负的行为。

国际避税产生的原因，包括主观原因和客观原因。主观方面，纳税人有尽可能减轻税收负担，实现利润最大化的强烈愿望。客观原因主要有以下三方面：

（一）国家间的税制差异

1. 征税范围和征收方式上的差异

各国对跨国纳税人征税范围的规定，如对于哪些所得征税、哪些所得不征税，以及对不同的所得采取什么方式征税差别较大。比如，有的国家仅实施地

① 《税收学》编写组．税收学［M］．北京：高等教育出版社，2021：248.

域管辖权，对来源于境外的所得不征税；有的国家对资本利得不征税等。这些规定直接影响到跨国纳税人税负的高低。

2. 税率的差异

税率常常是各国税收制度差别最大的一个要素。如同样是对所得征税，有的国家采用比例税率征收，有的国家采用超额累进税率征收。实行比例税率的国家，其税率也不尽一致。与此同时，避税地和低税地的存在，也为跨国纳税人进行逃避税活动提供了可乘之机。

3. 税基的差异

在计算应纳税额时，首先要确定计税标准，而确定计税标准又必须先确定税基的大小。对于从事跨国经营活动的人，需要掌握每类税基所包括的具体范围及其各国的差异。例如，对于所得税，各国都规定对应纳税所得额征收，但对收入和扣除的规定，各国是有区别的，采取的税收优惠也各不相同。在税率一定的情况下，税基的大小决定税负的高低。

4. 避免双重征税方法的差异

为了消除和减轻双重征税，各国都采取了不同的解决方法。通常主要有抵免法和免税法。这两种方法在消除双重征税上是有区别的。其中，免税法对纳税人最有利。对纳税人来说，当然希望能最大限度地避免双重征税。由于各国税负不同，高税负国家若采用免税法来消除国际重复征税，就有可能给本国纳税人创造国际避税的机会。

（二）国际税收规则存在的缺陷

根据传统的国际税收规则，各国在协调对跨国经营所得征税权的冲突中，普遍采用“实体存在”作为来源国征税的前提，通过定义常设机构和利润归属规则界定来源国征税的门槛和范围。然而，随着数字经济的快速发展，商业模式发生巨大变化，“实体存在”已经不是取得经营所得的必要条件，传统的时间和空间概念也在悄然发生改变，劳务的发生地、销售行为的发生地、无形资产的内涵和外延等传统概念越来越难以界定，直接挑战传统的国际税收规则。

此外，设立在第三国的企业可以通过在协定缔约国设立“导管公司”享受本应属于协定双方国家居民的税收优惠待遇，导致税收协定的滥用。传统的转让定价规则，过于强调合同中风险分配对利润分配的影响，导致利润与实质性经营活动的分离，跨国企业的利润向避税地和低税地转移，严重侵蚀各国税基。

（三）税收征管能力不足

1. 实际征管水平有限

由于多种原因，各个国家之间对跨境税源的管理水平存在一定差距。虽然有些国家对纳税义务的规定比较重，但由于征收管理水平跟不上，税法得不到严格遵守和执行，导致实际税负远低于名义税负。

2. 征管信息严重不对称

随着经济全球化进程进一步加快，各国对资本、技术和劳动力等经济要素的流动管制趋于放松，跨国企业在全球配置资源愈发便利，而各国税务主管当局往往仅掌握跨国企业在本国经营的有关信息，难以获悉其在全球价值链的分布情况和税收安排。在此背景下，跨国公司利用国家间税收征管信息不对称，采取多种方式转移利润，逃避居民国税收。

除上述原因外，还有一些非税收方面因素，如银行保密条例的宽严程度对国际避税的形成也具有重要影响；再如移民法、外汇管制、公司法以及是否存在通货膨胀等，都可能影响跨国纳税人的避税选择。

二、国际避税的常见手段

在国际经济活动中，跨国纳税人采取的避税手段多种多样。

（一）采取人的流动避税

采取人的流动避税，不仅包括自然人和法人的跨国迁移，设法改变其税收居民身份，还包括避免成为税收居民等做法。

1. 转移住所或实际管理机构。将个人住所或公司的管理机构迁出高税国；或者利用有关国家国内法关于公司或个人的居民身份定义的差异实施虚假迁出，即仅仅在法律形式上不再成为高税国的居民；或者通过短暂迁出并成为其他国家临时居民的办法，寻求享受特殊税收优惠。

2. 人为操控在一国的停留时间。在实行居民管辖权的国家里，对个人居民身份的确立，除采用住所标准外，不少国家还采用时间标准，即以在一国境内连续或累计停留时间达到一定标准为界限。对于居住时间的规定，各个国家规定不尽相同，有的规定为半年（183 天），有的则规定 1 年（365 天），这就给跨国纳税人避税提供了可利用的机会。他们可以自由地游离于各国之间，确保自己不成为任何一个国家的居民，既能从这些国家取得收入，又可避免承担其中任何一个国家的居民纳税义务。

（二）利用转让定价避税

利用转让定价手段在企业集团内部转移利润，使集团利润尽可能在低税国或避税地的关联企业中实现，是跨国公司最常用的避税手段。转让定价是指集团内关联企业或内部机构之间在发生交易时制定的内部交易价格。例如，高税国企业向其低税国关联企业销售货物或提供劳务时制定低价，低税国企业向其高税国关联企业销售货物或提供劳务时制定高价。这样，利润就从高税国转移到低税国，从而达到最大限度减轻其税负的目的。

（三）滥用税收协定避税

国与国之间签订的税收协定是通过让渡部分税收管辖权，向缔约对方国家的税收居民提供税收优惠，从而促进两国之间的资本、技术和人员的流动。滥用税收协定，是指第三国居民利用其他两个国家之间签订的税收协定获取其不应得到的税收利益。滥用税收协定通常采取设立“导管公司”或签署中间合同的方式。例如，甲国A公司从乙国B公司取得股息，如果甲国和乙国之间未签订税收协定，乙国按照国内法就要对该股息扣缴30%的预提所得税；假设乙国和丙国之间的税收协定规定对股息征收的预提所得税率为10%，而且丙国对境外所得不征收所得税，也不征收预提所得税。A公司通过设立在丙国的控股公司C间接持有B公司的股份，同样的股息所得税负由30%降低至10%。如果A公司设立C公司的主要目的是享受乙国和丙国税收协定的优惠待遇，则构成滥用税收协定避税。

（四）利用外国控股公司避税

通常情况下，母公司居民国对外国控股公司取得的营业利润不会立即征税，除非这部分利润以股息的方式由子公司分配给母公司，母公司居民国就取得的股息所得征税。跨国企业常见的避税手段之一，就是在低税地或避税地成立控股公司，将集团利润转移到控股公司账上并长期不作利润分配，从而推迟在居民国纳税。

利用外国控股公司间接转让股权。根据一些国家所得来源地规则，一国居民企业直接转让另一国（东道国）居民企业的股权，其取得的股权转让所得可能需要在被投资企业所在国纳税。在这种情况下，跨国企业往往采用间接股权转让方式避税，即通过设立在外国的控股公司间接持有东道国居民企业的股权，再以转让外国控股公司的股权间接实现东道国居民企业股权的转让，由于被转让的企业并非东道国的居民企业，不属于来源于东道国的所得，无须在东道国纳税，从而实现避税目的。

（五）利用资本弱化避税

资本弱化，又称资本隐藏、股份隐藏或收益抽取，是基于一般情况下利息支出可以在税前扣除而股息红利不能扣除的规定，企业所有者在向公司注入资金时，人为降低股权投资的比重，提高债权投资的比重，导致公司的资本结构中债权投资的比重大大超过股权投资的比重。资本弱化作为避税的一种手段，以增加利息支出来转移利润，降低税负，其特征就是债权投资和股权投资的比率明显高于正常水平。

（六）利用避税地避税

世界上有些国家（地区）不征收直接税或直接税税率较低，或者实施特别的税收优惠，在这些国家（地区）投资的企业可以拥有财产而无须纳税或仅缴纳很少的税，这样的地方被称为“避税地（Tax Haven）”，亦被称为“避税港”“避税天堂”。

通过在避税地设立诸如控股公司、投资公司、信托公司、贸易公司、咨询公司、金融公司、保险公司、海运公司和其他经营机构等所谓“离岸公司”，可以比较方便地进行以这些离岸公司为基地的国际避税活动，这些离岸公司也被称作国际避税活动的“基地公司”。

三、反避税管理

世界各国在长期的反避税斗争中逐渐形成了一整套打击避税行为的法律和措施。

（一）转让定价管理

转让定价的税务管理是各国普遍采取的一种防止跨国公司转移利润的有效措施。如果关联方设定的转让价格与市场价格不同，税务机关应有权调整转让价格，从而防止本国税基受到侵蚀，确保征收合理份额的税收收入。当多个国家对相同的交易适用各自的转让定价规则时，极有可能导致重复征税，因此有必要就转让定价规则达成国际共识。经合组织范本和联合国范本均规定，应调整转让价格，以反映在独立运营的非关联企业之间的可比交易中可能适用的价格，即遵循独立交易原则。这一原则已为多数国家广泛接受。

（二）受控外国公司规则

为了防止本国居民企业利用设在外国的控股公司累积利润，推迟缴纳境外来源所得的国内税收，不少国家制定了详尽的受控外国公司规则，对于设立在低税地或避税地的外国公司，具有控制权或拥有实质性权益的居民股东，应就其在外国公司的全部或部分所得中相应比例的所得份额，缴纳居民国税收，无论该所得是否向股东进行了分配。

（三）资本弱化规则

为了防止人为提高债权投资比重，降低股权投资比重，许多国家对向非居民支付利息的税前扣除加以限制。根据资本弱化规则，如果居民企业的债权投资相比于其权益超过了一定标准，则超过部分的债务发生的利息不得税前扣除。

（四）一般反避税规则

随着跨国公司税收筹划和避税安排更加复杂和隐蔽，专门针对某一种避税类型采取的特别反避税措施，难以有效应对层出不穷的避税手段，为此越来越多的国家引入一般反避税规则。一般反避税规则一般作为兜底措施，不对特定避税行为作出界定，通常以具有合理商业目的和经济实质的类似安排为基准，按照实质重于形式的原则实施调整。需要注意的是，作为兜底规则，在特殊反避税规则（如转让定价规则、资本弱化规则、受控外国公司规则等）能够适用的情况下，是不能适用一般反避税规则的。

（五）限制避税性移居

许多国家政府一般不能干预公民的移居避税，只能从经济上对其采取一些限制措施，使移居给政府造成的税收利益损失降低到最低限度。一些发达国家在立法上采取了有条件地延续本国向外国移居者无限纳税义务的做法。

高税国居民为了逃避无限纳税义务，有的彻底切断了与原居民国的联系，但有的只是采取虚假移居的手段。为防止人们用临时移居、压缩居留时间的办法躲避本国的居民身份，许多国家都规定纳税人中途临时离境不扣减其在本国的居住天数。

各国判定法人居民身份的标准不同，则限制法人移居的措施也不同。一般而言，在一个同时以注册地标准和管理机构所在地标准判定法人居民身份的国家，法人居民移居他国相对来说难度较大。因此，目前大多数发达国家都同时采用注册地标准和管理机构所在地标准来判定法人的居民身份。

(六) 打击国际避税地

1. 制定“黑名单”

为了防止本国居民企业将利润转移至避税地，造成对本国税基的侵蚀，一些国家规定了判定国际避税地的具体标准或列出避税地“黑名单”，凡本国公司与避税地中的关联企业进行交易，会引起税务部门的高度关注，必要时还要实施反避税措施。

2. 引入“实质性活动”的规定

在 G20/OECD 国际税改框架下，要求“不征税或仅名义征税的国家”引入“实质性活动要求”的规定，否则这些国家的税收制度可能被视为“有害税收实践”。迫于压力，开曼群岛、英属维尔京群岛（BVI）、百慕大群岛等避税地纷纷出台经济实质法规，规定如果在该地从事相关活动，应当遵循与该活动相关的经济实质要求。

3. 推出全球最低税

目前，G20/OECD 正在研究讨论中的应对经济数字化共识性解决方案，包含征收全球最低税，旨在通过限制全球最低税率打击国际逃避税。该方案的通过和实施将会进一步缩小避税地的生存空间。

第五节　国际税收合作与“一带一路”税收征管合作机制

一、国际税收合作概述

国际税收合作在促进生产要素有序流动、资源高效配置、市场深度融合等方面发挥了重要作用，国际税收合作已经成为政府合作的重要方面。国际税收合作分为多边税收合作、区域性税收合作和双边税收合作。

(一) 多边税收合作

国际税收组织在促进多边税收合作中发挥着重要作用。参与国际税收合作的主要组织有：

1. 经济合作与发展组织（OECD）

OECD 主导了国际税收规则的制定，引领着国际税收合作实践，其影响范围远远超出了 OECD 成员国。OECD 开展的解决特定国际税收问题的税收合作项目依托于论坛，所有准备致力于论坛目标的国家都可以参加这些论坛。全球税收透明度和信息交换论坛有150多个成员国，其工作包括通过对成员国的国内法和征管实践进行同行审议，确保成员国有效地执行信息交换的国际标准。税收征管论坛（FTA）成立于2002年，是税收征管领域合作范围最广、层次最高的国际平台，在国际税收规则制定及国际税收征管合作方面具有重要意义。G20/OECD包容性框架建立于2016年2月，是实施国际税改项目——《税基侵蚀与利润转移行动计划》最低标准的制度性安排，截至2021年8月，共有140个国家（地区）加入了包容性框架。

2. 联合国

联合国从1970年开始涉足国际税收领域，开始为发达国家和发展中国家之间的税收协定制定协定范本。2012年以来，联合国积极向发展中国家提供税收技术援助，并开发实用工具包，帮助发展中国家应对国际税收挑战。这项工作主要集中于4个领域：转让定价、税收协定、税收管理和防止税基侵蚀。

3. 世界银行集团

世界银行集团通过其税务团队，为各个国家提供咨询服务。

4. 国际货币基金组织（IMF）

IMF在经济、货币和税收问题上向各国提供技术援助，包括税收政策建议、培训和立法的起草。

5. 税收合作平台

2016年4月，OECD、IMF、联合国、世界银行创建了税收合作平台，也称为四方平台，合作向发展中国家提供援助，以加强其税收体系的制度机制。

（二）区域性税收合作

区域性税收合作组织通常在区域经济一体化程度比较高的地区出现，目前最有影响力的区域性税收合作组织是欧洲联盟（EU），通过制定适合本区域的制度和加强合作促进区域经济发展。

亚洲-大洋洲税收管理与研究组织（SGATAR）是亚洲、大洋洲地区有影响力的官方税收组织，目前有18个成员，主要依托年会加强成员税务部门的对话，就国际税收政策与征管工作共同面临的问题寻求解决措施，维护本地区税收利益。2018年11月，我国主办了第48届SGATAR年会。

在印度的倡议下，2013年建立了金砖国家税务局长会晤机制，旨在加强金砖国家税务部门在国际税收事务上的沟通与合作，维护新兴市场国家和广大发展中国家的共同利益，提升金砖国家国际税收规则制定话语权。2017 年 7 月，我国主办了金砖国家税务局长会议，积极倡议金砖国家深化多边税收合作，加强税收征管能力建设并向发展中国家提供能力建设援助，联合签署金砖国家税务合作的第一份机制性文件 ——《金砖国家税务合作备忘录》。

此外，中国还进一步加强与其他区域性税收组织的交流与合作，加入新成立的亚太税收中心（APTH）并担任创始指导委员会委员，与美洲税收管理中心（CIAT）、欧洲税收管理组织（IOTA）、英联邦税收管理组织（CATA）及非洲税收管理组织（ATAF）等保持长期合作关系。

（三）双边税收合作

目前，我国已与 18 个国家的税务部门（或组织机构）签署了 23 个双边合作备忘录，通过高层互访、工作交流和人员培训等形式加强了税制建设和税收征管经验交流分享，促进了税收领域合作项目成果落地。

二、国际税收情报交换与征管互助

（一）国际税收情报交换

国际税收情报交换是指税收协定缔约国家（地区）的主管当局为了正确执行税收协定及其所涉及税种的国内法而相互交换所需信息的行为。税收情报交换是作为税收协定缔约方承担的一项国际义务，也是与其他国家（地区）税务主管当局之间进行国际税收征管合作以及保护自身合法税收权益的重要方式。

税收情报交换的直接目的，一是避免国家之间可能存在的重复征税，二是防止跨境逃避税。税收情报交换分为专项情报交换、自动情报交换、自发情报交换以及同期税务检查、授权代表访问和行业范围情报交换等类型。

（二）多边税收征管协作

由于人员、资本、货物和服务跨国流动加速，纳税人跨国经营的无国界性与税收管理有国界性之间的矛盾，造成税收管理的信息不对称，给开放经济条件下的税收征管带来严峻挑战。在此背景下，欧洲委员会和 OECD 于 1988 年 1 月 25 日在法国斯特拉斯堡共同制定了《多边税收征管互助公约》（以下简称《公约》）。《公约》向两组织成员开放，于 1995 年 4 月 1 日生效。

2008 年爆发席卷全球的金融危机之后，国际社会高度重视税收征管协作。

2009 年 4 月，G20 伦敦峰会呼吁采取行动，打击国际逃避税。2010 年 5 月，OECD 与欧洲委员会按照税收情报交换的国际标准，通过议定书形式对《公约》进行了修订。修订后的《公约》向全球所有国家开放，自 2011 年 6 月 1 日开始生效。根据《公约》规定，协助的形式包括：情报交换、税收追缴和文书送达。

中国政府于 2013 年 8 月 27 日正式签署《公约》。2015 年 7 月 1 日，第十二届全国人民代表大会常务委员会第十五次会议批准《公约》，《公约》已于 2016 年 2 月 1 日对我国生效，2017 年 1 月 1 日起执行。考虑到我国现有法律制度及税收征管实际，我国在《公约》批准书中对税款追缴和文书送达（包括邮寄文书）作出了保留。因此，我国税务机关主要是与其他缔约方开展情报交换协助。

（三）金融账户涉税信息自动交换标准

金融账户涉税信息自动交换标准（CRS）由 OECD 会同 G20 成员共同制定，于 2014 年 11 月经 G20 布里斯班峰会核准。CRS 旨在通过加强各税收管辖区之间有关金融账户信息的自动情报交换，提高全球税收透明度，打击跨境逃避税。在 G20 的大力推动下，截至 2021 年参与 CRS 信息交换的辖区已达到 108 个。

按照 CRS 开展金融账户涉税信息自动交换，首先需由一国金融机构通过尽职调查程序，识别另一国税收居民在该机构开立的账户，按年向金融机构所在国主管部门报送上述账户的名称、纳税人识别号、地址、账号、余额、利息、股息及出售金融资产的收入等信息，再由该国税务主管当局与账户持有人的居民国税务主管当局开展信息交换，最终为各国加强跨境税源监管提供信息支持。

2015 年 12 月 16 日，我国签署《金融账户涉税信息自动交换多边主管当局间协议》，成为该协议的第 77 个签署方，为我国与其他辖区税务主管当局之间开展金融账户涉税信息自动交换提供了操作层面的依据。2018 年 9 月，我国完成首次金融账户涉税信息交换。

三、税基侵蚀与利润转移行动计划

（一）背景

在经济全球化背景下，跨国企业利用国际税收规则存在的不足，以及各国税制差异和征管漏洞，最大限度地减少其全球总体税负，甚至达到双重不征税的效果，从而造成对各国税基的侵蚀。随着税基侵蚀和利润转移愈演愈烈，引起了全球政治领袖、媒体和社会公众的高度关注。2013 年 9 月，G20 在圣彼得堡领导人峰会上正式启动了国际税改项目——《税基侵蚀和利润转移行动计划》（即 BEPS 行动计划），旨在通过协调所得税收政策，修订国际税收规则和加强国际合作打击国际逃避税，建立一个全球公平和现代化的国际税收体系，是近百年来国际税收体系的重大变革。

（二）成果

2015 年 10 月，OECD 正式发布了 15 项行动计划成果报告。这些行动计划包括五大类：应对数字经济带来的挑战、协调各国企业所得税税制、重塑现行税收协定和转让定价国际规则、提高税收透明度和确定性、开发多边工具促进行动计划实施。15 项行动计划是：应对数字经济的税收挑战；消除混合错配安排的影响；制定有效受控境外公司规则；对利用利息扣除和其他款项支付实现的税基侵蚀予以限制；考虑透明度和实质性因素，有效打击有害税收实践；防止税收协定优惠的不当授予；防止人为规避常设机构的构成；确保转让定价结果与价值创造相匹配；衡量和监控 BEPS；强制披露规则；转让定价文档和国别报告；使争议解决机制更有效；制定用于修订双边税收协定的多边协议。[①] 贯彻的总原则是：利润应在经济活动发生地和价值创造地征税。

我国作为世界重要经济体和最大的发展中国家，自 2013 年起，全程深入参与 BEPS 项目，深度参与国际税收规则制定，在无形资产转让定价、价值创造理念等方面不断发出中国声音，贡献中国智慧，得到国际社会的重视和好评，不仅有利于维护发展中国家税收权益，也为书写新的国际税收规则体系做出了积极的贡献。

（三）实施

2016 年 1 月 1 日，G20 发起的国际税改项目进入实施阶段。根据约束性差异，BEPS 行动计划分为最低标准、共同方法和最佳实践。“最低标准”是 BEPS 参与国必须实施的，且实施情况要受到 G20 和 OECD 的监督和审议，因此对各参与方的约束力最强。被列为“最低标准”的行动计划有四项，包括考

---

① 《国家税务总局发布 OECD/G20 税基侵蚀和利润转移项目 2015 年最终报告中文版》，http://www.chinatax.gov.cn/n810219/n810724/c1836574/content.html? from=timeline.

虑透明度和实质性因素，有效打击有害税收实践；防止税收协定优惠的不当授予；使争议解决机制更有效；转让定价文档和国别报告。为了使国际税改成果在世界范围内广泛实施，OECD 建立了包容性框架，目前共有 140 个税收辖区加入该框架，承诺实施 BEPS 行动计划最低标准。我国积极推进 BEPS 行动计划成果的落地转化，四项最低标准已基本落实到位。

四、数字经济国际税收“双支柱”方案

为落实 BEPS《应对数字经济的税收挑战》行动计划，形成建议各国实施的解决方案，2017 年，G20 委托 OECD 通过 BEPS 包容性框架制定数字经济国际税收规则多边方案。

2021 年 7 月 1 日，OECD 发布各国协商一致形成具有广泛国际共识的数字经济国际税收规则——《关于以双支柱方案应对经济数字化税收挑战的声明》，正式提出“双支柱”方案，即涉及利润分配与联结度规则的“支柱一”和全球反税基侵蚀方案的“支柱二”。

“支柱一”旨在对超大型跨国集团的利润和征税权在国家间进行更为公平的分配，采用新的联结度规则，与现行的“常设机构”规则相互独立，改变了跨国企业税前利润长久以来主要在来源国和居民国之间的分配规则，使得市场所在国也可以参与分配。以“价值创造地”来重新划分国家间的税收管辖权和利润分配权，堪称国际税收一百多年来颠覆性的变化。

“支柱二”旨在设定全球最低税，为各国税收竞争设定一个底线，解决各国为吸引外国投资而在企业所得税税率方面的“逐底竞争”问题，进而通过最低税负规则压缩跨国企业的避税空间，更积极地平衡各国税收权益。

五、“一带一路”税收征管合作机制

（一）“一带一路”税收征管合作机制的产生

随着“一带一路”建设不断深入推进，税收环境越来越成为营商环境的重要指标，税收便利越来越成为经贸便利的重要保障，税收合作也越来越成为政府合作的重要组成部分。在此背景下，中国和哈萨克斯坦共同倡议构建“一带一路”税收征管合作机制。2019 年 4 月，合作机制正式成立，截至 2021 年 9 月，已举办两届“一带一路”税收征管合作论坛，理事会成员已增加至 36 个。

（二）目标与任务

合作机制是由“一带一路”国家（地区）税务部门共同建立的规范化、制度化的官方多边长效税收合作平台，秉持“共商共建共享”原则，面向所有支持“一带一路”倡议的国家开放，是现有国际税收合作体系的重要、有益补充，旨在促进投资贸易便利化，消除税收壁垒、优化生产要素跨境配置，推动经济包容性增长，实现联合国2030年可持续发展目标。

合作机制成员在尊重各自国内法律法规、巩固和支持国际税收义务及标准的基础上，共同推动“一带一路”建设参与国（地区）在以下税收领域开展务实合作：提高税收确定性、加快税收争议解决、提升纳税服务、加强税收能力建设等。

（三）治理架构

合作机制包括理事会、“一带一路”税收征管合作论坛、“一带一路”税收征管能力促进联盟及专家咨询委员会。其中理事会为合作机制决策机构，理事会首任主席由我国国家税务总局局长王军担任。理事会下设合作机制秘书处，负责日常运营和联络，为合作机制运行提供保障。论坛为支持“一带一路”建设的税务主管当局、国际组织、科研机构、跨国企业等提供沟通平台，在税收征管和能力建设方面加强合作。联盟是由理事会成员或观察员依托本国（地区）已有的税务培训机构或专业技术自愿加入，致力于开展培训、研究和技术援助活动，专家咨询委员会将为机制愿景和目标的实现提供建议和帮助。

本章小结

知识点		主要内容
国际税收概述	概念	国际税收是国家税收的国际方面，本质是两个或两个以上国家各自行使征税权力而形成的税收分配关系
	产生与发展	国际税收是经济发展到一定历史阶段的产物，经历了由单边向双边、多边发展，并逐步规范化的过程
	税收管辖权	属人原则与属地原则，居民管辖权、公民管辖权与地域管辖权，税收管辖权的行使，所得来源地的判定标准

续表

知识点		主要内容
国际重复征税及其消除	含义	两个或两个以国家在同一时期内对同一征税对象分别征收所得税
	原因	各国行使税收管辖权的相互重叠是国际重复征税的根本原因
	影响	对投资者的利益、税负公平原则、国际经济交往、国家间税收权益以及跨国公司行为都会产生消极影响
	免税法	对本国居民的境外所得给予全部或部分免税待遇
	抵免法	对纳税人国内、国外的全部所得征税时，允许纳税人将其在国外已缴纳的所得税额从应向本国缴纳的税额中抵扣； 直接抵免与间接抵免； 抵免限额
	税收饶让	居民国政府对本国居民在国外得到减免的所得税，视同已经缴纳，允许这部分被减免的外国税款在本国应纳税额中抵免
国际税收协定	定义及范本	国际税收协定旨在避免对所得及财产双重征税和防止国际偷逃税； 经合组织范本与联合国范本
	主要内容	适用范围、基本用语的定义、税收管辖权的划分、消除双重征税的方法、税收无差别待遇原则、情报（信息）交换、相互协商程序
	我国实践	我国已对外正式签署 109 个避免双重征税协定（安排、协议）
国际避税与反避税	原因	国家间的税制差异、国际税收规则存在缺陷、税收征管能力不足
	避税手段	人的流动、转让定价、滥用税收协定、利用外国控股公司、资本弱化、利用避税地
	反避税	转让定价管理、受控外国公司规则、资本弱化规则、一般反避税规则、限制避税性移居、打击国际避税地
国际税收合作与“一带一路”税收征管合作机制	概述	多边税收合作、区域性税收合作、双边税收合作
	情报交换	定义、专项情报交换、自动情报交换、自发情报交换、同期税务检查、授权代表访问、行业范围情报交换
	多边税收征管协作	《公约》规定了情报交换、税款追缴和文书送达三种税收征管协助形式，我国主要开展情报交换协作
	CRS	CRS 旨在通过加强各税收管辖区之间有关金融账户信息的自动情报交换，提高全球税收透明度，打击跨境逃避税
	BEPS 行动计划	背景、总原则、BEPS 行动计划成果、最低标准
	“双支柱”方案	背景、内容
	“一带一路”税收征管合作机制	合作机制的产生、目标与任务、治理架构

本章练习题请通过学习兴税 App 扫描左侧二维码阅览

《税费基础知识》编审人员

主　编　司新山

副主编　史建宏　周开君

执　笔　史建宏　周开君　任晓红　李彩娥　王献军
王　雪　樊敬周　卢　艺　闫　静　邵凌云
连彦政　韩凌宇

主　审　姚　琴　史　峰　高永清　杨德才

审　核　朱　丹　于芳芳　李长杰　蒋建香　姜常春
吴伟强　赵志忠

审　定　占　苏　刘小畅　肖　晴　曾　谦　陈　君
付波强　张洪健　白　雪　冀奕璇　白　露
郭沁苗　陈佳玉　赵　彬　王宏瑜　秦冬冬
申　琳　曹冬平　朱康玺　任　宇　何永坤
张　金　王维维　周　波　李晓伟　刘　沛
王天文　甘　翔　陈　金　黄斯乔　孔向荣
刘仁娜　张　滢　孙毅敏　叶琛雪　杨　肖
曹琦欢　刘　可　律　兰　韩　溪　王益平
刘征宇　马一舟　张秋林　王　涛　袁从帅
殷贤生　杨　明　马　晶　罗　名　王恺然
史明羽　魏克寒　李洪朝　孙华杰　霍金鹏
韩　丁　金方剑　王　凯　王　玮　田媛媛
黄丽凤　闫　睿　毕晓红　张　彦　伦宁静